道岔转辙设备
原理、维护和故障处理

李文海　主编

中国铁道出版社有限公司
2026年·北　京

内 容 简 介

本书介绍了道岔的类型、结构特点和道岔转辙装置的机械原理、控制电路原理，结合维修实际介绍了道岔转辙设备的维修作业要求、道岔病害整治方法，收集整理了道岔转辙设备在使用中发生的故障案例。本书图文并茂，部件结构采用三维立体方式表现，整机结构采用实物图片表现，动作逻辑关系采用方框图表现，电路图采用彩色线条表现，辅助读者理解文字叙述。

本书可作为铁路信号维护人员和管理人员培训用书。

图书在版编目(CIP)数据

道岔转辙设备原理、维护和故障处理/李文海主编. —北京：中国铁道出版社有限公司，2019.7(2026.2 重印)
ISBN 978-7-113-25978-5

Ⅰ.①道… Ⅱ.①李… Ⅲ.①道岔转辙机-基本知识 Ⅳ.①U284.72

中国版本图书馆 CIP 数据核字(2019)第 122169 号

书　　名：**道岔转辙设备原理、维护和故障处理**
作　　者：李文海

责任编辑：崔忠文　　**编辑部电话**：(021)73147　(010)51873147　　**电子信箱**：357716058@qq.com
封面设计：崔　欣
责任校对：孙　玫
责任印制：高春晓

出版发行：中国铁道出版社有限公司(100054，北京市西城区右安门西街 8 号)
网　　址：http://www.tdpress.com
印　　刷：北京铭成印刷有限公司
版　　次：2019 年 7 月第 1 版　2026 年 2 月第 4 次印刷
开　　本：787 mm×1 092 mm 1/16　**印张**：12.75　**字数**：208 千
书　　号：ISBN 978-7-113-25978-5
定　　价：55.00 元

前　言

道岔是铁路线路的重要组成部分,是引导列车驶向不同方向的必备设备,道岔尖轨的转换、锁闭是列车安全运行的基本条件,因而,对道岔尖轨的转换、锁闭设备必须进行高质量维修,保证尖轨转换灵活、锁闭可靠。

为了适应铁路重载、高速的发展要求,铁路线路上使用的道岔也在不断创新、发展。长大道岔、弹性道岔不断研制应用,对于转辙设备的要求越来越高。为了适应这些新变化,研制了一系列新型转辙锁闭设备。例如:尖轨外锁闭装置,ZD9、S700K 电动转辙机,ZY 系列电液转辙机,尖轨密贴检查器等。如果维修人员不能掌握这些设备的原理、性能,维修工作将杂乱无章、茫无头绪,维修质量得不到保证,导致设备故障频发,严重影响运输效率。

为了快速提升维修水平,提高道岔转辙设备的运用质量,减少故障发生,结合维修实际,编写了本书。

本书由李文海主编,闫卫东主审。赵亮编写第一章,王跃编写第二章,王飞编写第三章,闫卫东编写第四章,张云龙编写第五章,李茂国编写第六章第一节、第二节、第七章,王少雄编写第八章,郝文丙编写第六章第三节。

由于水平有限,书中难免存在错误,敬请同仁批评指正。

编　者

2019 年 2 月

目　录

第一章　道岔及转辙设备简介

第一节　道岔的作用与分类

一、作　　用

道岔是铁路线路的重要组成部分，铺设在铁路线路的交叉处所，由基本轨、尖轨、辙叉及其固定设备组成。为了完成运输任务，列车或车列要驶向不同的地点，在一个车站内要驶向不同的位置，在运输组织上，要求列车交汇、避让，这样就要求铺设的钢轨线路能够使列车驶向不同的方向。道岔就是在两条或两条以上线路的交汇处铺设的转辙设备，通过尖轨位置的改变，引导列车驶向不同的方向，完成列车驶向不同地点任务。

二、分　　类

1. 按发展经历分

按发展经历分，道岔大致经历四个发展阶段。

(1)75 型道岔。单一固定辙叉道岔，按照辙叉号的大小，分为 6 号、7 号、9 号、12 号、18 号等型号。

(2)92 型道岔。固定辙叉，尖轨采用矮型特种断面制造，通过速度限制在 120 km/h 以下。仍然按照辙叉号的大小分为几种型号。

(3)提速型道岔。1995 年为了适应铁路提速需要而研制，辙叉有固定型和可动心轨型两种，速度限制在 160 km/h 或 200 km/h 以下。

(4)99 型及客运专线道岔。为适应客运专线而设计、研制。

2. 按构造划分

按构造分为普通单开型、单式对称型、复式对称型、交分型、交叉渡线型。

(1)普通单开型。道岔为一直线、一侧线不对称型，从岔前向岔后看去，侧线在直线左侧为左开道岔，侧线在直线右侧为右开道岔。如图 1－1－1 所示。普通单开型道岔运用广泛，约占运用道岔总数的 90% 以上。

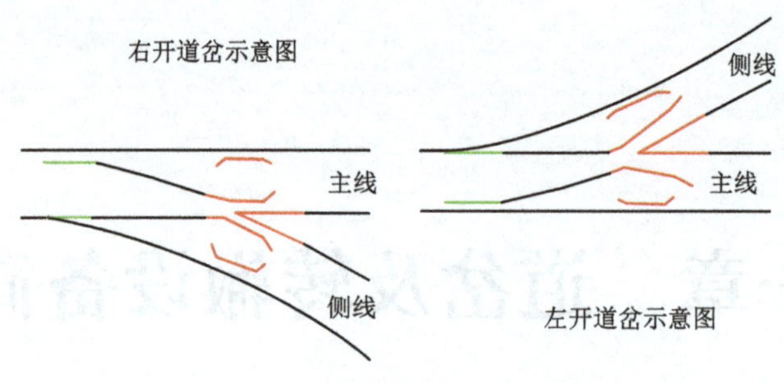

图 1－1－1　普通单开道岔示意

（2）单式对称型。两侧线对称岔出两条线路。单式对称型道岔运用较少，一般用于驼峰调车场。

（3）复式对称型。复式对称型道岔也称为三开道岔，道岔主线为直线，两侧岔开线为侧线，两组转辙设备带动两组尖轨转换，复式对称道岔运用较少。对称道岔如图 1－1－2 所示。

（4）交分型。交分道岔开向较多，列车能够直线运行，也能够由直线转入曲线或另一直线。交分道岔为了压缩咽喉区长度而设置，在较大站场中设置较多。交分道岔的交分类型较多，一般有一渡两交、两渡一交……三渡四交等。交分道岔的结构复杂，各配件互相制约，修正几何尺寸困难，维修难度极大。单交交分道岔如图 1－1－3 所示。

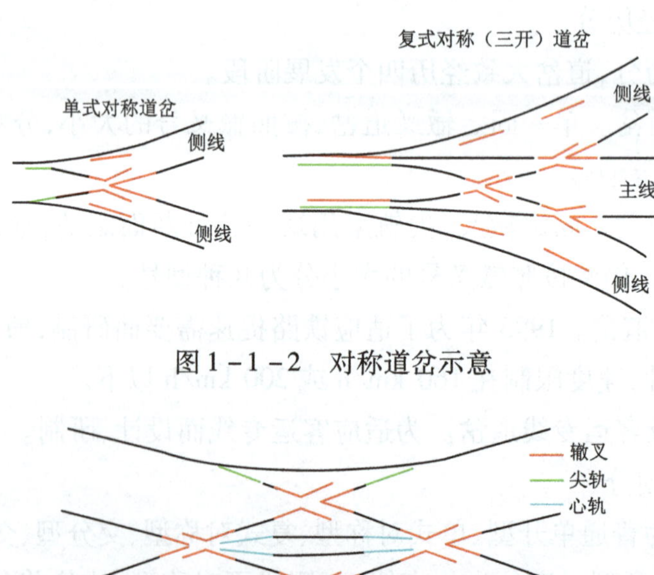

图 1－1－2　对称道岔示意

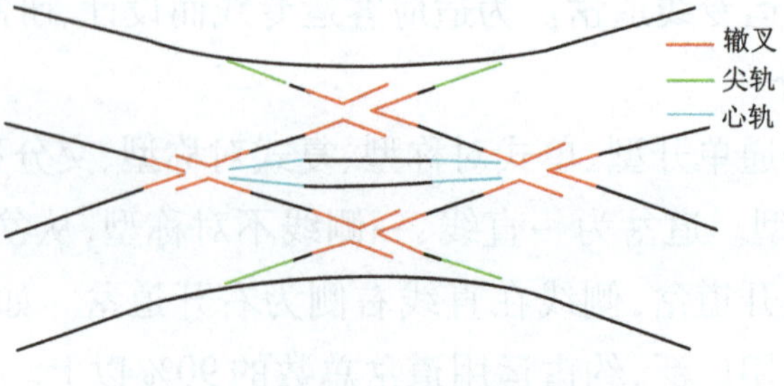

图 1－1－3　单交交分道岔示意

(4)交叉渡线型。两条平行线路中间铺设的十字交叉型道岔,同交分道岔一样,交叉渡线道岔也是为了压缩咽喉区长度而设置,交叉渡线道岔运用较广泛。如图1-1-4所示。

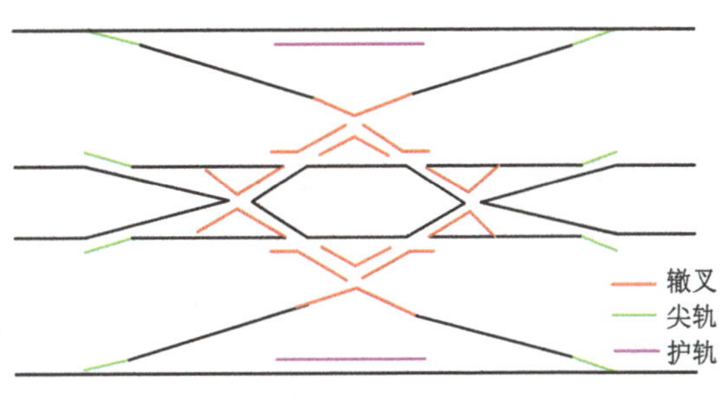

图1-1-4　交叉渡线道岔示意

3. 按钢轨重量分

目前国内的钢轨重量有43 kg/m、50 kg/m、60 kg/m、75 kg/m等类型,相对于不同类型的钢轨,道岔也分为43 kg/m、50 kg/m、60 kg/m、75 kg/m等类型的道岔。

4. 按道岔号码分

按照道岔号码分,道岔分为6号、6.5号、7号、9号、12号、18号、30号、38号、42号、62号等。

第二节　普通单开道岔

一、构　　造

普通单开道岔由转辙部分、辙叉及护轨、连接部分三大部分组成,如图1-2-1所示。

图1-2-1　普通单开道岔示意

1. 转辙部分

转辙部分由两根基本轨、两根尖轨、滑床板等零部件、跟部结构组成，结构如图 1－2－2 所示。

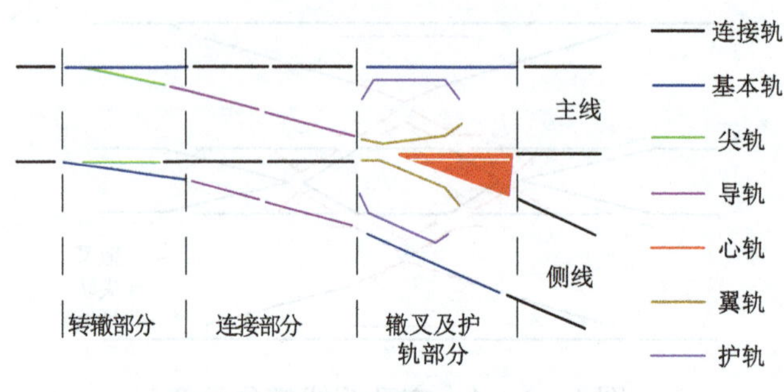

图 1－2－2　普通单开道岔结构

(1)基本轨。图 1－2－2 中的两条基本轨分别为直基本轨和曲基本轨。75 型以及更早制造的道岔尖轨与基本轨之间的密贴方式采用贴尖式，基本轨轨头底侧不刨切，92 型道岔尖轨与基本轨之间的密贴方式采用藏尖式，基本轨轨头底侧需要刨切。92 型及以后道岔基本轨全长淬火。基本轨承受车轮垂直压力，同时还受到车轮水平推力，为保证在这两个力作用下，基本轨稳固，基本轨外侧用轨撑支撑。曲基本轨按支距进行弯折。

(2)尖轨。尖轨开向不同位置，可以引导车轮运行至不同方向，采用与基本轨同类型钢轨或特种断面钢轨刨切制成。尖轨分为直线型和曲线型。直线型尖轨的工作边为直线，制造简单，普通单开道岔广泛使用；曲线型尖轨的工作边为曲线，侧向通过速度高，一般用于大号道岔。

尖轨动程指尖轨非作用边到基本轨作用边之间的距离，尖轨动程必须保证车轮对尖轨非作用边不发生挤压。在尖轨动作杆位置测量，道岔动程标准值为直尖轨类型 142 mm，曲尖轨类型 152 mm；AT 型弹性可弯尖轨 12 号普通道岔为 180 mm，12 号提速道岔为 160 mm；AT 型弹性可弯尖轨 18 号道岔允许速度大于 160 km/h 为 160 mm，允许速度小于 160 km/h 为 160 mm 或 180 mm；其他类型道岔查阅设计图。

(3)尖轨跟部结构。尖轨跟部结构主要有两种形式，一种为间隔铁式，一种为弹性可弯式。间隔铁式由间隔铁、辙跟夹板、轨撑、双头螺丝、连接螺丝、跟部大垫板等零部件组成。间隔铁式尖轨跟部结构，决定了尖轨在左右移动过程中阻力小的优点，一般小号道岔采用间隔铁式。弹性可弯式是在尖轨跟端将尖轨底部刨切一部分，形成弹性可弯段，尖轨在移动过程中要克服形成的弹力，这种跟部结构在小号道岔上不采用,一般应用在大号提速道岔上。

(4)零部件。转辙部分的零部件较多,主要介绍和电务密切相关的滑床板、轨撑、连接杆、尖轨顶铁。

①滑床板。滑床板主要有分立式和一体式两种类型,目前大多用分立式。分立式是指滑床板和轨撑不在一体,先将滑床板用螺纹道钉固定在轨枕上,再用专用螺钉将轨撑固定在滑床板上。分立式结构便于调整基本轨位置,修改轨距、修正道岔方向等作业。一体式是指滑床板和轨撑制造在一起,滑床板固定在轨枕上,具有安装简单、不宜空吊等优点,但一体式结构不利于调整基本轨位置、修改轨距、修正道岔方向等作业。

②轨撑。安装在基本轨外侧,防止基本轨向外倾覆、扭转,主要有墙式和面包铁式两类,墙式又分为单墙式和双墙式。双墙式轨撑实物如图 1 -2 -3 所示。

图 1 -2 -3　双墙式轨撑实物

③连接杆。连接两根尖轨的杆件,增强两根尖轨的稳定性,在尖轨同步转换道岔中使用。

④尖轨顶铁。尖轨顶铁的类型主要有半圆形、椎体螺栓形、等腰梯形等,尖轨顶铁安装在尖轨与基本轨之间的腹部间,防止车轮压入后尖轨向外倾覆。

2. 连接部分

由连接直轨和曲轨、防爬器、轨距杆等器材组成,连接道岔转辙部分和辙叉部分。曲轨又称导曲轨,一般为圆曲线型,设置 6 mm 超高。

3. 辙叉及护轨

辙叉由心轨和翼轨组成,分为固定辙叉和可动心轨辙叉两种。辙叉的前端称为趾端,后端称为跟端。两心轨之间的夹角称为辙叉角。辙叉角的余切值为道岔号,辙叉角越大,道岔号越小,道岔的导曲半径越小,侧线通过的要求速度越低。两翼轨之间的最窄距离称为辙叉咽喉。辙叉咽喉到心轨的距离为有害空间。为防止车轮撞击辙叉尖或爬向异线,在辙叉的两侧对向的基本轨内侧设置护轨,护轨和基本轨之间用不同尺寸的间隔铁和螺栓连接。固定辙叉俯视图如图 1 -2 -4 所示。

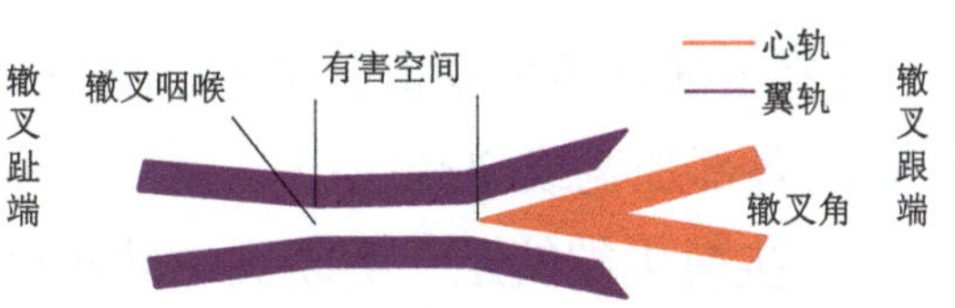

图 1 -2 -4　固定辙叉俯视图

二、各部标准尺寸及过岔最高速度

1. 普通单开道岔各部名称、标准尺寸

单开道岔各部名称如图 1-2-5 所示，其中，主线和侧线的交点为道岔的中心点，α 为辙叉角，图中各部标准尺寸见表 1-2-1。

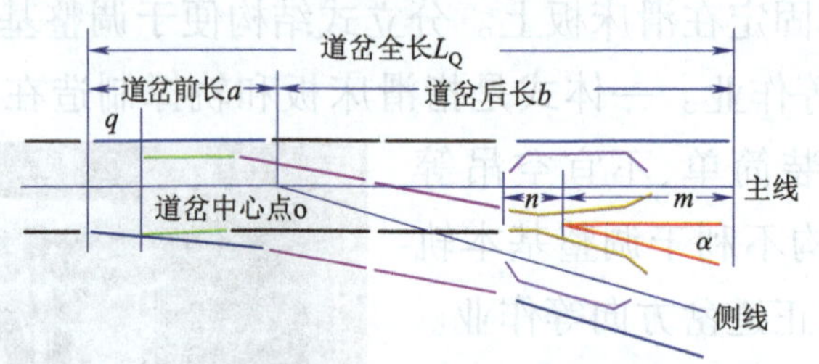

图 1-2-5　普通单开道岔各部名称示意

q—尖轨尖端到基本轨端部的长度；n—辙叉趾距；m—辙叉跟距

表 1-2-1　普通单开道岔各部标准尺寸

钢轨类型(kg/m)		60			50		43	
道岔号数		12	12 过渡	9	12	9	12	9
道岔全长(mm)		37 907	37 907	29 569	36 815	28 848	36 815	28 848
道岔前长(mm)		16 853	16 853	13 839	16 853	13 839	16 853	13 839
道岔后长(mm)		21 054	21 054	15 730	19 962	15 009	19 962	15 009
尖前轨长(mm)		2 646	2 646	2 646	2 646	2 646	2 646	2 646
尖轨长(mm)		11 330	7 700	6 450	7 700	6 250	7 700	6 250
尖后轨长(mm)		0	0	0	0	0	0	0
辙叉	全长(mm)	5 922	5 922	4 307	4 557	3 588	4 557	3 588
	趾距(mm)	2 125	2 125	1 536	1 849	1 538	1 849	1 538
	跟距(mm)	3 797	3 797	2 771	2 708	2 050	2 708	2 050
	转辙角	4°45′	4° 45′	6°20′	4°45′	6°20′	4°45′	6°20′
导曲半径(mm)		350 717.5	330 717.5	180 717.5	330 717.5	180 717.5	330 717.5	180 717.5

2. 轨距

道岔各部轨距依据道岔类型、部位分别设计，主要有尖轨尖端轨距、尖轨跟端轨距、各部加宽或递减三类。

(1)尖轨尖端轨距。尖轨尖端轨距由尖轨的类型、长度而定，部分尖轨尖端轨距见表 1-2-2。

表 1－2－2　部分尖轨尖端轨距

尖轨种类	尖轨长度(mm)	轨距(mm)	附　　注
直线型尖轨	6 250 以下	1 453	
	6 250～7 700	1 450	
	7 700 以上	1 445	
12 号道岔 AT 弹性可弯尖轨		1 437	提速大于 120 km/h 时 1 435 mm

(2)尖轨跟端轨距。尖轨跟端轨距由道岔的开向而定，部分尖轨跟端轨距见表 1－2－3。

表 1－2－3　尖轨跟端轨距

尖轨种类	直向(mm)	侧向(mm)	附　　注
直线型尖轨	1 439	1 439	
12 号道岔 AT 弹性可弯尖轨	1 435	1 435	尖轨轨头刨切范围内曲股轨距构造加宽除外
其他曲线型尖轨	1 435	按图	

3. 允许过岔速度

道岔过岔最高速度分为直向速度和侧向速度，速度的大小由尖轨类型、辙叉类型决定，部分尖轨、辙叉最高直向过岔速度见表 1－2－4，侧向过岔速度见表 1－2－5。

表 1－2－4　直向最高过岔速度(km/h)

钢轨(kg/m)	尖轨类型	辙叉类型	道岔号数				
			9	12	18	30	38
43	普通	固定型	85	95	—		
50	普通	固定型	90	110	120		
	AT 弹性可弯		—	120	—		
		可动心轨	—	160	—		
60	普通	固定型	100	110	—		
	AT 弹性可弯		—	120	—		
		固定型(提速)	140	160	—		
		可动心轨	—	200	200	200	200

表 1－2－5　侧向最高过岔速度(km/h)

尖轨类型	道岔号数							
	8	9	10	11	12	18	30	38
普通	25	30	35	40	45	80		
AT 弹性可弯					50	80	140	140

第三节　提 速 道 岔

一、基本特征和各部尺寸

1. 基本特征

(1)允许通过速度。直向,旅客客车为 160 km/h,货物列车为 120 km/h。侧向,旅客、货物列车均为 50 km/h。

(2)结构特征。为了减少车轮的冲击振动,尖轨与辙叉连接由普通活动连接改为非活动连接;尖轨设两牵引点,可动心轨在心轨处增设两牵引点;尖轨采用分动外锁闭,锁闭力比内锁闭更大,列车高速过岔时尖轨的稳定性更高;辙叉心轨采用可动心轨方式,消灭了辙叉有害空间,提高了过岔的安全性;采用功率更大的三相交流电动机作为转换道岔的动力源,保证在外锁闭结构条件下,道岔能够可靠转换。

2. 各部主要指标

提速道岔在主要尺寸上相对于普通道岔的变化:一是道岔的长度增长,二是辙叉心轨改为可动心轨,三是尖轨改为可弯型。主要指标见表 1－3－1。

表 1－3－1　60 kg/m 提速道岔主要指标

道岔号数	30	18	12				9	38
图号	专线 4261	专线 4223	铁联线 001	铁联线 002	铁联线 003	铁联线 004	铁联线 051	铁联线 4272
辙叉角度	05433	31047	44549	44549	44549	44549	62025	13026. 8
导曲半径(m)	2 700	800	350	350	350	350	360 190	3 300
道岔全长(m)	102. 4	60	43. 2	43. 2	37. 8	37. 8	29. 74	136. 2
道岔前长(mm)	42 701	22 744	16 592	16 592	16 592	16 592	14 015	48 771
道岔后长(mm)	59 699	37 256	26 608	26 608	21 208	21 208	15 725	87 429

续上表

道岔号数	30	18	12				9	38
图号	专线 4261	专线 4223	铁联线 001	铁联线 002	铁联线 003	铁联线 004	铁联线 051	铁联线 4272
尖前轨长(mm)	3 620	3 520	2 920	2 920	2 920	2 920	2 980	3 165
趾距(mm)	7 938	4 146	2 346	2 346	2 038	2 038	1 526 1 535	5 521
跟距(mm)	6 658	13 246	10 846	10 846	3 854	3 954	2 766 2 783	2 3871
尖轨长(mm)	27 980	15 680	13 880	13 880	13 880	13 880	13 456 13 465	37 630
岔枕(根)	206	126	82	87	82	87	66	244
辙叉角度数表示:05433 指 0°54′33″。铁联线 051 中,上排数字为直线,下排为曲线。								

二、结构特点

1. 转辙部分

(1)转辙部分尺寸。转辙部分在指标上作了较大的调整,60 kg/m 钢轨 12 号提速道岔转辙部分主要指标如图 1-3-1 所示。

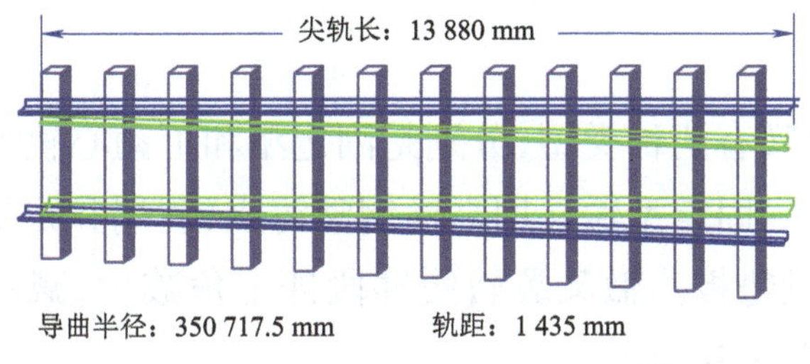

图 1-3-1　转辙部分主要指标示意

(2)尖轨。尖轨采用矮型特种钢制造(AT),取消了普通钢轨尖轨 6 mm 抬高量,消除了列车过岔的垂直不平顺,整体性强,刚度大,在使用中减少了拱背、旁弯等问题。尖轨的密贴采用藏尖式结构,从尖轨顶端作 2 mm 补充刨切,刨切长度 6 165 mm,尖轨藏于基本轨下 3 mm,尖轨的密贴性更好。取消了跟部结构,尖轨和基本轨采用夹板连接,设置限位器,尖轨的摆动采用可弯型,列车过尖轨的稳定性更强。尖轨设置两个牵引点,最大程度保证尖轨竖切部分完全密贴。

(3)滑床台。滑床台采用24 mm高的加厚滑床台,可扣住基本轨轨底,增强了基本轨和尖轨密贴后的稳定性和可靠性,滑床台结构如图1-3-2所示。

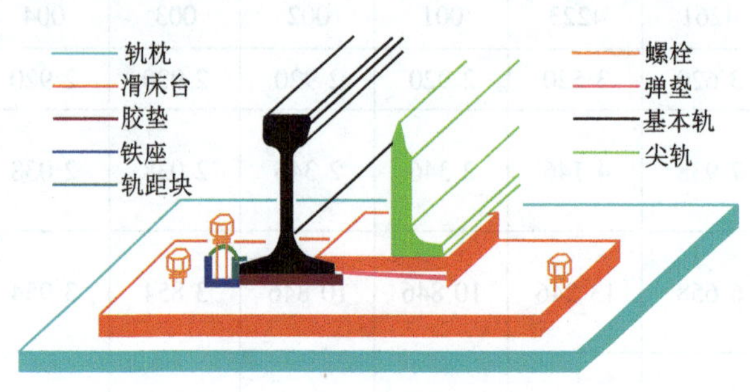

图1-3-2　提速道岔滑床台示意

2. 连接部分

由直基本轨和曲基本轨构成,导曲线半径为350 717.5 mm,曲线实际起点在尖轨尖端后298 mm处,终点在尖轨跟部后14 363 mm处。从尖轨跟端后开始,每间隔2 m设一个支距点,顶铁长见表1-3-2。

表1-3-2　支距点与顶铁长度对应

距离(m)	0	2	4	6	8	10	12	14	14.363
顶铁长(mm)	311	401	502	615	739	875	1 023	1 181	1 211

3. 辙叉部分

提速道岔的辙叉有两种类型,分别是固定型和可动心轨型。

①固定型辙叉。固定型辙叉用高锰钢整铸成,趾端和跟端均采用接头夹板固定连接,辙叉下设垫板。辙叉翼轨缓冲段冲击角减少,减小了车轮对辙叉翼的冲击,提高了直向过岔速度。

②可动心轨型。可动心轨型辙叉采用钢轨组合方式组合而成,零部件有长心轨、短心轨、岔跟尖轨、加长翼轨、连接零件。长短心轨用60AT轨拼装制造,长心轨叉跟部为弹性可弯段;短心轨末端为滑动端。翼轨及叉跟用60 kg/m轨制造。可动心轨辙叉采用间隔铁式联结。长心轨尖端热加工出转换凸缘,用于连接转辙设备。可动心轨设两个牵引点,第一牵引点动程为117 mm,第二牵引点为68 mm。可动心轨辙叉如图1-3-3所示。

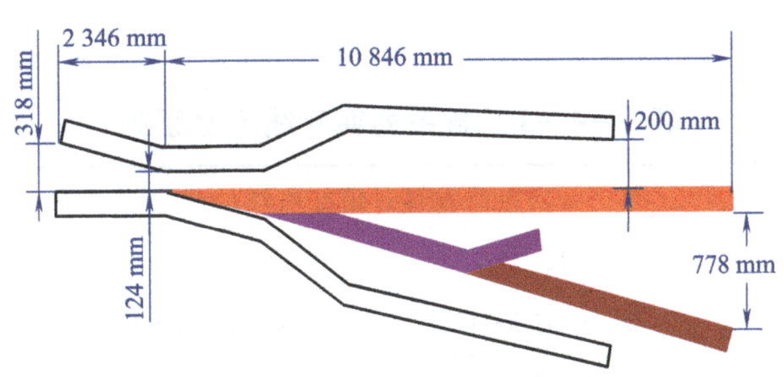

图 1－3－3　提速道岔可动心轨型辙叉示意

三、60 kg/m 钢轨 12 号(VZ200) Ⅰ 型提速道岔构造特点

1. 允许通过速度

直向,旅客列车为 200 km/h,货物列车为 90 km/h;侧向,50 km/h。

2. 主要尺寸

全长 43 200 mm,前部长 16 592 mm,后部长 26 608 mm,尖轨尖端至基本轨始端 2 000 mm。基本轨长 16 192 mm。各部轨距均为 1 435 mm。

3. 主要特征

(1)轨枕采用混凝土岔枕,岔枕垂直于直股方向布置,安装转辙机的两根岔枕间距为 650 mm,牵引点安装转辙机轨枕与相邻岔枕间距为 575 mm,其他位置岔枕间距均为 600 mm。

(2)尖轨为 60AT 藏尖式复曲线半切线型弹性可弯尖轨,跟部设限位器,尖轨长度 14 200 mm。

(3)辙叉为钢轨组合型可动心轨辙叉,心轨用 60AT 轨制造,短心轨后端为滑动端,翼轨为模锻翼轨和 60 kg/m 钢轨焊接而成。

(4)为防止心轨侧磨,可动心轨辙叉侧股设置护轨。

(5)尖轨设置三个牵引点,尖轨的转换锁闭为分动外锁闭方式,尖轨第一、第二、第三牵引点的动程为 160 mm、114 mm、55 mm。心轨设置两个牵引点,锁闭方式采用外锁闭方式,心轨的第一、第二牵引点的动程为 100.8 mm、57.8 mm。

第四节　客运专线道岔

一、客运专线道岔类型

1. 客运专线道岔的分类

(1)按技术体系分。分为我国自主研发类、德国技术类、法国技术类。各系列见表 1 –4 –1。

表 1 –4 –1　各系列客专线道岔系列

自主研发客专道岔系列			
道岔号数	18	42	62
250 km/h 有砟	客专(07)004	客专(07)011	—
350 km/h 无砟	客专(07)009	客专(07)006	客专(08)013
侧向速度(km/h)	80	160	220
道岔全长(m)	69.000	157.200	201.000
道岔前长(m)	31.729	60.573	70.784
道岔后长(m)	37.271	96.627	130.216
辙叉角度(°)	3.179 8	1.363 9	0.924 0
山桥与德国 BWC 合资生产系列			
道岔号数	18	39.113	50
有砟	通用	通用	通用
无砟	通用	通用	通用
侧向速度(km/h)	80	160	220
宝桥引进法国技术生产系列			
道岔号数	18	41	65
有砟	通用	通用	通用
无砟	通用	通用	通用
侧向速度(km/h)	80	160	220

(2)按允许通过速度分。按直向允许通过速度分为 250 km/h 和350 km/h，按侧向允许通过速度分为 80 km/h、160 km/h、220 km/h。

(3)按轨下基础分。分为有砟道床道岔和无砟道床道岔。

2. 体系差异

(1)我国自主研发的客专道岔适应于时速规定，德国、法国客专道岔不区分时速，250 km/h 和 350 km/h 的同型号道岔规格相同。

(2)国内 250 km/h 客运专线考虑货物列车运行。

(3)德国技术的有砟道岔和无砟道岔尺寸、钢轨件基本相同，法国技术的有砟道岔和无砟道岔尺寸基本相同，扣件系数差别大。

(4)德国、法国大号码道岔的平面线型完全不同，道岔的主要尺寸和号数也不相同。

(5)自主研发的客专道岔,18 号采用单圆曲线的平面线型,其他大号码道岔采用圆曲线加缓和曲线的平面线型。

二、250 km/h 60 kg/m 钢轨 18 号可动心轨客运专线道岔

1. 技术特点

(1)通过速度。旅客列车直向通过速度为 250 km/h,货物列车直向通过速度为 120 km/h,侧向通过速度为 80 km/h。

(2)使用温度。允许温升为 45℃,允许温降分别是尖轨跟端采用间隔铁式为 50℃,尖轨跟端采用限位铁式为 55℃。

(3)滑床台处理。尖轨、心轨台板表面设置减磨涂层,减少阻力,便于尖轨顺利转换。

(4)扣件功能。扣件系统具备调高和调距功能,调高范围为无砟轨道 0 ~ 30 mm,有砟轨道 0 ~ 100 mm,调距范围为 +4 mm ~ −8 mm。

2. 线型和平面尺寸

(1)线型。道岔采用半径为 1 100 m 的相离单圆曲线线型,各部轨距均为1 435 mm。

(2)平面尺寸。道岔平面尺寸如图 1 −4 −1 所示。

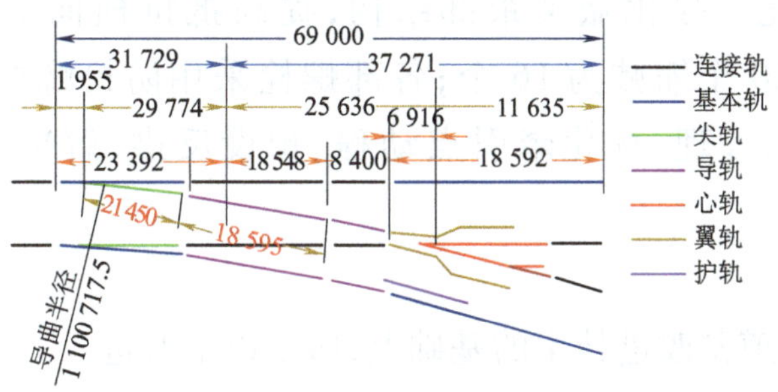

图 1 −4 −1 可动心轨道岔平面尺寸(单位:mm)

3. 主要结构

(1)转辙部分。转辙部分为相离半切线线型,各部轨距为 1 435 mm,侧股基本轨工作边为曲线。

(2)尖轨结构。尖轨全长增长到 21 450 mm,尖轨采用 60D40 钢轨制作,跟端为固定弹性可弯形式,尖轨尖端为 3 mm 藏尖式结构。

(3)牵引点动程及转换力。道岔设五个牵引点,尖轨三个,心轨两个。尖轨第一牵引点的动程为 160 mm,转换力不小于 712 N;尖轨第二牵引点动程为

118 mm，转换力不小于 2 940 N；尖轨第三牵引点动程为 71 mm，转换力不小于 2 832 N；心轨第一牵引点动程 115 mm，转换力不小于 1 080 N；心轨第二牵引点动程 64 mm，转换力不小于 4 536 N。

（4）防跳措施。尖轨设置多处限位防跳结构、防跳顶铁，心轨前部设置防跳卡铁、中部设置防跳顶铁、后部设置单双边扣板。

三、350 km/h 60 kg/h 钢轨 18、42 号可动心轨客运专线道岔

1. 18 号道岔

平面尺寸以及钢轨件、扣件、岔枕、转换及密贴检查设备等主要部件与 250 km/h、18 号可动心轨客运专线道岔一致，在此基础上，主要从轮轨关系、轨道刚度、无缝道岔、转换优化等方面进行了改进。

（1）提高直向过岔平顺性。一是心轨采用水平藏尖式结构；二是提前、缩短直尖轨轮载转移过渡区域。

（2）适应轨道刚度。确定无砟道岔合理刚度为 25 kN/mm ± 10 kN/mm；弹性垫板采用分块式设计，岔区扣件采用硫化设计。

（3）翼轨处理。采用特种断面翼轨，取消翼轨热锻和焊接，提高翼轨顶面平顺度。

（4）其他优化。强化辙叉跟部结构，提高抵抗横向变形能力；优化配轨，钢轨接头由 20 个缩减为 16 个；各部螺栓采用防松螺栓，钢轨、垫板、螺栓、扣件进行防锈处理；优化牵引点动程、预设反拱，解决尖轨转换位移不足问题。

2. 42 号道岔

在采用 18 号道岔改进技术的基础上，做了以下改进。

（1）解决长大尖轨转换位移不足问题。继续优化牵引点动程、牵引点位置、预设反拱技术，解决长大尖轨转换位移不足问题，同时心轨类型改进为双肢弹性可弯心轨。

（2）研制自适应伸缩外锁闭装置。研制使用自适应伸缩外锁闭装置，可满足尖轨 50 mm、心轨 25 mm 伸缩要求。

（3）解决长大尖轨转换不同步问题。采用动程为 220 mm、190 mm、170 mm、150 mm、120 mm 五种动程转辙机转换尖轨，解决了长大尖轨转换同步问题。

第五节　道岔转换锁闭装置简介

一、发展历程

道岔转换锁闭装置的发展，伴随着道岔的发展，经历了以人力为动力扳动道岔转换到以电力为动力转换道岔的过程。

1. 以人力为动力的道岔扳动装置

以人力扳动道岔装置，大约产生、使用于20世纪50年代至70年代，采用简单机械动作原理，代表产品主要有弹簧扳道器、道岔带柄标、道岔握柄及转换锁闭器等。

2. 以电力为动力的道岔转换装置

以电力为动力道岔转换锁闭装置的发展，大致经历了两个阶段。

新中国成立初期至改革开放初期。在这个时期，道岔转换设备经历了学习、仿制、消化、自主研发的由低级向高级的发展过程。在这个漫长而又重要的历史时期，科研工作者不断研究、探索、改进、创新，产生了我国基础性的道岔转换装置。这些转换装置的主要工作原理是将电能通过转辙机转换为动能，动作道岔尖轨转换、锁闭，并通过转辙机把尖轨的位置反馈到集中控制设备，实现了道岔尖轨的自动转换、锁闭和位置采集，为集中控制设备创建径路提供了基础条件。应用于车站集中控制的ZD6型为代表的电动转辙机及其安装装置、应用于驼峰场集中控制的ZD7型电动转辙机及其安装装置，是第一代产品。第一代产品以直流电作为动能，尖轨的锁闭采用内锁闭方式，是在中华人民共和国成立初期至20世纪80年代，直至21世纪初铁路大规模提速这段时间里，被广泛使用的道岔转换锁闭装置类型。直到今天，这类型的道岔转换锁闭装置，仍然被使用到一些支线、干线上的专用线等处所。

1950年小量仿制日式转辙机，1956年批量仿制苏式CΠB-4电动转辙机并定型为ZD1电动转辙机。在此基础上，不断改进，研制生产了ZD2、ZD3(东风)型转辙机，并定型这些转辙机为ZD4型电动转辙机，1963年在沈阳铁路信号厂批量生产，1970年ZD4转辙机停产。1968—1970年，开始研制自己的转辙机，称为DFH(东方红)电动转辙机，1970—1974年批量生产DFH转辙机。1964年在ZD4基础上，使用高速电动机，设计生产快速转辙机，定型为ZD5型。1974年在DFH、ZD4基础上，研制生产了ZD6型电动转辙机。1976年将ZD6的动程从156 mm改为165 mm。1981年对ZD6转辙机进行了全面的改造，将ZD6电动机两个线圈串联使用改为分开使用，道岔控制电路由三线制改造为四线制，取消了设置在室外转换箱内换向用的转极继电器，经过改造的转辙机定型为 ZD6-A 型；同时定型了用于牵引复式交分道岔双转辙部分和 18 号道岔第一牵引点的 ZD6-B 型；定型了用于牵引单开道岔可动心轨和复式交分道岔活动尖轨的 ZD6-C 型。ZD6-B 型由单锁闭改进为双锁闭，定型为 ZD6-D 型；ZD6-C 型改变动程，并且副挤切销改为 49 kN，定型为 ZD6-F 型。提高 ZD6 型转速，设计生产了 ZD7 型转辙机，供驼峰调车场使用，1976 年开始批量生产 ZD7 型转辙机，1982 年通过部级鉴定。1978 年为了配合特种断面弹性可弯尖轨道岔的使用，研制了大功率、大动程转辙机，定型为 ZD8。ZD8 转辙机于 1982 年在津浦线李窑站配合 50AT12 号道岔试用，1984 年在济南局党家庄站配合 60AT12 号道岔试用。

改革开放初期至今。在这个时期，道岔转换锁闭设备得到了迅速发展，一大批自主研发、功能强大的道岔转换设备诞生、使用，使我国的道岔转换设备进入世界先进行列。改革开放后，国民经济进入飞速发展期，劳动力交流造成的人员流动迅速增加，商品流通不断膨胀，大宗货物异地流转，特别是生产工业化对能源需求呈爆炸式增加，铁路运输进入空前紧张期。在这样的形势下，铁路既有线提速改造、重载列车开行、客运专线建设迫在眉睫。既有的铁路基础设备包括道岔设备陈旧、落后，必须进行全面升级改造。

在这样的形势下，我国铁路进行大规模升级建设和改造，重载列车开行、客车提速迅速展开，客运专线建设形成的高速铁路网络，使我国的铁路运输发生了翻天覆地的变化。

道岔的转换锁闭装置随着重载、提速道岔的研制、使用，也发生了很大的变化，在与西方国家进行技术交流的基础上，学习、引进、消化西方国家的先进技术，研究、制造了满足外锁闭方式的大功率道岔转换锁闭装置，满足了重载列车开行、客车提速、客运专线建设的需要。这期间产品的主要代表有自主研发的 ZD9（ZDJ9）直交流电动转辙机，ZY 系列电动液压转辙机，引进学习、改进的 S700K-C 型交流电动转辙机。

ZD9（ZDJ9）系列转辙机的发展历程。1997 年中国铁路通信信号集团公司（简称通号公司）开始研发新的转辙机，1998 年 12 月通过公司技术审查，产生了新型电动转辙机。1999 年 3 月 4 日，原铁道部运输局基础部要求通号公司研制适应 60AT12 号Ⅲ型道岔尖轨转换的转辙机，通号公司将已经通过公司技术审查的新型转辙机进行了适应性技术改造，定型为 ZD9/ZDJ9 系列电动转辙机。1999 年 8 月 19 日原郑州局华县站 9 号、23 号道岔上进行试验，2000 年 1 月 8 日通过原铁道部技术审查，2001 年 3 月通过原铁道部鉴定。为了满足青藏线建设的需要，2001 年 7 月至 2002 年 3 月，通号公司研发了青藏线专用的 ZDJ9－Q 型转辙机。2005 年至 2010 年，通号公司对 ZD9/ZDJ9 继续进行改进，将最初转辙机的三种动程扩展到 10 种动程，满足了 30 号、42 号、62 号、科吉富 41 号道岔的使用，将扩展后的转辙机定型为 ZDJ9-K 型，扩展后的转辙机于 2001 年 1 月通过原铁道部技术审查。

ZY 系列转辙机的发展历程。ZY（J）系列转辙机是随我国新建线路、既有线路改造、提速、地铁和客专线需要而研制的直、交流系列新型铁路道岔转换设备。20 世纪 80 年代开始，我国自行研制新型 ZY 系列电动液压转辙机，历经 ZY1、ZY2、ZY3、ZYK，最终定型为 ZY4、ZY6、ZYJ7 三种系列及其配套的安装装置和外锁闭装置。ZY4、ZY6 系列电液转辙机于 1991 年通过了原铁道部技术鉴定，同年获得了国家重点新产品证书；ZYJ7 系列电液转辙机于 1997 年通过了铁道部技术鉴定，同年 12 月获得了国家重点新产品证书。ZY4、ZY6、ZYJ7 型电动液压转辙机和 GW 型外锁闭装置，于 2005 年首次通过了铁道部铁路通信信号设备生产企业认定，并按规定接受质检中心定期复审。为了改善道岔区段的轨道动力学性能，在 ZYJ7 基础上进行改进，研制开发定型了 ZYJG7（轨枕型）电动液压转辙机，ZYJG7 于 2001 年通过了铁道部技术审查，尤其适应桥梁、隧道及地铁等狭小空间使用。为解决复式交分道岔 4 mm 锁闭问题，研制了 ZYJS7（锁闭型）电动液压转辙机及其配套的安装装置。ZY（J）系列电液转辙机和转换锁闭器配合，能转换、锁闭国内现有各种规格、型号的内、外锁闭道岔。

S700K-C 及 L700H 转辙机的引进经历。1991 年中国铁路道岔转换技术中心到德国、奥地利高速线上，对道岔转换设备进行考察，与德国联合设计，委托德国西门子公司生产 S700K-C 型电动转辙机，于 1995 年 12 月在南京站安装试用，1995 年 12 月合资建立了西安西门子信号有限公司，开始生产 S700K 电动转辙机。1994 年 11 月从德国阿尔卡特公司引进 10 组道岔和 L700H 电液转辙机，安装在北京局万庄站，之后由天津信号厂进行改装，77 组 L700H 转辙机应用于京沪线三官庙至褚庄集间使用。

3. 以压缩空气为动力的道岔转换装置

1957 年仿制苏联 СЭП-55 型电空转辙机。20 世纪七八十年代，针对自动化驼峰调车场集中控制，在 СЭП－55 型电空转辙机基础上，研制了以压缩空气为动力的道岔转换装置，主要代表有 ZK3、ZK4 等类型。之后由于驼峰调车场道岔类型没有较大改变，以压缩空气为动力的转辙机基本没有改变。

二、人力为动力的道岔转换锁闭装置简介

1. 弹簧扳道器

弹簧扳道器由底座、油缸、顶头、活塞杆、手动柱塞泵放油手轮、储油筒等部件组成，弹簧扳道器实物如图1－5－1所示。手柄长度可伸缩290 mm，当道岔转换阻力不大时，可缩短手柄长度。手柄把能够旋转180°。手柄头内设计为球心滑块结构，其结构扳动灵活。旋转轴孔之间，均装有具有自润滑性能材料的衬套。拉杆与道岔之间的连接，采用微调器，安装后在使用过程中，使其不用拆除连接销，即可对道岔开口及密贴状况进行调整。

图1－5－1　弹簧扳道器实物

主要技术参数：

(1)适用道岔开口≤120 mm。

(2)适用道岔转换阻力≤1 960 N(200 kgf)。

(3)拉杆最大直线位移量209 mm。

(4)安装处两枕木中心距650 mm，拉杆与岔尖处枕木两中心线距离为350 mm。

(5)安装在铁路线路中间时，可调整手柄距两边线路中心线应大于或等于2 250 mm。

2. 道岔带柄标

道岔带柄标也称道岔表示器，由底座、转换手柄及锁块、表示灯等组成，在非集中控制车站，为了扳动道岔和确认道岔开通的方向，设置道岔带柄标。

(1)道岔带柄标的显示

昼间为中央划有一条鱼尾形黑线的黄色鱼尾形牌，夜间为黄色灯光，表示道岔开通侧向位置；昼间无灯光显示，夜间为紫色灯光，表示道岔开通直向位置。

(2)道岔带柄标的操作

由扳道人员提起手柄，在转动同时，由其连接杆带动道岔尖轨改变开通方向。道岔表示器，在扳道人员扳动道岔握柄时，相随改变方向。

(3)道岔带柄标的使用

道岔带柄标按列车运行方向设于接车和发车进路的左侧。道岔带柄标的动作为转换90°,并应保证标板及表示器灯的显示与道岔开通位置的动作相一致。道岔带柄标实物如图1－5－2所示。

3. 道岔握柄及转换锁闭器

道岔握柄及转换锁闭器分为不带电锁器和带电锁器两种,由马镫铁、握柄杆、闭止把、电锁器、转换锁组成。踏下脚踏电门,握起闭止把,扳动握柄把,带动转换锁动作,从而推动尖轨转换,握柄把扳到另一端,放开闭止把,使把柄锁闭,同时转换锁将尖轨锁闭。道岔握柄及转换锁实物如图1－5－3所示。

图1－5－2　道岔带柄标实物示意

图1－5－3　道岔握柄及转换锁实物示意

三、电力为动力的道岔转换锁闭装置简介

以电力为动力的道岔转换锁闭装置,由转辙机、安装装置、连接装置组成。

1. 以电力为动力的转辙机类型

以电力为动力转辙机的类型较多,分类如下。

(1)按供电电源性质分,以电力为动力的转辙机可分为直流转辙机和交流转辙机。

直流转辙机工作电源为直流220 V电源,电动机类型为直流电动机。直流转辙机的代表类型有ZD系列电动转辙机、ZY系列电液转辙机。

交流转辙机工作电源为三相交流电源或单相交流电源,电动机类型为三相异步电动机或单相电动机。提速区段和客运专线广泛使用的S700K型电动转辙机和ZYJ7型电液转辙机为交流转辙机。

(2)按动作能源的传动方式分,转辙机可分为电动转辙机、电液转辙机。

ZD6 系列、S700K 型电动转辙机,动作能源采用机械传动;ZY(J)电液转辙机,动作能源采用液体传递。

(3)按动作速度分,转辙机分为普通动作转辙机和快动转辙机。

转辙机转换道岔时间在 3.2 s 以上,属于普通动作转辙机。转辙机转换道岔时间在 0.8 s 以下,属于快动转辙机。

(4)按挤切类型分。转辙机分为可挤型转辙机和不可挤型转辙机。

可挤型转辙机内设挤岔保护(挤切或挤脱)装置,道岔被挤时,动作杆解锁,保护整机不被损坏。不可挤型转辙机内不设挤岔保护装置,道岔被挤时,不保护整机。电动转辙机和电液转辙机都有可挤型和不可挤型。

2. 直流转辙机

(1)类型。直流转辙机的类型较多,目前用量最大的为 ZD6 型,其他类型的直流电动转辙机如 ZD7、ZD9、ZY 系列等也有较广泛的应用。

(2)作用。用于集中控制站场或用电力控制道岔场所,用来牵引道岔尖轨,改变道岔开通方向,锁闭道岔尖轨、反映尖轨位置,是实现集中联锁的重要基础设备。

(3)ZD6 系列电动转辙机类型。按型号分为 ZD6-A165/250(动程为 165 mm、最大牵引力为 2450 N(250 kgf,以下同)、ZD6-D165/350、ZD6-E190/600、ZD6-F130/450、ZD6-G165/600、ZD6-H165/350、ZD6-J165/600、ZD6-K190/350,分别适应于不同的使用场所,如 E、J 型配合应用于双机牵引提速道岔上。ZD6 系列电动转辙机实物如图 1-5-4所示。

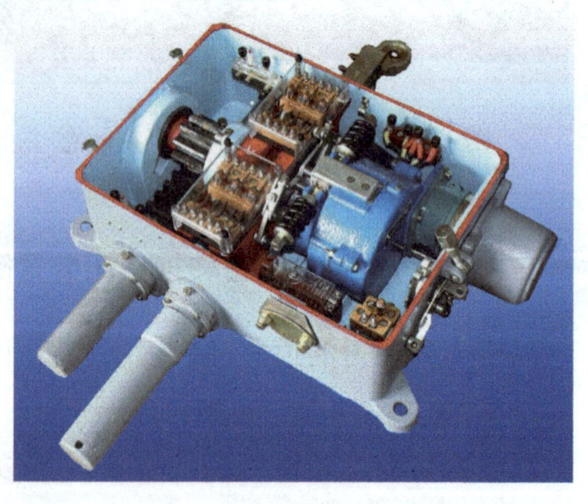

图 1-5-4　ZD6 系列电动转辙机实物示意

(4)ZY 系列电液转辙机类型。ZY 系列电液转辙机的类型较多,目前,国内主要使用的有 ZY4、ZY6 等。

3. 交流转辙机

(1)类型。交流转辙机的类型较多,目前,国内使用较多的有 S700K、ZYJ7 等。S700K 转辙机实物如图 1-5-5 所示,ZYJ7 转辙机实物如图 1-5-6 所示。

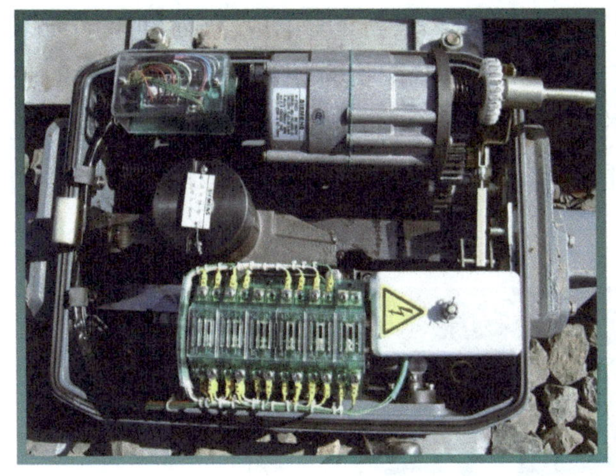

图 1－5－5　S700K 转辙机实物示意

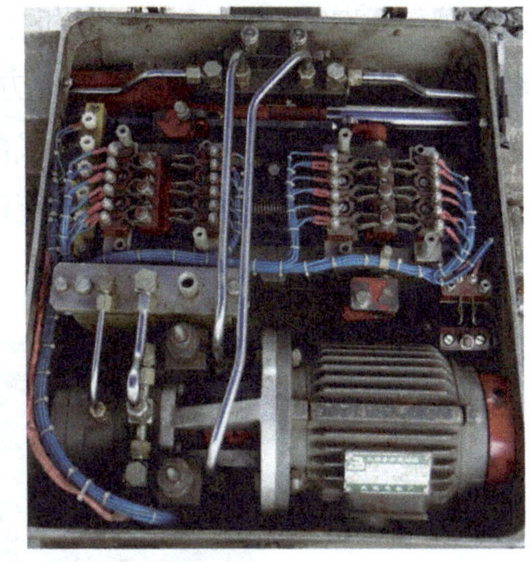

图 1－5－6　ZYJ7 转辙机实物示意

(2)作用。交流转辙机采用单相、三相异步电动机作为动力源，交流转辙机配合道岔外锁闭装置一起工作，主要应用于重载区段、提速区段、客运专线，对道岔进行转换、一定的锁闭、监督尖轨位置。

4. 安装装置

转辙机的安装装置主要有两种类型，一种是角钢方式，一种是托板方式。

(1)角钢方式。角钢安装装置由通长角钢两根、短角钢两根、L 铁、安装绝缘、螺栓等组成。先把通长角钢按照尺寸图，用 L 铁固定在基本轨上，再将短角钢固定在长角钢上，最后把转辙机固定在短角钢上。尖轨锁闭方式为转辙机内锁闭方式，转辙机的安装一般采用角钢方式。角钢安装实物如图 1－5－7 所示。

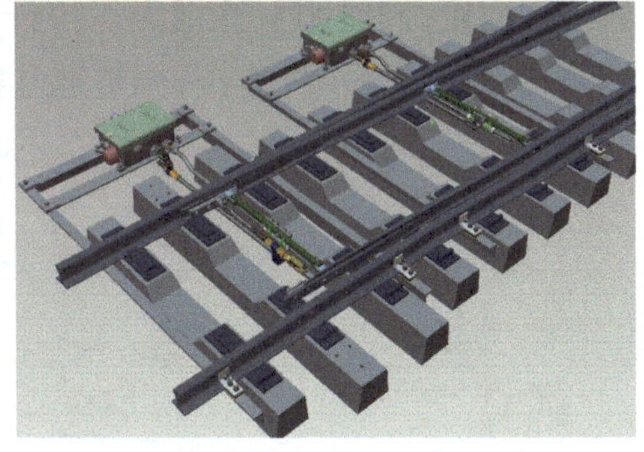

图 1－5－7　角钢安装实物示意

(2)托板方式。托板方式安装装置由托板、固定螺栓组成。把托板固定在轨枕上，再把横拉板连同转辙机固定在托板上。尖轨的锁闭方式为外锁闭方式时，转辙机的安装一般采用托板方式；ZD6-E、J 型双机牵引内锁闭方式，有时也采用托板式安装。托板安装方式的优点是转辙机和轨枕连接在一起，当基本轨与转辙机的相对位置超出允许范围，可以通过移动轨枕来调整。托板安装实物如图 1-5-8 所示。

图 1-5-8　托板安装实物示意

5. 连接装置

转辙机与尖轨连接基本形式是用连接杆件将转辙机和尖轨通过螺栓连为一体。目前，国内道岔尖轨的锁闭方式主要有两种，一种为内锁闭方式，尖轨的锁闭靠转辙机完成；一种为外锁闭方式，尖轨的锁闭主要靠外锁闭装置完成。相对于这两种方式，转辙机与道岔的连接主要有两种类型。

(1)内锁闭方式下的连接。内锁闭方式下的连接杆件由动作拉杆、表示拉杆、象鼻铁、L 铁、螺栓等组成。先把动作拉杆用象鼻铁固定在道岔第一连接杆上，再用螺栓把动作拉杆的另一端和转辙机动作杆连接；用螺栓把尖端杆和尖轨连接固定，同时用 L 铁把表示拉杆与尖端连接，再用螺栓把表示拉杆的另一端与转辙机的表示杆连接；调整道岔密贴、调整转辙机表示缺口，如图 1-5-9 所示。

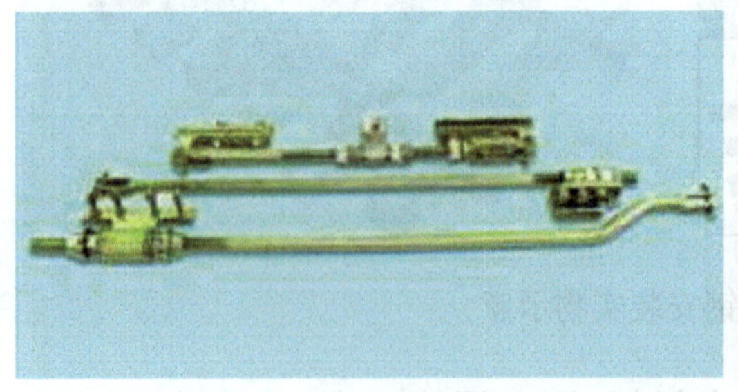

图 1-5-9　内锁方式连接杆件示意

(2)外锁闭方式下的连接。外锁闭方式下,连接部件有两类,一类为连接用的部件,分别是锁闭杆(俗称动作拉杆)、连接铁、长短表示拉杆、三角铁等部件;一类为锁闭尖轨用的部件,分别是锁钩、锁闭框、锁闭铁、尖轨连接铁(U型铁)、轴销(横轴)等。先将两块U型铁固定在尖轨上,再把锁闭框固定在基本轨上,把锁钩搭到锁闭杆上,并塞入到锁闭框内,再把锁钩用横轴与U型铁连接,把连接铁用轴销螺栓与动作拉杆、转辙机动作杆连接,再把长短表示拉杆用轴销螺栓与转辙机表示杆连接,调整道岔密贴、缺口。外锁闭装置实物和锁闭结构如图1－5－10所示。

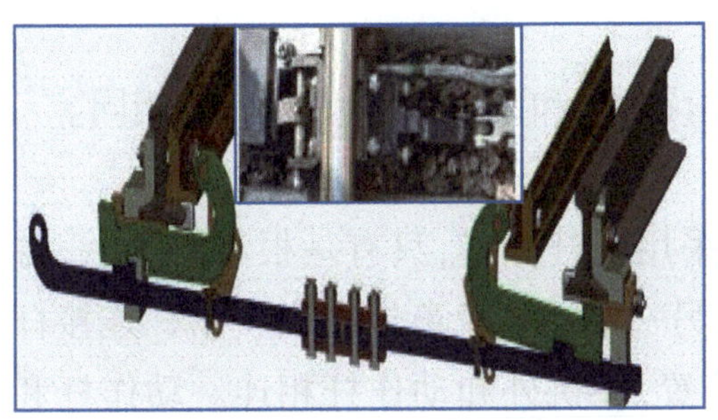

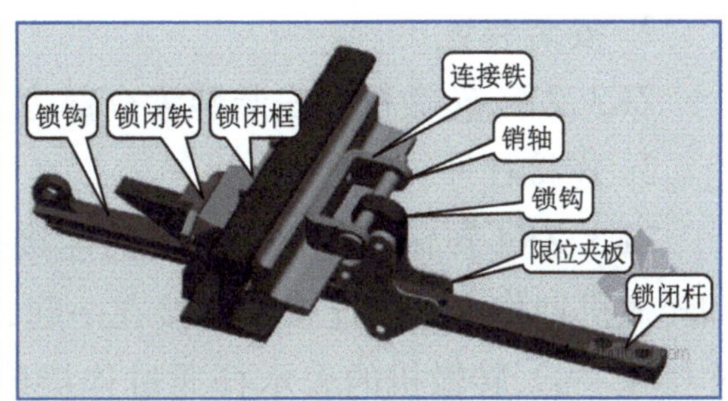

图1－5－10　尖轨、心轨外锁闭示意

四、以压缩空气为动力的道岔转换锁闭装置简介

以压缩空气为动力的道岔转换锁闭装置,由电空转辙机、安装装置、连接杆件组成。在驼峰调车场,解编列车时在峰上向下溜放车辆,溜放的车辆驶向不同股道,溜放车组之间下峰的时间间隔较短。在这样的情况下,要保证溜放车组准确溜入欲达股道,道岔就必须快速转换到位。在驼峰调车场,道岔的转换速度要求极快,为了满足这一要求,研制了转换速度极高的道岔转换锁闭装置。

1. 电空转辙机

(1)类型。电空转辙机的类型较多,但从发展情况看,在满足了驼峰调车场的基本要求后,没有大的变化,从20世纪七八十年代以后,定型使用ZK3、ZK4以后,再没有发展,至今,ZK3、ZK4是基本类型,应用于驼峰调车场大部分是ZK4型。ZK4转辙机实物如图1－5－11所示。

(2)作用。主要牵引驼峰调车场峰下咽喉区对称道岔,在车组快速溜放过程中,转换锁闭道岔尖轨。

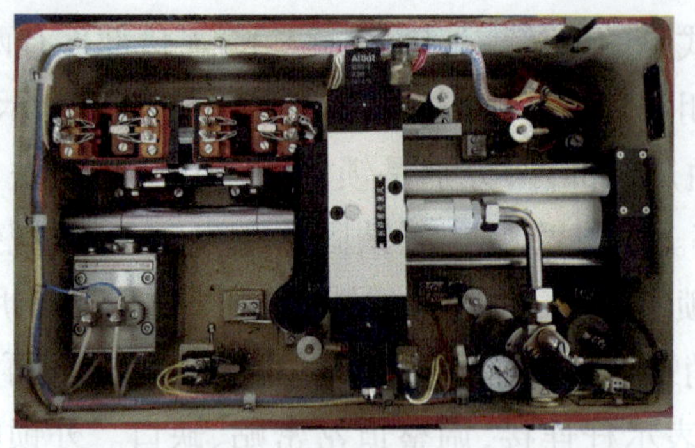

图 1－5－11　ZK4 转辙机实物示意

2. 安装装置

ZK3、ZK4 转辙机的安装装置全部为角钢式，和 ZD6 角钢安装方式相同。

3. 连接杆件

ZK3、ZK4 转辙机与道岔尖轨的连接采用单杆方式，只有一根动作杆，一端和转辙机动作杆通过连接销连接在一起，另一端通过象鼻铁和尖轨第一连接杆连接在一起，转辙机的表示杆通过连接装置，在机外和动作杆相连。动作杆和表示杆机外连接装置实物如图 1－5－12 所示。

图 1－5－12　动作杆和表示杆机外连接装置实物

第二章　常用转辙设备机械原理

第一节　ZD6 系列电动转辙机机械原理

一、结　　构

ZD6 系列电动转辙机根据道岔使用要求，各型号的部件配置略有不同，主要由电动机、减速器、摩擦联结器、自动开闭器、主轴、动作杆、表示杆、移位接触器，底壳及机盖等组成。转辙机结构如图 2－1－1 所示。

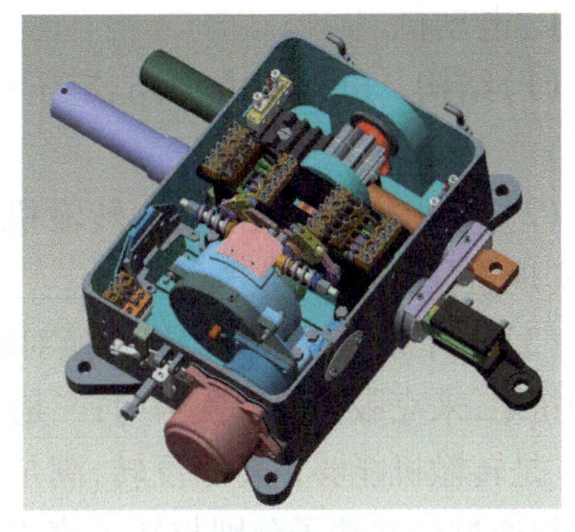

图 2－1－1　ZD6 系列电动转辙机结构示意

二、动作过程

ZD6 电动转辙机的动作主要分为三个阶段。第一阶段，转辙机解锁；第二阶段，带动道岔尖轨转换；第三阶段，转辙机锁闭。ZD6 电动转辙机部件动作关系如图 2－1－2 所示。

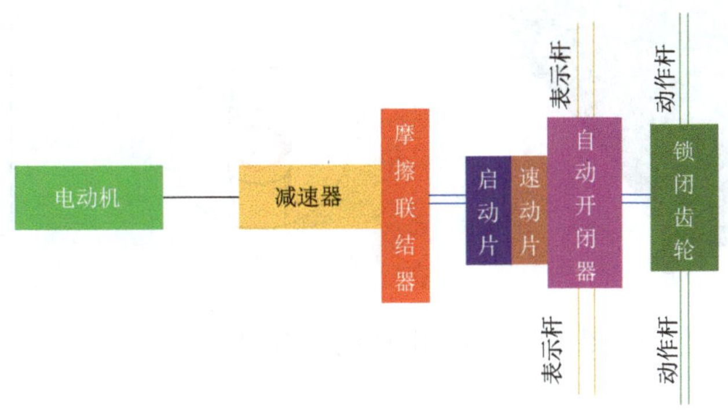

图 2－1－2　ZD6 电动转辙机部件动作关系示意

第一阶段。接通道岔启动电路，电动机转动，经减速器减速、摩擦联结器

“紧握”连接，带动主轴转动，一方面带动锁闭齿轮旋转，削尖齿拨动齿条块移动，转辙机解锁；另一方面带动速动片、启动片旋转，顶动速动爪上抬，带动动接点换位，切断原表示电路、接通转辙机回转条件。

第二阶段。电动机继续旋转，齿条块移动，经动作杆、动作连接杆带动道岔尖轨移动，同时表示连接杆拉动表示杆移动。

第三阶段。尖轨移动到新位置，锁闭齿轮旋转至齿条块另一侧削尖齿内，作同心圆旋转，齿条块不再向前移动，速动爪落入速动片内，切断启动电路，电机停转，检查柱落入表示杆缺口，接通道岔新位置表示电路。

三、各部件结构、作用、工作原理

1. 电动机

(1)结构。电动机由机壳、定子线圈、转子线圈、换向器、炭刷、输出齿轮等组成。

(2)作用。电动机把接入转辙机的直流电转换为机械能，带动道岔尖轨转换，实现道岔开向不同方向。

(3)工作原理。道岔尖轨转换对转辙机有三点要求：一是转辙机要有较大的启动扭矩，来克服尖轨解锁阻力；二是转辙机要具有足够的功率，保证尖轨顺利转换；三是转辙机能够正转和反转，满足尖轨向两个方向位移。直流电动机两个定子绕组通过公共端子分别与转子绕组串联，称为直流串励方式，通过改变定子绕组的电流方向来实现电动机反转，满足尖轨转换对转辙机的第三点要求。如何满足尖轨转换的另两个要求，后叙。电动机实物、电路如图 2－1－3 所示。

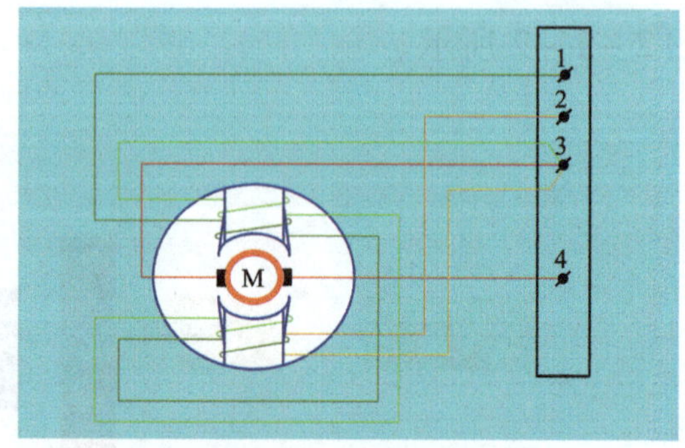

图 2－1－3　电动机实物、电路示意

2. 减速器

(1)结构。减速器由外壳、内齿轮片、外齿轮片、输入齿轮片、输入轴、偏心轴、滚棒等组成。

(2)作用。把电动机输入的高速旋转动能转换为低速旋转动能输出，降低速度换取转矩，来提高电动机的荷载能力，在尖轨转换中克服尖轨与滑床板间的摩擦力，保证尖轨顺利转换。减速器是保证转辙机有足够功率转换尖轨的设备，尖轨转换的第二点要求由减速器完成。

(3)工作原理。减速器采用两级减速，第一级为普通齿轮传动减速，第二级为渐开线一齿差减速器传动减速。

第一级减速。电动机输出轴固定小齿轮，减速器输入轴固定大齿轮，两齿轮啮合，电动机转动数周带动减速器转动一周，达到降速目的，ZD6 各型转辙机的第一级减速比略有不同。

第二级减速。制造转辙机要尽可能小型化，为达到转辙机小型化的目的，第二级减速采用渐开线一齿差减速方式减速，也称行星减速。

行星减速器中内齿轮通过摩擦联结器的摩擦作用相对"固定"在减速器壳内，内齿轮里装有外齿轮。外齿轮通过滚动的轴承装载在偏心轴套上。偏心轴套用键固定在输入轴上。外齿轮上有八个圆孔，每孔插入一根套有滚套的滚棒。八根滚棒固定在输出轴的输出圆盘上。当外齿轮作摆式旋转时，输出轴随着旋转。当输入轴随第一级减速齿轮顺时针旋转时，偏心轴套也顺时针旋转，使外齿轮在内齿轮里沿内齿圈作逐齿啮合的偏心运动。外齿轮 41 齿，内齿轮 42 齿，两者相差 1 齿。因此，外齿轮作一周偏心运动时，外齿轮的齿在内齿轮里错位一齿。内齿轮"静止"不动，迫使外齿轮在一周的偏心运动中反方向旋转一齿的角度，输入轴顺时针方向旋转 41 周，外齿轮逆时针方向旋转一周，带动输出轴逆时针方向旋转一周。外齿轮既在输入轴的作用下作偏心运动，又与内齿轮作用作旋转运动，类似于行星运动，既有公转，又有自转。第二级减速比为 41∶1。减速器实物、内部结构如图 2－1－4 所示。

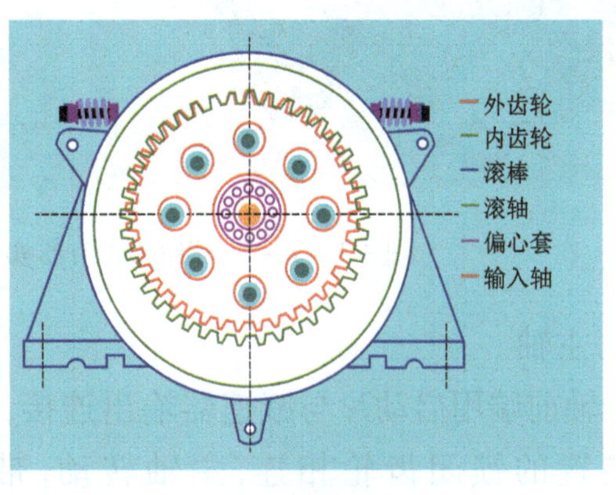

图 2－1－4　减速器实物、内部结构示意

3. 摩擦联结器

(1)结构。摩擦联结器附着在减速器上,由摩擦制动板、摩擦带、调整螺栓、调整弹簧等组成。

(2)作用。保护电动机、减速器、转换锁闭装置在摩擦状态下不受损伤。

(3)工作原理。转辙机在正常工作时,摩擦联结器将减速器的内齿轮固定在"静止"位置,电动机输出的动能通过减速器输出轴传给转换锁闭装置,动作道岔尖轨,转换道岔开向;在转换道岔尖轨过程中,如果尖轨受到阻碍不能移动时,摩擦联结器的内齿轮随着外齿轮的转动而转动,电动机的动能通过内齿轮与摩擦带的摩擦转换为热能消耗,减速器不向转换锁闭装置输出动能,相当于减速器和转换锁闭装置"分离",即使电动机长时间转动,电动机、减速器也不会受到损坏。道岔正常转换,尾动惯性(启动电路切断后,电动机继续转动过程)也由摩擦联结器与内齿轮的摩擦消耗。

摩擦联结器的摩擦力要调整适当,摩擦力太大,尖轨转换受阻时,减速器的内齿轮旋转不起来,减速器的输出轴和转换锁闭装置"分离"不开,电动机、减速器、转换锁闭装置会由于扭力的影响而损坏;摩擦力太小,减速器输出的动能不足以克服尖轨与滑床板间的摩擦力做功,尖轨不能正常转换。通过调整弹簧压力大小来调整摩擦力,一般用测量摩擦电流值来衡量摩擦力大小。摩擦联结器实物、内部结构如图2-1-5所示。

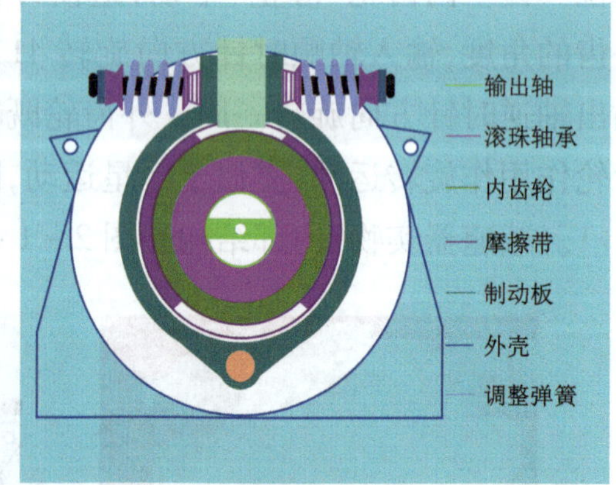

图2-1-5　摩擦联结器实物、内部结构示意

4. 主轴

主轴前端用启动片与减速器输出连接,随减速器输出轴转动,后端和转换锁闭装置的锁闭齿轮相连,主轴转动,带动锁闭齿轮转动。主轴实物如

图2－1－6所示。

5. 转换锁闭装置

(1)结构。转换锁闭装置由齿条块、锁闭齿轮、主副挤切销(连接销)、移位接触器触头等组成。

(2)作用。转换锁闭装置的作用:一是将旋转运动变为直线运动;二是锁闭尖轨,保证尖轨处在固定位置;三是当道岔尖轨被挤切时,挤切销折断,切断表示电路。

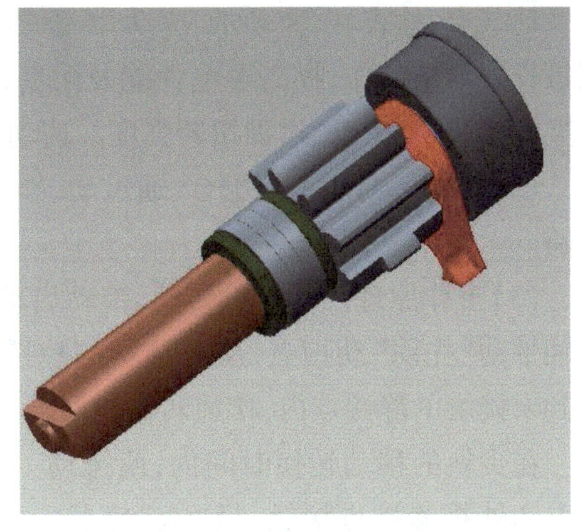

图2－1－6 主轴实物示意

(3)工作原理。电动机转动,带动减速器输入、输出轴转动,通过启动片带动主轴及锁闭齿轮转动,锁闭齿轮开始空转,获得较大启动扭矩后,由启动小齿拨动齿条块位移,满足尖轨转换对转辙机的第一点要求。

锁闭齿轮继续旋转,带动动作杆移动,完成道岔尖轨转换。尖轨转换到位后,锁闭齿轮继续旋转,直到锁闭齿轮的锁闭圆弧与齿条块上的削尖齿完全重合,在自动开闭器作用下,电动机停转,尖轨被锁闭。电动机旋转完毕后,锁闭齿轮的圆弧面与齿条块的削尖齿弧面重合,当齿条块受到水平移动作用力时,沿着锁闭圆弧的半径方向传给锁闭齿轮。此时,锁闭齿轮的锁闭圆弧在齿条块的削尖齿内,水平移动作用力不能使锁闭齿轮旋转,被固定在齿条块里的动作杆也不能移动,道岔尖轨被转辙机内部锁闭,水平移动作用力被消耗在转辙机固定螺栓上。当道岔尖轨被强大外力挤切,外力大于主挤切销金属抵抗力时,主挤切销折断,副挤切销带动齿条块移动,将移位接触器触头顶起,顶开移位接触器,断开道岔表示电路。转换锁闭装置实物如图2－1－7所示。

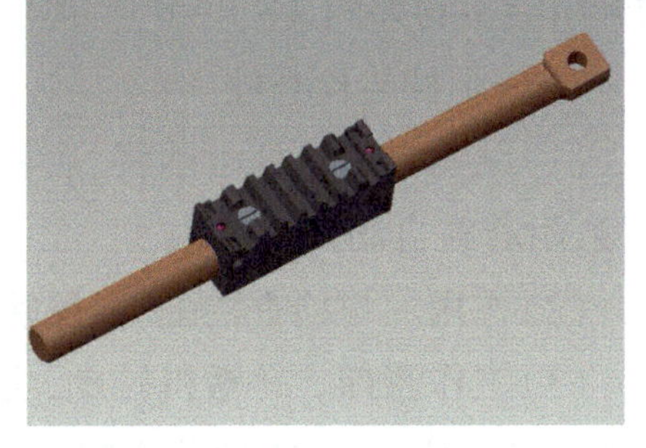

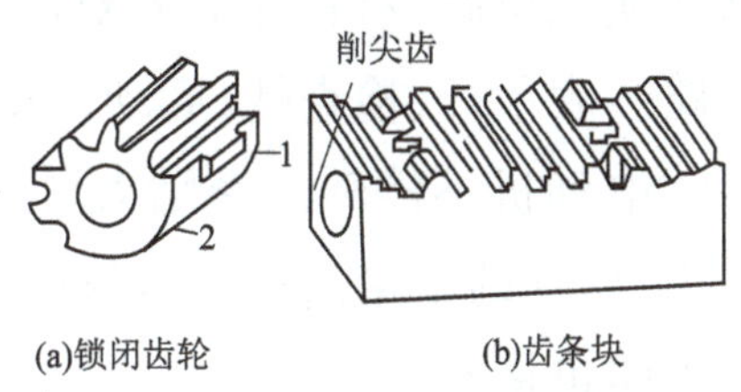

图2－1－7 转换锁闭装置实物示意

1—启动小齿;2—锁闭圆弧

6. 自动开闭器

(1)结构。自动开闭器由底座(俗称马鞍铁)、静接点座及静接点、动接点座及动接点、检查柱、速动爪、速动片、拐轴、拉簧等组成。接点环和静接点等采用铍青铜材料制作，提高导电性能及耐磨性能，寿命长。小拐轴采用花键轴与支架联结，避免旷动、增加扭转强度。速动衬套采用自润滑粉末冶金。

(2)作用。与表示杆配合，通过动、静接点自动接通、断开转辙机启动、表示电路。

(3)工作原理。电动机转动，带动启动片旋转，启动片将速动爪顶起，通过拐轴带动“先动”动接点，从已接触的静接点内退出，断开道岔原表示电路，进入到未接触的静接点内，接通转辙机回转条件。

在尖轨的移动转换时间内，两排动接点和外排静接点接触，呈“八”字状。尖轨转换到位后，另一速动爪落入速动片缺口内，通过拐轴上拉簧拉动，“后动”动接点，迅速从仍接触的静接点内退出，切断电动机转动电路，检查柱落入道岔新位置表示杆缺口内，后动动接点迅速打入到该排动接点未接触的静接点内，接通道岔新位置表示电路。自动开闭器实物如图2-1-8所示。

图2-1-8　自动开闭器实物示意

7. 表示杆与检查柱

(1)结构。表示杆由前杆、后杆、连接头、调整螺栓组成。检查柱和动接点连接，附着在自动开闭器内。

(2)作用。与检查柱配合，反映和监督尖轨位置以及尖轨的密贴程度。

(3)工作原理。转辙机转动，尖轨移动，通过表示连接杆推动表示杆移动，尖轨转换到位后，检查柱落入对应表示杆缺口内，通过自动开闭器接通道岔表示电路。表示杆、检查柱、后动动接点的配合有以下三种状态。

①电动机不停转。密贴太紧，尖轨转换不入槽，此时速动爪不落入速动片缺口内，后动的动接点从已接触的静接点内退不出，此时电动机不停转，新位置表示电路也接不通。

②电动机停转、新位置表示条件接不通。电动机旋转到位，带动速动片旋转到位，速动爪打入速动片缺口内，后动动接点从已接触的静接点内退出，切断电动机转动电路，电动机停转。此时，如果表示杆缺口对不准检查柱，检查柱落不到表示杆缺口内，俗称“道岔卡缺口”，造成后动动接点打不入对应静接点

内，接不通道岔新位置表示。

③接通道岔新位置表示电路。电动机旋转结束，速动爪打入速动片内，此时，如果表示杆缺口对准检查柱，检查柱可以落到表示杆缺口内，后动动接点打入原未接触的静接点内，接通道岔新位置表示条件。表示杆实物如图2－1－9所示。

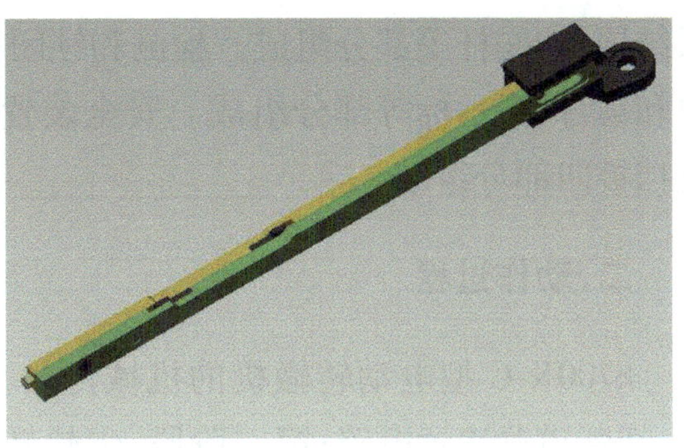

图2－1－9　表示杆实物示意

第二节　S700K型电动转辙机机械原理

一、结　　构

S700K-C是引进德国西门子公司技术生产的道岔转辙机，S是Siemens（西门子）的第一个字母，700指转辙机具有700 kgf牵引力，K是Kugelgwinde（滚珠丝杠）的第一个字母，C是China（中国）的第一个字母。S700K-C型电动转辙机是一种规格齐全的电动转辙设备，不同动程的转辙机能满足道岔尖轨、心轨单机牵引需要，通过电路连接也能满足双机、多机牵引需要。S700K-C型电动转辙机由动力传动机构、检测和锁闭机构、安全装置三部分组成。S700K-C型电动转辙机部件分解如图2－2－1所示。

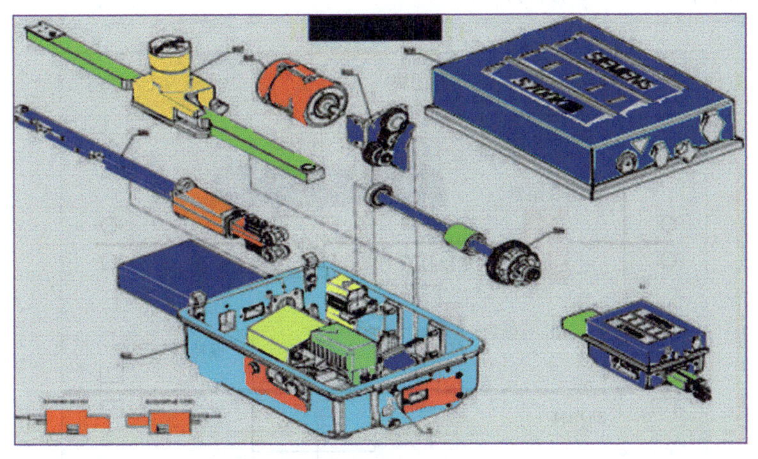

图2－2－1　S700K-C型电动转辙机部件分解示意

动力传动机构主要由三相交流电机、齿轮组、摩擦联结器、滚珠丝杠、保持联结器、动作杆等部分组成。检测和锁闭机构主要由检测杆、速动开关组、锁闭块和锁舌、指示标等部分组成。安全装置主要由开关锁、遮断开关、连杆、摇把孔挡板四部分组成。

二、动作过程

S700K-C 型电动转辙机的机械传动,分为三个阶段。第一阶段,转辙机解锁、切断道岔表示电路;第二阶段,尖轨转换;第三阶段,转辙机锁闭、接通道岔新位置表示电路。

各阶段动作过程如下。

第一阶段。接通转辙机启动电路,电动机转动,通过减速齿轮组,传递给摩擦联结器,摩擦联结器带动滚珠丝杠转动,丝杠上的螺母水平移动,顶动操纵板将锁闭块顶进,切断表示电路,同时带动一侧锁舌向缩进方向运动,直至锁舌完全缩进,转辙机解锁。

第二阶段。在转辙机解锁后,滚珠丝杠上的螺母继续向前运动,带动保持联结器向前运动,通过与保持联结器连接的动作连接杆,带动道岔尖轨或可动心轨位移,尖轨位移的同时,通过表示连接杆,带动检测杆一起位移。

第三阶段。尖轨位移到位后,检测杆通过表示连接杆,在尖轨或可动心轨带动下移动到位,缺口对准锁闭块,锁闭块弹出,另一侧锁舌弹出,锁住保持联结器,转辙机锁闭,同时切断启动电路,接通道岔新表示电路。S700K 转辙机部件动作关系如图 2 -2 -2 所示。

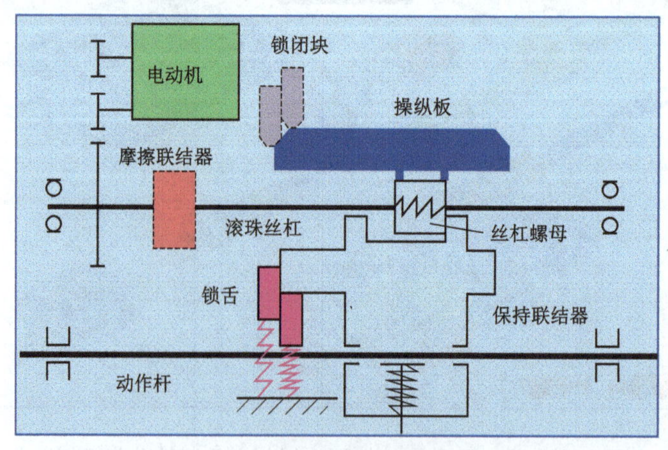

图 2 -2 -2　S700K 型电动转辙机部件动作关系示意

转辙机先锁闭后接通表示的设计,使 S700K-C 型电动转辙机具有表示电路自检锁闭的功能。卡缺口时，锁舌伸不出，内锁闭无法锁闭，不接通道岔表示电路，道岔表示电路接通的前提是转辙机必须在内锁闭状态，这是S700K-C转辙机在锁闭上的特点。ZD型转辙机的锁闭与表示电路是否接通无关，即转辙机的锁闭与检查柱是否落入表示杆缺口没有机械逻辑关系。

三、各部件结构、作用、工作原理

1. 三相交流电动机

(1)结构。电动机采用三相交流异步感应电动机，由机壳、定子绕组、转子、轴承、输出齿轮、固定螺栓等组成。三相交流电动机实物如图2－2－3所示。

(2)作用。为转辙机提供动力，将电能转换为机械能，带动转辙机动作。交流电动机具有功率大、转速高的特点，被广泛应用于外锁闭道岔转换牵引。

(3)工作原理。接通电路后，三相交流电分别接到电动机三个定子绕组，转子在定子绕组磁场的作用下转动，产生机械能(动能)，经输出轴输出，带动输出齿轮旋转。

2. 齿轮组

(1)结构。齿轮组由摇把齿轮、电机齿轮、中间齿轮及摩擦联结器齿轮、轮轴等组成。齿轮组实物如图2－2－4所示。

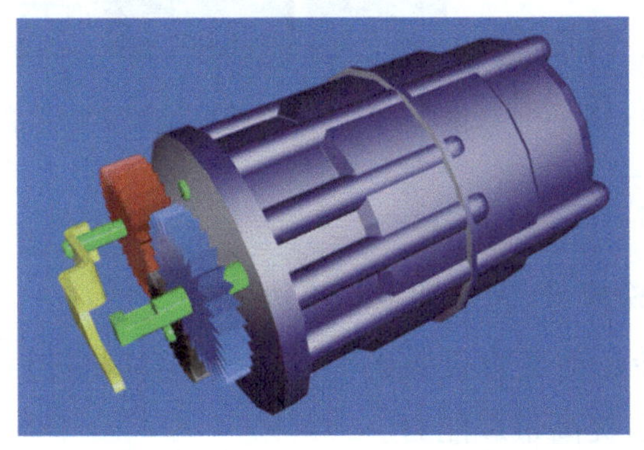

图2－2－3　三相交流电动机实物示意

图2－2－4　齿轮组实物示意

(2)作用。一是可以省力地将转辙机摇到欲到位置，二是将电动机高速转动降下来，换取转辙机转矩的增大，提高转辙机的荷载能力。

(3)工作原理。摇把齿轮与电机齿轮啮合，摇动摇把时，摇把齿轮旋转带动电机齿轮一起旋转，相当于电动机在旋转。电动机齿轮、中间齿轮与摩擦联结器齿轮互相啮合，当道岔启动电路被接通，电动机旋转，带动中间齿轮，进而带动摩擦联结器齿轮旋转，从而带动滚珠丝杠转动。由于电机齿轮的齿数小于中间齿轮齿数、中间齿轮齿数小于摩擦联结器齿轮齿数，电动机的转动，被后边两级齿轮的转动降下来，转速降低，提高转矩。

3. 摩擦联结器

（1）结构。摩擦联结器由摩擦齿轮、摩擦联结片、调整螺栓、固定螺栓等组成。

（2）作用。保护电动机、齿轮组、滚珠丝杠在摩擦状态下不受损伤。

（3）工作原理。和 ZD6 型转辙机的作用一样，一是当滚珠丝杠上的转换阻力大于摩擦联结力时，在电动机转动中，摩擦片打滑，摩擦齿轮空转，不带动滚珠丝杠转动，电动机的动能通过与摩擦片的摩擦，变为热能消耗，保护转辙机不受损坏；二是在道岔正常转换过程中，当尖轨转换到位，切断道岔启动电路后，电动机仍有旋转惯性，此时，同样摩擦齿轮空转，电动机的惯性能通过摩擦联结器的作用，变为热能消耗。摩擦联结器实物如图 2－2－5 所示。

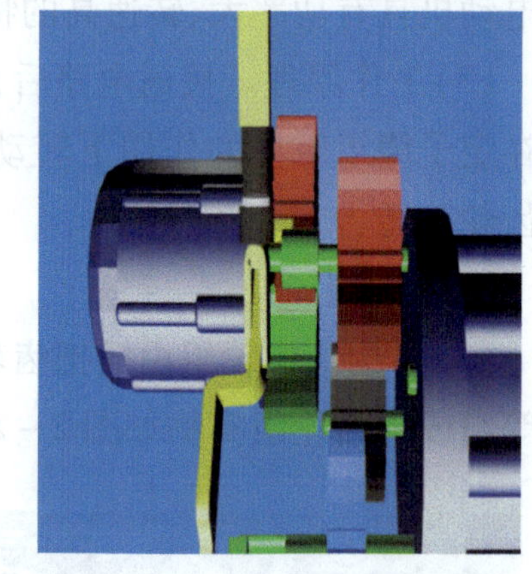

图 2－2－5　摩擦联结器实物示意

对于交流电动转辙机，其动作电流不能直接反映转辙机的牵引力，所以交流电动转辙机的摩擦力，要由专业人员调整。转辙机在出厂时，对摩擦力进行测试、试验，现场维修人员一般不需要调整摩擦力。

4. 滚珠丝杠

（1）结构。滚珠丝杠由丝杆、滚珠螺母、固定轴承等组成。

（2）作用。一是将电动机的旋转运动变为直线运动；二是对电动机进行第二次降速，进一步增大转辙机的转矩，提高带载能力。

（3）工作原理。丝杠的一端通过轴承固定在转辙机机壳上，另一端与摩擦连接器用摩擦片的形式连接。摩擦齿轮被中间齿轮带动旋转时，丝杠和摩擦齿轮作同心圆旋转，推动滚珠丝杠螺母移动，带动保持联结器移动，从而带动道岔尖轨作直线运动。滚珠丝杠螺母在丝杠旋转下的位移量，取决于丝杠丝扣的宽度，制造时降低丝扣宽度，间接地降低螺母的移动速度，提高转辙机的转矩。滚珠丝杠实物如图 2－2－6 所示。

5. 保持联结器

(1)结构。保持联结器由顶盖、弹簧、压板等组成。保持联结器实物如图2－2－7所示。

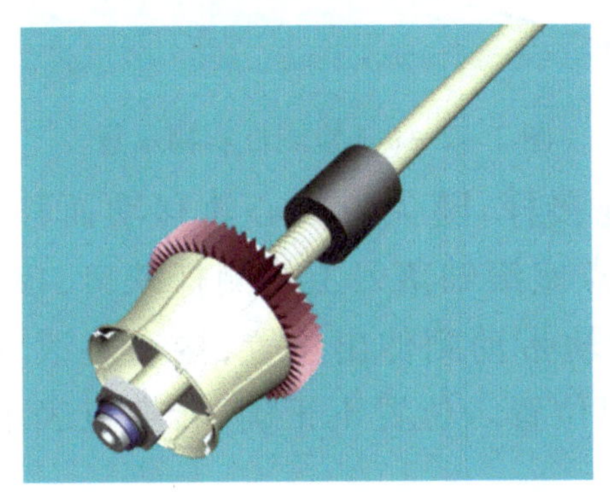

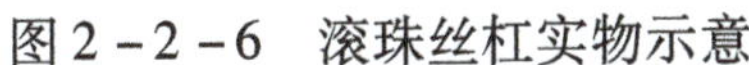

图2－2－6　滚珠丝杠实物示意

图2－2－7　保持联结器实物示意

(2)作用。道岔尖轨被挤切时,通过保持联结器的作用,动作杆与滚珠丝杠分离,保护滚珠丝杠、动作杆等部件不受损坏。

(3)工作原理。保持联结器是挤脱装置,利用弹簧的压力,通过槽口式结构,将滚珠丝杠与动作杆连接在一起,当道岔被挤,挤切力大于弹簧压力时,动作杠滑脱,与滚珠丝杠分离,保护转辙机不被损坏。相当于ZD6系列电动转辙机中的挤岔装置。

6. 操作板、锁闭块与锁舌

(1)结构。操作板、锁闭块、锁舌分别是三块不规则铁板,操作板和滚珠丝杠上的螺母连接,锁闭块、锁舌位于保持联结器下方,锁闭块与锁舌用弹簧连接。

(2)作用。完成转辙机解锁,完成转辙机转换后锁闭,完成速动开关的带动任务。

(3)工作原理。转辙机启动后,操作板位移,顶动锁闭块缩入,拉入锁舌,保持联结器失去阻挡,可以位移,转辙机机内解锁。道岔尖轨转换完成,检测杆指示缺口与指示标对中,锁闭块及锁舌弹出,阻挡保持联结器位移,转辙机机内锁闭。锁闭块、锁舌缩入,挤动速动开关动作,带动动接点动作;锁闭块、锁舌弹出,带动速动开关动作,带动另一组动接点动作。

锁舌产生卡阻,电动转辙机向定位、反位都不能转换到底,用铜棒(急用时用木棍也可)冲击锁舌,使轴头压接到位,锁舌弹出。

7. 检测杆

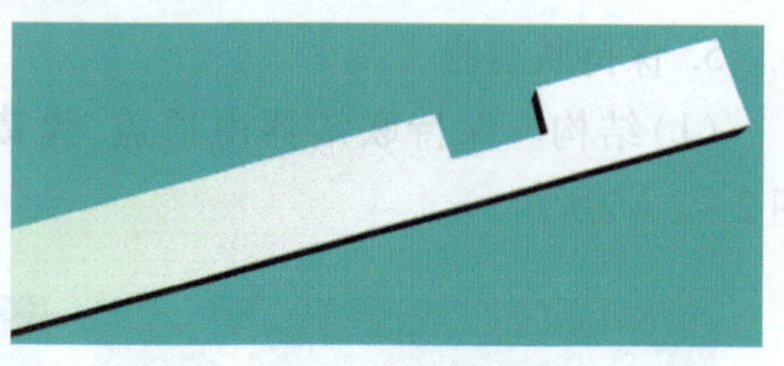
图2-2-8　检测杆实物示意

(1)结构。检测杆由上检测杆、下检测杆、连接头、连接螺栓等组成,检测杆实物如图2-2-8所示。

(2)作用。监督道岔尖轨位置。

(3)工作原理。在道岔尖轨或心轨转换过程中,检测杆通过表示连接杆,随尖轨或心轨移动而移动。表示连接杆被尖轨带动到拉入位置,接点座滚轴落入上检测杆缺口,检查、监督转辙机拉入位置;表示连接杆被尖轨带动到伸出位置,接点座滚轴落入下检测杆缺口,检查、监督转辙机伸出位置。位置不正确,转辙机表示电路不接通。

8. 速动开关

(1)结构。速动开关的结构较复杂,由底座、安装板、速动爪、启动架、连接板、开关盒、拉簧支架、复位弹簧组成。靠近机壳的接点为固定接点,固定在接点座上,有A、B两组,中间接点为可动接点,与开关盒连接,有C、D两组,远离机壳的端子,有四组为过渡端子。速动开关如图2-2-9所示。

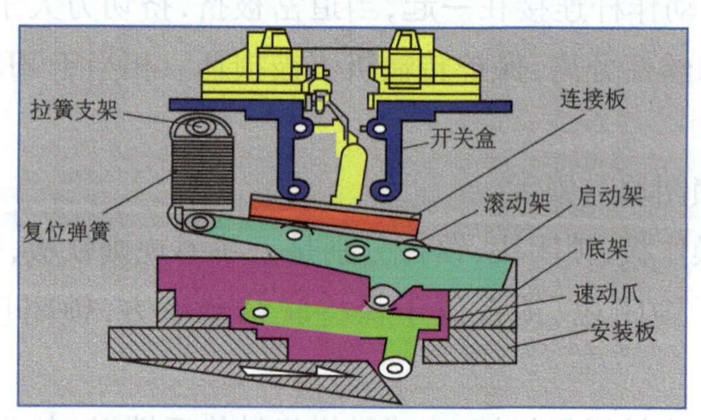

图2-2-9　速动开关示意

(2)作用。随转辙机的动作,接通或断开启动、表示电路。

(3)工作原理。速动开关相当于ZD6系列转辙机的自动开闭器。接通启动电路,转辙机启动,道岔解锁的同时,速动开关断开表示电路,接通回转条件;转辙机转换完毕,位置正确后,速动开关断开启动电路,接通新位置表示电路。S700K-C转辙机结构相对复杂,零部件比较零散,维修、调整难度较大,设计思路与ZD6型转辙机有相似的地方,也有本质的区别。S700K-C转辙机俯视如图2-2-10所示。

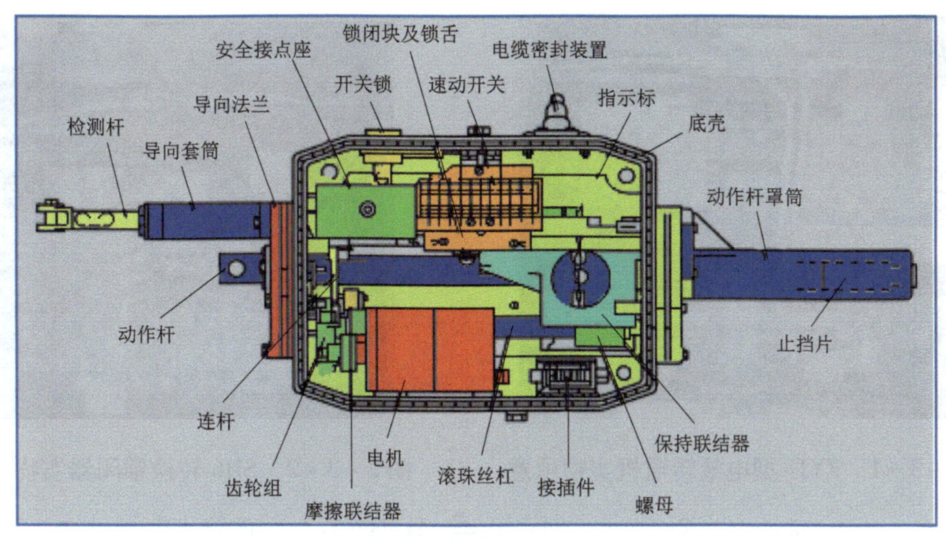

图 2－2－10 S700K-C 型电动转辙机俯视示意

第三节 ZYJ7 型电液转辙机机械原理

一、结 构

1. 主机、转换锁闭器组合

ZYJ7 型转辙机(亦称主机,用于第一牵引点)和 SH6 型转换锁闭器(亦称副机,用于第二、第三等牵引点)组成一机一站牵引形式,主机与副机共用一套动力系统,两者之间靠油管连接传输动力。

(1)ZYJ7 型转辙机结构。ZYJ7 型转辙机主要由动力机构、转换锁闭机构、表示锁闭机构组成。

(2)SH6 转换锁闭器结构。SH6 型转换锁闭器主要由转换锁闭机构、挤脱表示机构组成。ZYJ7 型转辙机实物如图 2－3－1 所示,SH6 转换锁闭器实物如图 2－3－2 所示,ZYJ7 型电液转辙机结构俯视如图 2－3－3 所示,SH6 转换锁闭器结构俯视如图 2－3－4 所示。

2. 单点牵引

道岔的各牵引点均设计为转辙机牵引,不采用转辙机和转换锁闭器组合方式,各点牵引同步动作由控制电路、选择转辙机动程来配合完成。单点 ZYJ7 型电液转辙机,主要由动力机构、转换锁闭机构、挤脱表示锁闭机构组成。

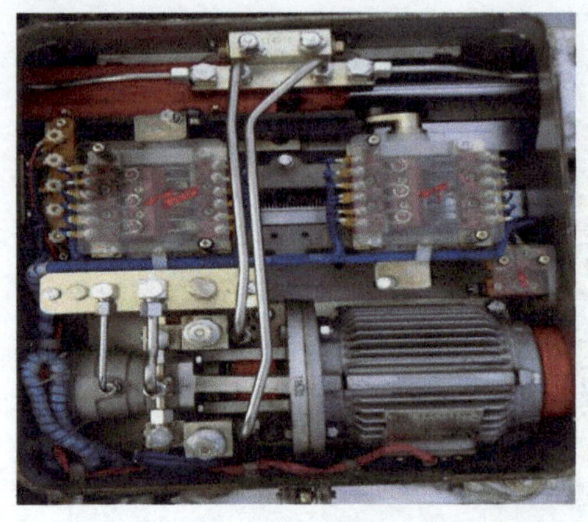

图 2－3－1　ZYJ7 型电液转辙机实物示意

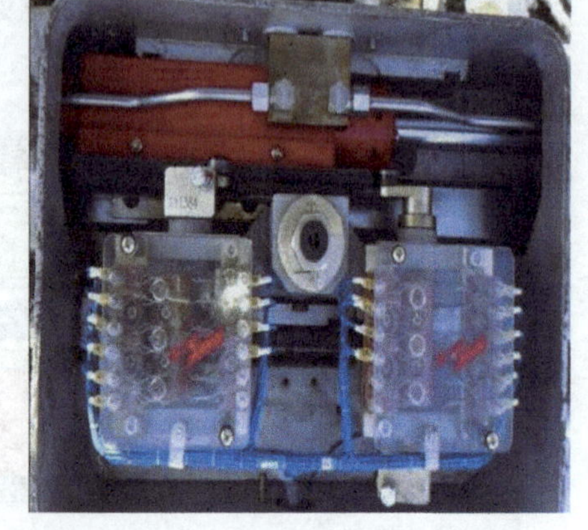

图 2－3－2　SH6 转换锁闭器实物示意

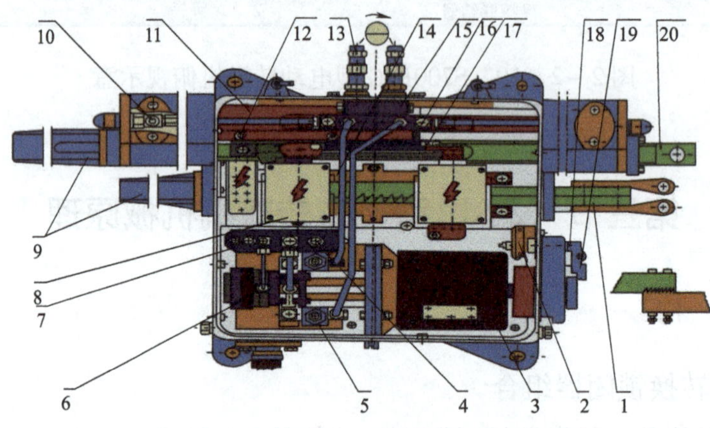

图 2－3－3　ZYJ7 型电液转辙机结构俯视示意

1—表示杆；2—安全接点；3—电机；4—注油孔；5—溢流阀；6—油泵；7—油标；8—接点组；9—保护管；10——动调节阀；11—油缸；12—油杯；13—二动调节阀；14—锁闭柱；15—空动油缸；16—动作板；17—滚轮；18—开关；19—锁栓；20—动作杆

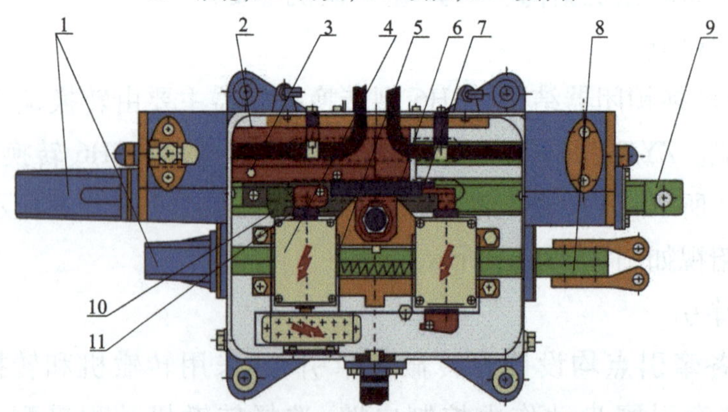

图 2－3－4　SH6 转换锁闭器结构俯视示意

1—保护管；2—油缸；3—油杯；4—挤脱接点组；5—检查柱；6—动作板；7—滚轮；8—表示杆；9—动作杆；10—锁块；11—锁闭铁

二、动作过程

接通道岔启动电路，电动机旋转，带动油泵工作，将油缸一侧油腔内的液压油吸出并推送到另一侧油腔，使活塞两侧的液体压力不相等，从而推动活塞移动。活塞移动带动推板移动，一方面顶动锁块解锁，当推板和两锁块平行接触后，推动动作杆移动，带动锁闭杆移动；另一方面活塞带动动作板移动，滚轮随动作板斜面上升，带动动接点离开原静接点，断开道岔原表示，进入新位置静接点内，接通道岔回转条件和道岔续转电路（一机一站方式）。活塞移动到极端，对应锁闭块被推板压出，对应滚轮随动作板另一侧斜面下落，带动另一组动接点与静接点断开，切断道岔启动电路（续转电路由转换站切断），换位到新位置静接点内，接通道岔新位置表示电路。ZYJ7 转辙机部件动作关系如图 2－3－5 所示。

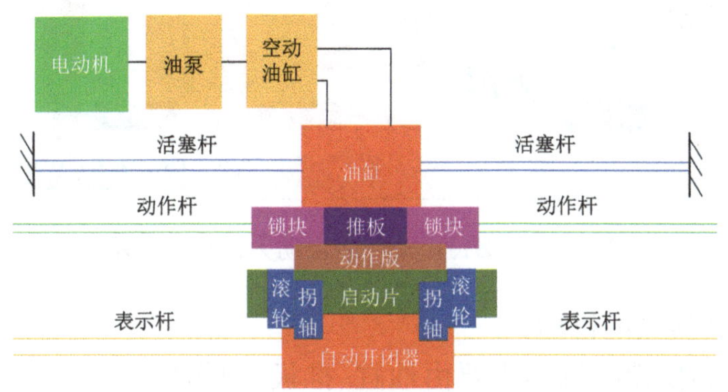

图 2－3－5　ZYJ7 转辙机部件动作关系示意

三、各机构结构、作用、工作原理

1. 一机一站两点牵引

（1）动力机构

①结构。动力机构主要由电动机、联轴器、油泵、油箱、油管、单向阀、滤芯、溢流阀、主副机间油管等组成。电动机、联轴器、油箱实物如图 2－3－6 所示。

图 2－3－6　电动机、联轴器、油箱实物

②作用。动力机构的作用是将电能变为液压能，通过压差推动油

缸移动，解锁、转换、锁闭尖轨。

③工作原理。电动机通过联轴器带动油泵逆时针方向旋转时，油泵从油缸右侧腔内吸入油，油泵泵出的高压油使油缸左腔为高压，此时油缸向右移动，当油缸动作到终端停止动作时，油泵从右边的单向阀吸入油，泵出的高压油经左边的滤油器和溢流阀流回油箱。电动机带着油泵顺时针方向转动，油缸动作方向与上述方向相反。为了改善交流电动机启动特性，与油缸并联了启动油缸。油路系统中设置一动调节阀和二动调节阀，调节主机油缸与副机油缸在转换道岔时宏观同步。ZYJ7、SH6 组合动力机构关系如图 2－3－7 所示。

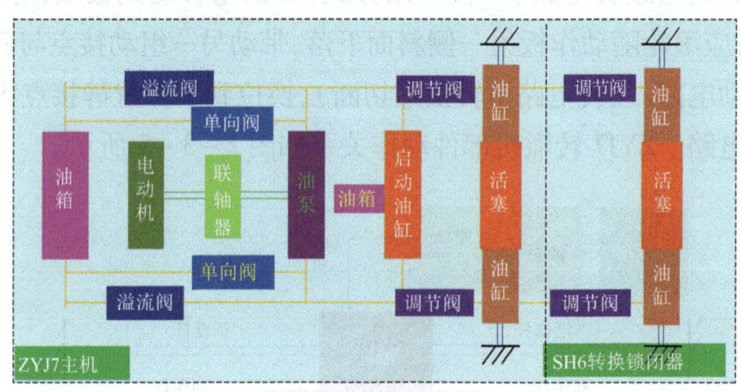

图 2－3－7　ZYJ7、SH6 组合动力机构关系示意

（2）主机转换锁闭机构

①结构。转换锁闭机构主要由油缸、推板、动作板、速动片、动作杆、锁块、锁闭铁等组成。其中油缸、推板、动作板通过铆钉铆接为一体，如图 2－3－8 所示，锁块通过铆轴铆接在与动作杆一体的框铁内，动作杆、框铁、锁块固定为一体，如图 2－3－9 所示。

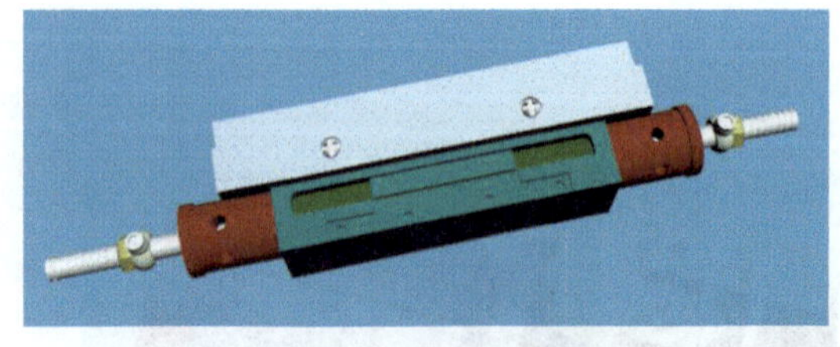

图 2－3－8　动作杆实物示意

图 2－3－9　动作杆、锁块实物示意

②作用。转换锁闭机构的作用是转换并锁闭尖轨或心轨在极端位置，锁闭尖轨或心轨后承受 98 kN 的轴向锁闭力。

③工作原理。转换锁闭机构的工作分为三个过程，一是动作杆解锁，二是动作杆转换，三是动作杆锁闭。

a. 动作杆解锁过程。电机经联轴器带动油泵顺时针方向旋转，在油缸的两侧油腔内产生油压差，由于活塞杆固定不动，活塞在油压差的推动下移动，和活塞固定在一起的油缸也随活塞一起移动，固定在油缸侧面的推板凸台在移动中压动锁块旋转进入推板凹槽，动作杆通过锁块与推板凸台的“卡接”成为一体，动作杆随油缸开始移动，另一锁块在动作杆的带动下进入推板另一凹槽，与锁闭铁分离，动作杆解锁。

b. 动作杆转换过程。动作杆解锁后，推板凸台两侧完全与两锁块凹边密合，转辙机进入到转换位，油缸带动动作杆转换，带动道岔尖轨位移。

c. 动作杆锁闭过程。尖轨转换到位后，动作杆受到尖轨阻碍停止移动后，油缸继续向前移动，锁块在推板凸台的压迫下，从推板凹槽内退出，与锁闭铁边缘密合，锁闭铁将动作杆通过锁块顶死，防止动作杆作返回移动，动作杆锁闭。推板和锁闭块动作关系俯视如图 2－3－10 所示。

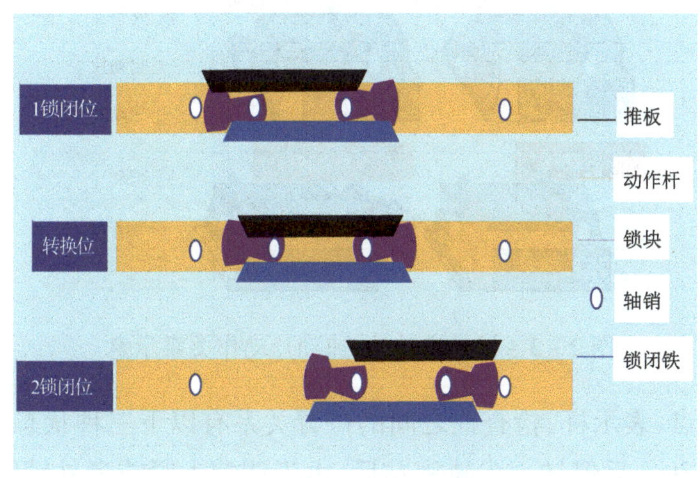

图 2－3－10　推板和锁闭块动作关系俯视示意

(3)主机表示锁闭机构

①结构。表示锁闭机构主要由接点架、启动片、滚轮、接点组、检查柱、表示锁闭杆等组成。接点架、启动片实物如图 2－3－11 所示。

②作用。表示锁闭机构的作用是正确反映尖轨或心轨状态、锁闭尖轨或心轨在极端位置，锁闭尖轨或心轨后承受 20 kN 的轴向锁闭力。

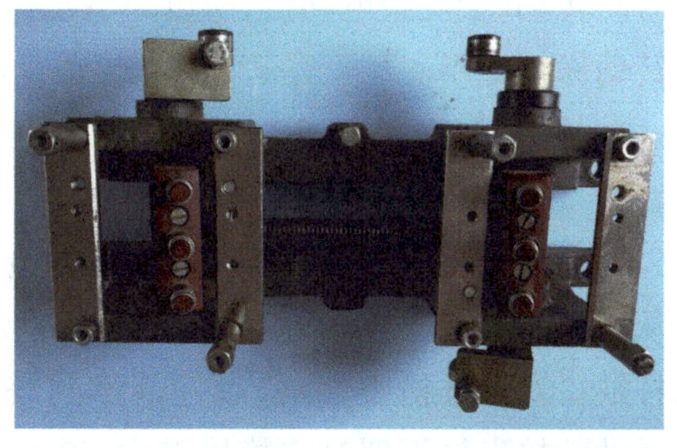

图 2－3－11　接点架、启动片实物示意

③工作原理。油缸移动，动作板随油缸移动，动作板的斜面推动滚轮抬起，先动动接点组从静接点内退出，断开道岔原表示电路；启动片推动速动片，待启动片从速动片缺口内斜面上升后，启动片带动滚轮完全上升到动作板顶面，该动接点组进入对应静接点内，接通道岔回转条件，速动片在弹簧作用下回位。油缸继续向前移动，带动道岔尖轨转换，尖轨通过表示连接杆推动表示杆位移。道岔转换到极端，另一滚轮在接点组拉簧的作用下，快速从动作板顶面下落进入速动片缺口，带动后动动接点从静接点内退出，切断主机转动电路，主机电动机停转；检查柱插入锁闭杆缺口内，该组动接点进入对应静接点内，接通主机表示条件、接通转辙机续转电路。动作板、启动片、速动片动作关系如图 2 - 3 - 12 所示。

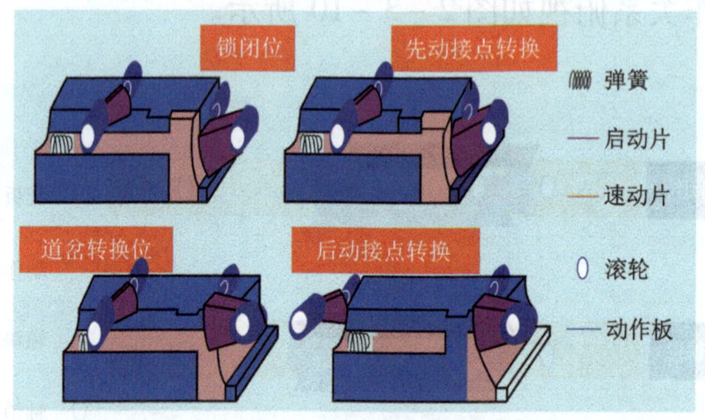

图 2 - 3 - 12　启动片、速动片动作关系示意

后动动接点、表示杆、检查柱之间的位置关系有以下三种状态。

①电动机 30 s 后停转。尖轨密贴后，由于调整太紧或者外锁闭装置卡阻等原因，不能使动作板到达滚轮落下位置，启动片不能下落，后动动接点从静接点内退不出，切不断电动机转动电路，电动机 30 s 后停转。交流电动机在空载下长时间转动，会烧毁电动机，所以，在设计 ZYJ7 转辙机控制电路时，设计了长时间转动保护电路。不管是正常转动，还是转动受阻，电动机转动电路最长维持 30 s 在接通状态，超过 30 s，由时间继电器或断相保护器延时电路切断转动电路。

②电动机停转、道岔表示条件接不通。启动片落入速动片内后，后动动接点从静接点内退出，切断主机电动机转动电路，主机电动机断电，此时，如果表示杆缺口对不准检查柱，检查柱落不到表示杆缺口内，俗称“道岔卡缺口”，造成后动动接点打不到对应静接点内，道岔表示条件接不通，同时道岔续转电路也接不通。如果 SH6 转换锁闭器未转换到位，则道岔就会处在“四开”位置，在

维修中要重点关注，要通过调整表示杆位置解决。

③道岔表示条件接通。启动片落入速动片内后，此时，如果表示杆缺口对准检查柱，检查柱落入表示杆缺口，后动动接点打入对应静接点，接通道岔表示条件，同时接通道岔续转电路，电动机继续转动，待 SH6 转换锁闭器转换完毕后，断开电动机转动电路，电动机停转。

(4)主机手动安全机构

主机手动安全机构主要由遮断器组成。手动安全机构的作用是断开遮断器，切断道岔启动电路，在维修作业中，保护人身安全。遮断器断开，不经人工恢复，不得接通电动机动作电路。特别是插入手摇把，手摇电动机带动道岔，防止误操作道岔，带动手摇把旋转，造成人身伤害。

(5)副机转换锁闭机构

副机的转换锁闭机构与主机比较，只少电动机、联轴器、油泵组部件，由油缸组、推板、动作杆、锁块、锁闭铁组成。副机的转换锁闭机构的动力源来自主机的电动机经油泵转换的液压能，能源依靠主、副机之间的连接油管输送。副机转换锁闭机构的作用与主机完全一致。

(6)副机挤脱表示机构

①结构。挤脱表示机构主要由挤脱接点组、检查柱、表示杆、挤脱器等组成。

②作用。挤脱表示机构的作用是正确反映尖轨或心轨状态，挤岔时切断表示，一机一站组成的两点牵引，挤岔切断表示由设在转换站内的挤脱器完成，挤脱力出厂调整为 27～30 kN。

③工作原理。副机表示锁闭工作原理与主机相同。挤脱原理为：电液转辙机处于锁闭位，尖轨被挤，挤切力通过锁闭杆传递到动作杆，挤切力超过规定挤脱力，挤脱装置内设弹簧弹起，锁闭铁失去弹簧压力，从而失去对动作杆的锁闭约束，在锁块的推动下，锁闭铁随动作杆一起随挤切力移动。道岔被挤后，表示电路的切断方式有两种，一种为未改进型，这种方式如同正常转动过程一样，锁闭铁失去对动作杆的锁闭作用后，动作杆向尖轨挤开方向移动，在推板的作用下，带动动作板移动，抬起启动片，动接点与静接点断开，道岔表示条件被切断，道岔失去表示；一种为改进型，增添了挤切顶头，动接点支架上加设了托台，当锁闭铁失去压力时，挤切顶头立即弹起，直接顶启动接点支架，动接点从静接点内退出，切断道岔表示条件，道岔失去表示。改进型较老方式的明显的优点是道岔被挤后，动作杆的移动与否不再成为切断表示的前提条件，更加直接地反

映了道岔被挤的现实。挤脱器实物如图 2－3－13 所示。

2. 单点牵引方式

（1）动力机构。与组合牵引方式完全一致，动力机构也主要由电动机、联轴器、油泵、油管、单向阀、滤芯、溢流阀、油箱等组成，其作用和工作原理也和组合牵引方式相同。

图 2－3－13　挤脱器实物示意

（2）转换锁闭机构。与组合牵引方式完全一致，转换锁闭机构也主要由油缸、推板、动作杆、锁块、销轴、加强板、锁闭铁零部件等组成，其工作原理也与组合牵引方式相同。

（3）挤脱锁闭表示机构。挤脱锁闭表示机构由挤脱接点组、锁闭表示杆、挤脱装置等零部件组成。组合牵引方式的挤脱装置设置于转换站内，而单点牵引方式挤脱装置设置在主机内，二者主机的区别在于使用的接点座不同，组合方式的接点座不带挤脱装置，单点牵引方式的接点座带挤脱装置，相当于把转换锁闭器内的接点系统置换到主机内。单点牵引的挤脱原理和组合牵引的挤脱原理一样，只是位置发生了变化。

（4）手动安全机构。同组合牵引形式完全一致，主要由遮断器组成，作用和工作原理与组合方式一致。

第四节　ZK4 型电空转辙机机械原理

一、结　　构

电空转辙机的类型较多，目前主要使用的有 ZK3 和 ZK4 型。ZK4 型电空转辙机由换向阀、气缸、表示装置、电磁锁闭阀、附件（组合式气源处理元件、压力开关、管路）等组成。

ZK4-170 型转辙机的额定负载 2 450 N，额定风压 0.55 MPa，额定电压 DC 24 V，工作电压 DC 20 V，吸起电压≤DC 16 V，释放电压≥DC 1.5 V，最低工作风压 0.45 MPa，活塞行程 170 mm ± 2 mm，动作时间≤0.6 s。

二、动作过程

电磁先导阀得电励磁，换向阀换向，气缸前腔进气，动作杆缩回，道岔尖轨快速转换，待尖轨与基本轨重新密贴后，接通定位表示电路；电磁先导阀得电励磁，换向阀换向，气缸后腔进气，动作杆伸出，道岔尖轨快速转换，待尖轨与基本轨重新密贴后，接通道岔另一位置表示电路。在尖轨转换时，电磁锁闭阀的压力开关接通电磁锁闭阀电路，风压在额定风压时，锁闭杆缩回，活塞杆解锁；当风压低于设定值时，压力开关切断电磁锁闭阀电路，锁闭杆伸出，进入活塞杆孔内，卡住活塞杆，从而锁闭道岔，保持尖轨位置。ZK4 型电空转辙机部件动作关系如图 2－4－1 所示。

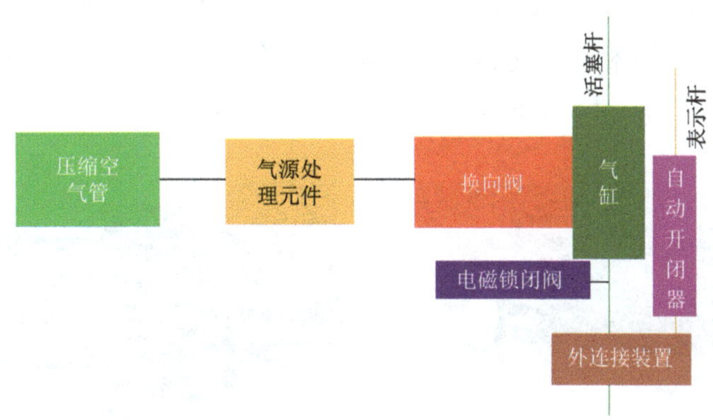

图 2－4－1　ZK4 型电空转辙机部件动作关系示意

三、各部件结构、作用、工作原理

1. 气源处理元件

(1)结构。气源处理元件由逆止阀、油杯、气压表、保压器、外连件(连接风管用)组成。

(2)作用。气源处理元件对压缩空气在进入换向阀前进行净化处理，并使油雾器滴出的油形成雾状随压缩空气进入换向阀、气缸。

(3)工作原理。电磁开关得电打开，压缩空气(打风机通过风管路提供)进入油杯，使润滑油雾化，为保压器充压，同时油化后的压缩空气通过逆止阀进入换向阀内，为活塞提供强大动力。电磁开关失电后关闭，保压器内压缩空气向换向阀方向释放，保证在电磁阀触头伸出过程中，活塞杆仍然有一定压力，从而保证道岔尖轨可靠锁闭在密贴位。气源处理元件实物如图 2－4－2 所示。

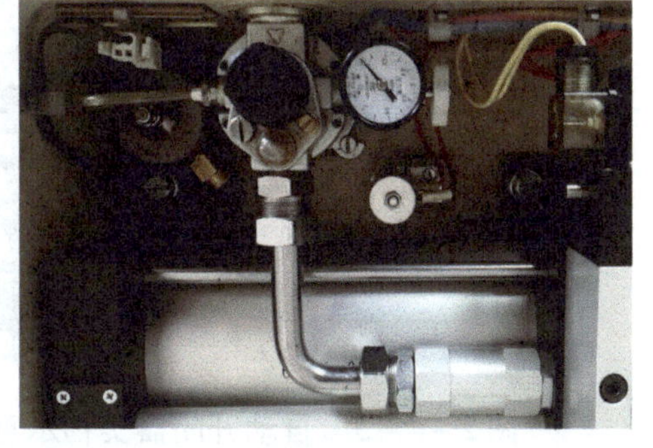

图 2－4－2　气源处理元件实物示意

2. 换向阀

电空转辙机换向阀是电空转辙机主要控制部件，采用新型差压式自保换向阀，通过定、反位电磁阀的动作，使换向阀换向；动作完成后，利用换向阀阀芯变径结构产生压力差，保持换向阀阀芯的位置，确保设备不会因振动造成误换向，提高整机动作安全可靠性。换向阀实物如图2－4－3所示。

3. 气缸

气缸是双向直推式气缸，是电空转辙机主要执行部件；气缸动作杆通过密贴调整杆与道岔尖轨相连；压缩空气推动动作杆伸出、拉入，从而完成道岔转换。气缸实物如图2－4－4所示。

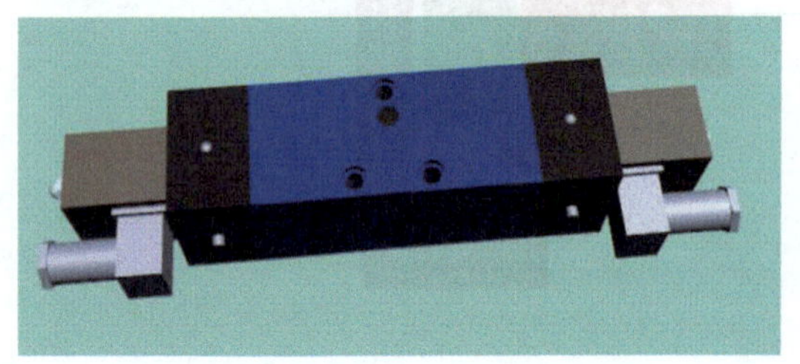

图2－4－3　换向阀实物示意

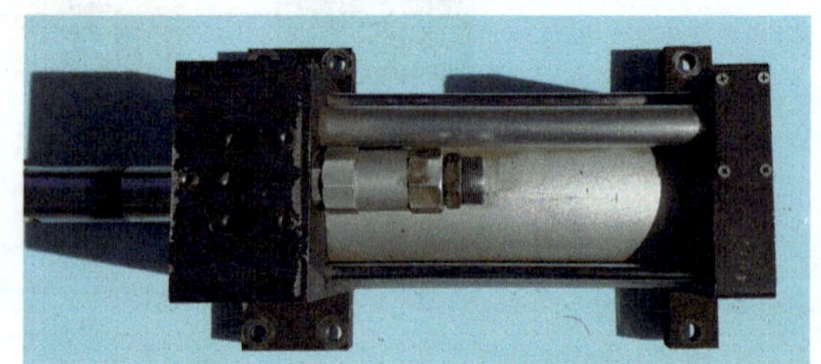

图2－4－4　气缸实物示意

4. 表示装置

表示装置是反映电空转辙机的定位或反位状态的装置；表示装置中的表示杆通过连接铁与动作杆相连，并与动作杆同步动作，接通或切断表示电路，表示尖轨位置。自动开闭器实物如图2－4－5所示。

5. 电磁锁闭阀

电磁锁闭阀是电空转辙机的辅助锁闭装置，保证在风压低于断开风压设定值时锁定动作杆，从而锁闭道岔。电磁阀实物如图2－4－6所示。

图2－4－5　自动开闭器实物示意

图2－4－6　电磁阀实物示意

第五节　钩型外锁闭转换装置机械原理

一、尖轨钩型外锁闭转换装置

1. 结构

尖轨钩型外锁闭转换装置主要由锁闭框、锁闭铁、调整片、锁钩、尖轨连接铁(俗称 U 型铁)、销轴(锁钩连接轴)、锁闭杆(也称动作连接杆)、限位耐磨板、限位夹板(俗称防跳板)组成。尖轨钩型外锁闭装置结构切面如图 2－5－1 所示。

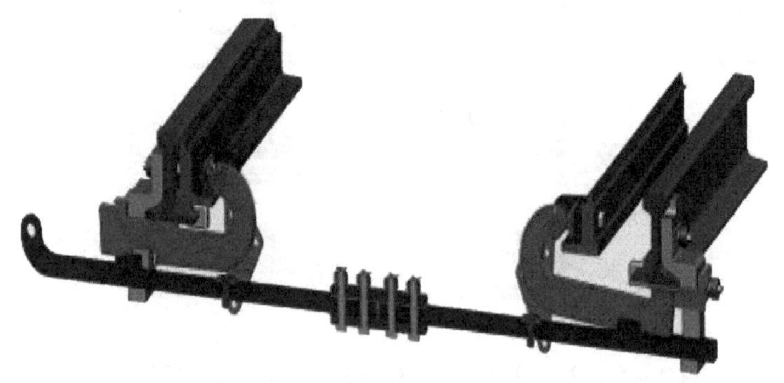

图 2－5－1　尖轨钩型外锁闭装置结构切面示意

2. 尖轨外锁闭转换装置工作原理

(1)锁闭尖轨解锁、斥离尖轨分动过程。分动外锁闭道岔三个转换动作过程如图 2－5－2 所示。图 2－5－2 中“1 锁闭位”所示,在转辙机动作杆的带动下,锁闭杆由左向右移动。一方面,锁闭杆左侧凸台向右滑动,当锁闭杆左侧凸台完全滑入左侧锁钩下缺口,左侧锁钩下落,锁钩上缺口离开左侧锁闭铁,左侧锁钩解锁;一方面锁闭杆右侧凸台推动锁钩向右移动,通过尖轨连接铁,带动斥离尖轨向右移动,称为尖轨分动的第一动。把锁闭杆左侧凸台进入左侧锁钩下缺口、右侧凸台带动斥离轨移动的过程,称为锁闭尖轨解锁、斥离尖轨分动过程,如图 2－5－2 中“解锁位”所示。

(2)两条尖轨同时转换过程。转辙机动作杆继续带动锁闭杆向右移动,原斥离尖轨、密贴轨在两锁钩的带动下,随锁闭杆同时向右移动,原斥离尖轨与对应基本轨密贴后静止,原斥离轨变换为密贴轨,两条尖轨同时转换过程结束。把两条尖轨同时移动的过程,称为同步转换过程,如图 2－5－2 中“转换位”所示。

(3)斥离尖轨锁闭、密贴尖轨分动过程。同步转换结束后,转辙机动作杆继续带动锁闭杆向右移动。一方面,锁闭杆继续向右移动,右侧凸台滑出右侧锁钩下缺口,顶起右侧锁钩,右侧锁钩上斜面与锁闭铁斜面接触,将尖轨、基本轨、锁闭框抱紧为一体,新密贴尖轨锁闭。一方面,锁闭杆向右过程中,继续带动原密贴尖轨向右移动,称为尖轨分动第二动,直至转辙机转动电路被切断,原密贴尖轨停动,成为新斥离轨。把两条尖轨结束同时转换到转辙机停转过程,称为原斥离轨锁闭、原密贴轨分动过程,如图2-5-2中"2锁闭"位所示。

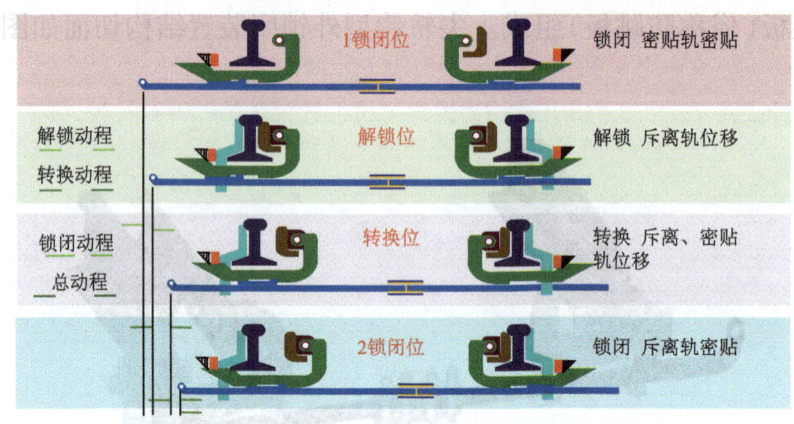

图2-5-2　分动外锁闭道岔转换动作过程示意

二、心轨钩型外锁闭转换装置

1. 结构

心轨钩型外锁闭转换装置主要由锁框、锁闭铁、调整片、锁钩、锁闭杆(也称动作连接杆)组成。

2. 尖轨外锁闭转换装置工作原理

(1)1锁闭位。心轨在1锁闭位,锁闭杆凸台将锁钩顶起,锁钩上斜面与锁闭铁斜面密合,锁钩将心轨"抱紧",锁钩对心轨锁闭。心轨解锁、转换、锁闭过程如图2-5-3所示。

(2)锁钩解锁。锁闭杆在转辙机动作杆的带动下由左向右移动,锁钩静止不动,锁闭杆左侧凸台与锁钩成滑行移动接触,锁闭杆左侧凸台滑行到锁钩左侧下缺口内后,锁钩下落,锁钩左侧上斜面离开锁闭铁,锁钩解锁。

(3)心轨转换。锁闭杆右侧凸台与锁钩右下侧缺口斜面接触,在锁闭杆的推动下,锁钩带动心轨右移,与右侧翼轨密贴后,心轨、锁钩静止。

(4)心轨锁闭。锁闭杆继续右移,顶起锁钩,锁钩右侧上斜面与右侧锁闭铁斜面密合,锁钩将心轨“抱紧”,锁钩对心轨锁闭。

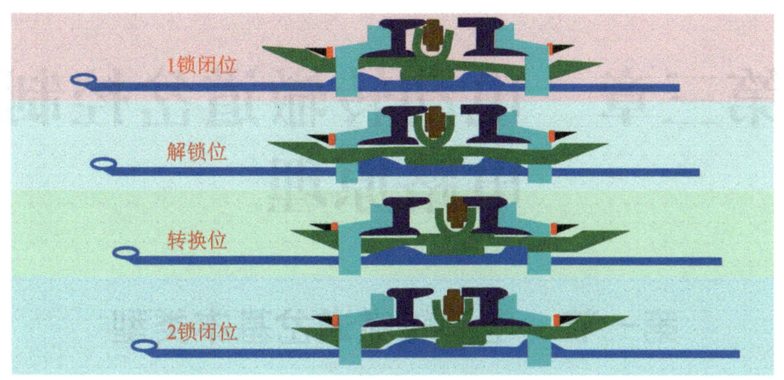

图2-5-3　心轨解锁、转换、锁闭过程示意

第三章　电动转辙道岔控制电路原理

第一节　电动转辙道岔基本类型

一、道岔设置类型、锁闭方式

1. 普速区段

编组站的到达场、出发场、交换场、驼峰调车场以及区段站、中间站设置的道岔一般以小号码为主，主要有 50 kg/m－9、12 号道岔，60 kg/m－9、12 号道岔，个别站设置 60 kg/m－18 号道岔。道岔类型有单开普通道岔、对称道岔、交叉渡线道岔、交分道岔等。道岔尖轨的锁闭方式一般采用转辙机内锁闭方式。

2. 重载、提速区段、客运专线

重载、提速区段设置的道岔一般以中小号道岔为主，主要有 60 kg/m－9、12、18 号道岔。道岔类型有单开普通道岔、交叉渡线道岔、交分道岔等。道岔的锁闭方式视情况，可以选择内锁闭方式、也可以选择外锁闭方式，正线上一般选择外锁闭方式。客运专线道岔一般以大号码道岔为主，主要有 60 kg/m－12、18、30、38、42、62 号道岔等，道岔全部采用单开普通道岔。道岔的锁闭方式全部采用外锁闭方式。

二、电动转辙机使用类型

50 kg/m 及其以下道岔，由于过岔列车、车列的重量轻、速度低，道岔的锁闭方式一般采用转辙机内锁闭方式，这类型道岔一般采用单台 ZD6 型电动转辙机牵引。60 kg/m 道岔，采用内锁闭方式时，一般采用双台 ZD6 型电动转辙机牵引。60 kg/m 及其以上道岔，一般选用外锁闭方式，由于外锁闭装置增添了道岔转换阻力，对于这类型道岔如果选择电动转辙机牵引，则一般为 S700K 或 ZD9 型。

三、电动转辙道岔的基本类型

依据钢轨重量、道岔号码、道岔类型、道岔锁闭方式，选择不同电动转辙机牵引，形成不同电动转辙道岔的基本类型，见表 3－1－1。

表 3－1－1　电动转辙道岔的基本类型

<table>
<tr><th colspan="3" rowspan="2">道岔类型</th><th colspan="2">电动转辙机类型</th></tr>
<tr><th>直流（ZD6 型为主）</th><th>交流（S700K 为主）</th></tr>
<tr><td rowspan="4">43 kg/m-内锁闭
9 号、12 号</td><td colspan="2">普通单开单动</td><td>ZD6 单机/每组尖轨</td><td>—</td></tr>
<tr><td colspan="2">普通单开双动</td><td>ZD6 单机/每组尖轨</td><td>—</td></tr>
<tr><td colspan="2">交叉渡线</td><td>ZD6 单机/每组尖轨</td><td>—</td></tr>
<tr><td colspan="2">交分</td><td>ZD6 单机/每组尖轨</td><td>—</td></tr>
<tr><td rowspan="4">50 kg/m-内锁闭
9 号、12 号</td><td colspan="2">普通单开单动</td><td>ZD6 单机/每组尖轨</td><td>—</td></tr>
<tr><td colspan="2">普通单开双动</td><td>ZD6 单机/每组尖轨</td><td>—</td></tr>
<tr><td colspan="2">交叉渡线</td><td>ZD6 单机/每组尖轨</td><td>—</td></tr>
<tr><td colspan="2">交分</td><td>ZD6 单机/每组尖轨</td><td>—</td></tr>
<tr><td rowspan="4">60 kg/m-内锁闭
9 号、12 号</td><td colspan="2">普通单开单动</td><td>ZD6 双机/每组尖轨</td><td>—</td></tr>
<tr><td colspan="2">普通单开双动</td><td>ZD6 双机/每组尖轨</td><td>—</td></tr>
<tr><td colspan="2">交叉渡线</td><td>ZD6 双机/每组尖轨</td><td>—</td></tr>
<tr><td colspan="2">交分</td><td>ZD6 双机/每组尖轨</td><td>—</td></tr>
<tr><td rowspan="7">60 kg/m-外锁闭
单开单动</td><td rowspan="2">12</td><td>固定辙叉</td><td>—</td><td>S700K 多点牵引</td></tr>
<tr><td>可动心轨</td><td>—</td><td>S700K 多点牵引</td></tr>
<tr><td colspan="2">18 可动心轨</td><td>—</td><td>S700K 多点牵引</td></tr>
<tr><td colspan="2">30 可动心轨</td><td>—</td><td>S700K 多点牵引</td></tr>
<tr><td colspan="2">38 可动心轨</td><td>—</td><td>S700K 多点牵引</td></tr>
<tr><td colspan="2">42 可动心轨</td><td>—</td><td>S700K 多点牵引</td></tr>
<tr><td colspan="2">62 可动心轨</td><td>—</td><td>S700K 多点牵引</td></tr>
</table>

以下主要介绍 ZD6 单动单机、ZD6 双动单机、ZD6 双动双机、S700K 五点牵引类型电动转辙道岔的电路构成、电路原理、利用监测曲线分析存在问题、故障处理方法。

第二节　ZD6 单动单机电动转辙道岔控制电路原理

一、电路分析

1. 电路构成

启动电路由第一道岔启动继电器1DQJ(JWJXC－H125/0.44)、第二道岔启动继电器2DQJ(JYJXC－135/220)、电动转辙机的电动机绕组、转辙机自动开闭器接点、熔断器、连接导线(电缆)组成。ZD6 单动单机控制电路如图3－2－1所示。

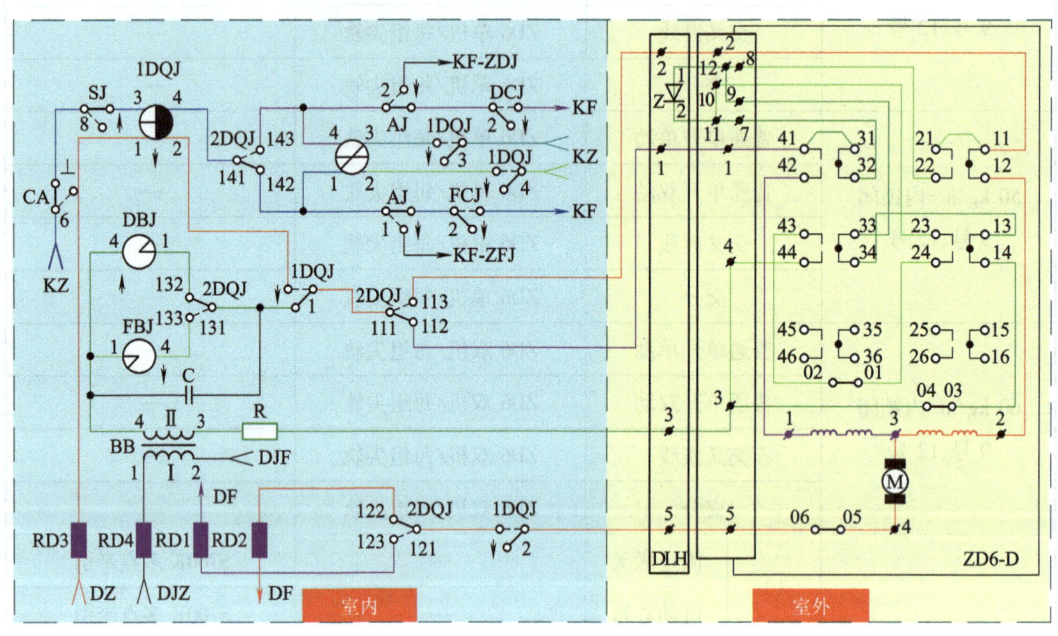

图3－2－1　ZD6 单动单机控制电路

单机单动道岔表示电路由定位表示继电器DBJ(JPXC-1000)、反位表示继电器FBJ(JPXC-1000)、电阻、电容、二极管、表示变压器、熔断器、转辙机自动开闭器接点、移位接触器接点、连接导线(电缆)等组成。

启动、表示电源由电源屏供出,分别是直流220 V、交流220 V。

2. 电路特征

(1)电缆合用。启动、表示电路不在同一时刻接通,为合用电缆创造了条件。为了节约投资,向定位转动电路、向反位转动电路、定位表示电路、反位表示电路四个独立的电气回路需使用的8 芯电缆缩减为四芯。从电路回路看，向定位转动电路使用1线、4线电缆，向反位转动电路使用2线、4线电缆，定位表示电路使用1线、3线电缆，反位表示电路使用2线、3线电缆；从电缆使用来看，1线为反位向定位转动的去线、定位表示去线，2线为定位向反位转动的去线、反位表示去线，3线为定反位表示共用回线，4线为向定反位转动的共用回线。

(2)电路性质。表示电路使用了电容、二极管非线性元件，所以构成的电路是非线性电路。表示继电器、整流二极管、限流电阻构成串联电路，为非线性半波整流电路。在继电器线圈两端并联电容来平滑端电压，避免表示继电器在工作过程中发生抖动，发生不可靠吸起问题。

(3)自闭电路的特殊性。1DQJ的自闭电路中串接有自动开闭器的接点和电动机的定子、转子绕组，电路既是1DQJ的自闭电路，又是电动机的转动电路。

3. 电路原理

(1)动作步骤

第一步，1DQJ励磁，2DQJ转极。单独操作道岔由AJ接点，或进路操纵道岔由道岔操纵继电器(DCJ或FCJ)吸起接点接通1DQJ的励磁电路，1DQJ吸起；1DQJ励磁后接通2DQJ转极电路，2DQJ转极。

防止道岔已经在本位而向本位转动，引起电动机不必要的摩擦空转。在实施了道岔已在位置的转动操作后，由于2QDJ在本位置，2DQJ接点卡断1DQJ的励磁电路，1DQJ不励磁。

在维修中，由于清理自动开闭器接点、清理电动机转子、更换转辙机、调整等工作，引起尖轨停留在中间或道岔已经锁闭但与2DQJ位置不对应，道岔表示电路接不通时，要通过来回操纵道岔，使2DQJ的位置与道岔的位置相对应解决。

第二步，切断表示，接通电动机转动电路(1DQJ的自闭电路)。1DQJ励磁后切断表示继电器电路，表示继电器落下；2DQJ转极后，接通电动机转动电路，电动机转动带动尖轨位移。

由于1DQJ的自闭线圈是电流型的，所以1DQJ的自闭电路(电动机转动电路)里的电流必须达到一定数值(一般要大于0.3 A)才能保证1DQJ维持在吸起状态，当道岔尖轨滑行阻力太小，造成电路中的电流不足时，在道岔的转动过程中就会造成1DQJ落下，从而会导致电动机停转。

第三步，尖轨位移到位，自动开闭器切断电动机转动电路，1DQJ落下，电动机停转，自动开闭器动接点翻转后接通新表示。

(2)接通公式

①1DQJ 励磁电路。定位向反位转动：KZ→SJ↑→1DQJ3－4→2DQJ141－142→FCJ2↑→KF。反位向定位转动：KZ→SJ↑→1DQJ3－4→2DQJ141－143→DCJ2↑→KF。

②2DQJ 转极电路。定位向反位转动：KZ→1DQJ3↑→2DQJ2－1→FCJ2↑→KF。反位向定位转动：KZ→1DQJ4↑→2DQJ3－4→DCJ2↑→KF。

③电动机转动电路(1DQJ 自闭电路)。定位向反位转动：DZ→RD3 1－2→1DQJ1－2→1DQJ1↑→2DQJ111－113→自动开闭器 11－12→电动机定子 2－3→电动机转子 3－4→遮断器 05－06→1DQJ2↑→2DQJ121－123→RD1 1－2→DF。反位向定位转动：DZ→RD3 1－2→1DQJ1－2→1DQJ1↑→2DQJ111－112→自动开闭器 41－42→电动机定子 1－3→电动机转子 3－4→遮断器 05－06→1DQJ2↑→2DQJ121－122→RD2 1－2→DF。

④表示电路。定位：BB3→R→移位接触器 04－03→自动开闭器 14－13→34－33→Z1－2→自动开闭器 32－31→41→2DQJ112－111→1DQJ1↓→2DQJ131－132→DBJ1－4→BB4。反位：BB3→R→自动开闭器 44－43→移位接触器 02－01→自动开闭器 24－23→Z2－1→自动开闭器 22－21→11→2DQJ113－111→1DQJ1↓→2DQJ131－133→FBJ4－1→BB4。

4. 参考数据

四线制单动单机道岔控制电路，在正常工作时表现出的电气特性见表 3－2－1，在日常维修中要密切关注这些数据变化，在故障处理中要与故障时的数据进行比对，分析设备存在的问题。

表 3－2－1　四线制单动单机道岔控制电路电气参数

启动电路				表示电路			
动作电压 DC(V)	动作电流 DC(A)	摩擦电流 DC(A)	电动机阻值(Ω)	BB 一次电压 AC(V)	BB 二次电压 AC(V)	继电器端电压(V)	二极管端电压(V)
180～220	0.3～2.0	2.3～2.9	5.5～6.5	220	110	交流 50～70 直流 40～60	交流 50～70 直流 40～60

二、利用动作曲线分析存在问题

利用集中监测的道岔曲线($i-t$ 曲线)可以分析转辙机动作的情况和尖轨

运动情况,判断存在问题,从而可以有针对性地采取防范措施,保证尖轨转换、锁闭正常。

1. 正常动作曲线

$i-t$ 曲线是一条平滑的曲线,如图 3－2－2 所示,正常动作时曲线的各个阶段数值特征如下。

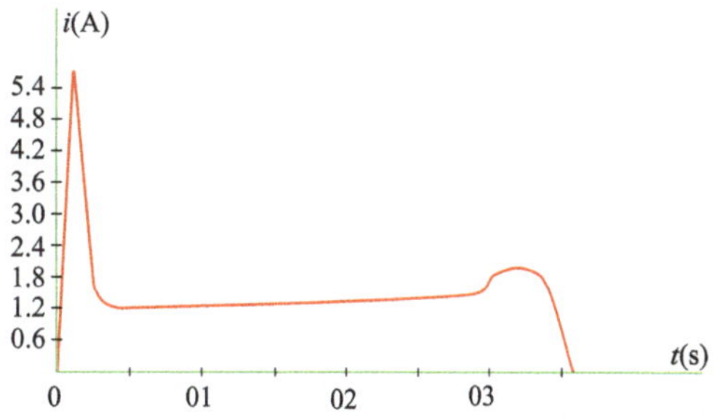

图 3－2－2　单动单机正常动作 $i-t$ 曲线

(1)道岔启动时刻的峰线。该峰是电动机启动时的电流值。电动机在静态时,定子、转子串联表现出的静态电阻值约为 6 Ω,1DQJ 的 1、2 线圈间的直流电阻为 0. 44 Ω,电缆线路的直流电阻值约为 20～30 Ω,所以电动机转动电路里的直流总阻值约为 40 Ω。在道岔启动的瞬间,电路中的电流 $I=V/R\approx$220 V/40 Ω＝5. 5 A,电流曲线会出现一个较大峰值。

(2)“0”s 至“0. 5”s 的下滑曲线。电动机启动后,由于电路里的交流电阻迅速增加,导致电路中电流迅速降低,曲线幅值也会由高峰值迅速降低到0. 3～2. 0 A 范围内。

(3)“1”s 至“3”s 的平滑曲线。电动机启动,转辙机解锁后,转辙机带动尖轨位移,在位移过程中,由于电动机带动尖轨基本做匀速运动,所以电路中的电流基本不变,这一段时段曲线的幅值随时间的变化保持基本不变,曲线表现为相对平滑的一条直线。

(4)道岔锁闭时的“小峰线”。尖轨密贴基本轨后,电动机继续旋转,直至自动开闭器接点断开,这段时间是转辙机的锁闭时间。在这段时间里由于尖轨到位而处于静止状态,电动机仍然旋转,使电路中的电流增加,电动机旋转电路被自动开闭器的接点断开,电路中的电流下降为 0,所以这段时间的曲线表现为一个小的“馒头”波。

2. 异常曲线分析

道岔尖轨在转换中受阻、转辙机解锁、锁闭困难就会造成电流曲线与正常曲线不一样,下面分别叙述 $i-t$ 曲线异常的原因。

(1)不解锁。$i-t$ 曲线变成幅值和摩擦电流值一样的一条直线,说明道岔没有解锁,电动机处在摩擦状态,如图 3－2－3 所示。造成道岔不解锁的原因有密贴太紧、道岔在锁闭状态工务部门调整基本轨轨距、尖轨上抗等。如果直线的幅值小于2.3 A,说明摩擦电流下降。造成摩擦电流下降的原因有摩擦联结器调整弹簧松动、摩擦带内进油等,如图3－2－4所示。

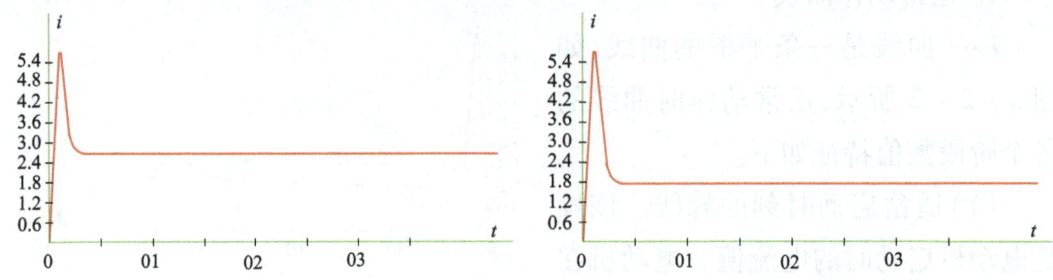

图3－2－3　幅值大于摩擦电流的 $i-t$ 曲线　图3－2－4　幅值小于摩擦电流的 $i-t$ 曲线

(2)转换困难。道岔启动后曲线变得不平滑,说明在尖轨位移的过程中受到的阻力变大或变小。造成尖轨在运行过程中摩擦力不均匀的主要原因有滑床板不清洁、滑床板空吊、滑床板横向倾斜等,如图3－2－5所示。

曲线持续时间大于动作时间,偶尔出现一段直线,说明尖轨在位移的过程中受到的阻力大。造成这种现象的主要原因有滑床板纵向倾斜(俗称尖轨爬坡)、尖轨下部不光滑(夹异物)、滑床板连续空吊等,如图3－2－6所示。

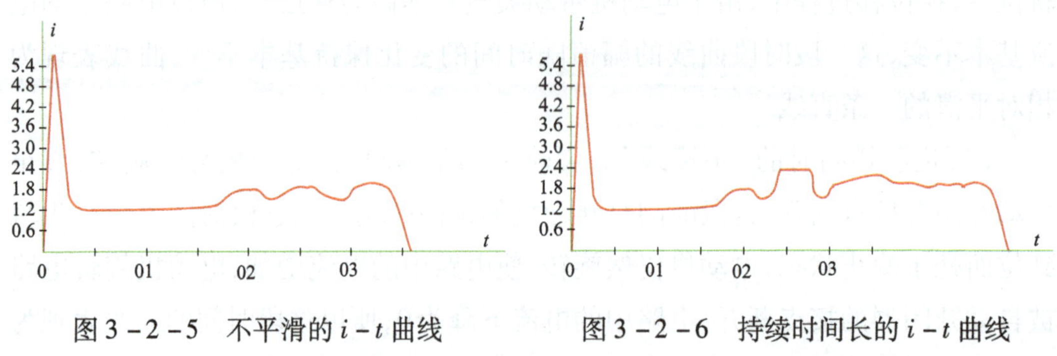

图3－2－5　不平滑的 $i-t$ 曲线　图3－2－6　持续时间长的 $i-t$ 曲线

(3)曲线为规律的下峰毛刺。曲线出现规律的下峰毛刺,说明电动机转子引出线与换向片之间断线,俗称"断格"。当曲线出现规律的下峰毛刺时,要更换电动机,如图3－2－7所示。

(4)锁闭困难。锁闭波形变大变高,说明尖轨进入基本轨槽困难,即转辙机锁闭困难,造成锁闭困难的原因主要有密贴力调整过大、尖轨上抗、尖轨弓腰、滑床板空吊等,如图3－2－8所示。

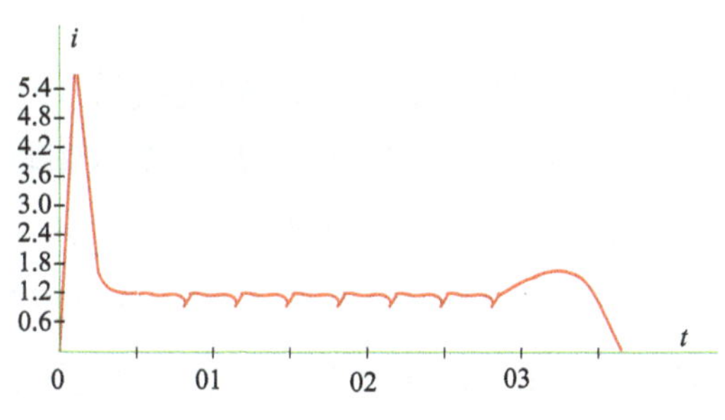

图 3－2－7　有规律下峰毛刺的 $i-t$ 曲线

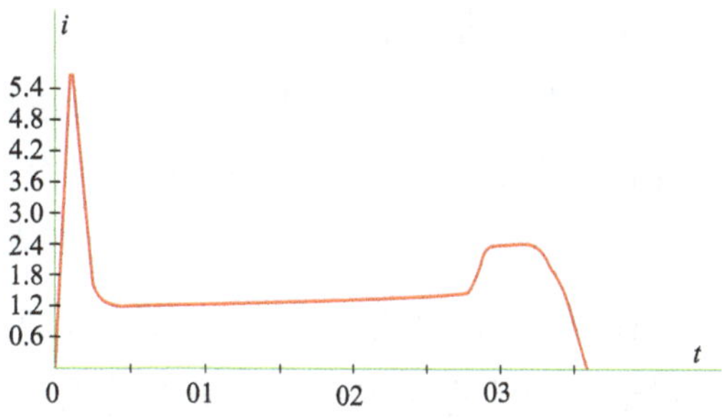

图 3－2－8　锁闭波变大变高的 $i-t$ 曲线

三、故障处理

1. 道岔不启动或转不到位

分析电路原理可以得出，造成道岔不启动的原因有三个方面，一是 1DQJ 不励磁，二是 2DQJ 不转极，三是电动机转动电路（1DQJ 自闭电路）断路或短路故障。判断分析故障要从这三个方面入手。可以利用控制盘面设置的表示灯和电流表判断故障范围。

第一步，确定 1DQJ 是否励磁。

操纵道岔，观察道岔所在位置表示灯，如果表示灯不灭灯，说明 1DQJ 没有励磁。在操纵道岔的同时测量 1DQJ 线圈上有无 24 V 直流电压，再用借电法测量线圈上缺少正电还是负电，最后用步进电压法查找故障点；如果表示灯灭灯，说明 1DQJ 已经励磁吸起，应观察电流表指针的偏转情况。

第二步，确定 2DQJ 是否转极。

在操纵道岔的同时，观察电流表指针，如果电流表指针不动，说明 2DQJ 没有转极，用电压法查找 2DQJ 不转极故障；如果电流表有偏转（不论偏转多少），说明 2DQJ 已经转极，故障发生在电动机的转动电路中。

第三步，确定电动机转动电路故障性质。

在操纵道岔的同时，观察电流表指针，如果电流表指针小幅偏转并迅速回位，说明电动机转动电路断路；如果电流表指针偏转到最大值并回位，再操纵道岔电流表不偏转，说明电动机转动电路短路；如果电流表指针偏转到摩擦电流值不回位，说明尖轨在位移中受阻或尖轨密贴后转辙机不锁闭，道岔转不到位。

第四步，确定电动机转动电路的哪条线断线。

来回操纵道岔，如果定反位都不能转动，说明电路的四号线断线；如果向定位不能转动，说明一号线断线；如果向反位不能转动，说明二号线断线。

第五步，查找故障点。

(1)查找断线点。在操纵道岔的同时，在分线盘故障道岔对应的接线端子上测量有无直流 220 V 电压，如果没有电压，说明故障发生在室内，用万用表电阻挡对照电路逐点测量，查找断线点；如果有 220 V 直流电压，说明故障发生在室外。

在操纵道岔的同时，在电缆盒 1、5(反位向定位转动)或 2、5(定位向反位转动)端子上测量有无直流 220 V 电压，如果没有电压，说明故障发生在电缆线路中，依照电缆配线图在各级分线盒中测量有无电压，判断断线的电缆段，倒接备用芯线恢复；如果有电压，说明故障发生在转辙机内，用万用表电阻挡逐点测量，查找故障点。

(2)查找短路点。利用断线法查找短路点。断开分线盘故障道岔对应的端子上的电缆配线，用万用表电阻挡分别测量电缆和室内配线，确定短路故障发生在室内还是室外。

断开电缆盒 1、5(反位向定位转动)或 2、5(定位向反位转动)端子上的电缆配线，用万用表 ×1 电阻挡分别测量电缆和机内配线，确定是电缆短路还是机内短路。

同样用逐点断线的方法，进一步缩小故障范围，直至找到故障点。

2. 道岔无表示

道岔表示电路是非线性电路，电路故障其电气参数与正常值相比变化较大，所以在日常维修中，要学懂吃透电路的电气参数，在处理故障时要紧紧抓住电气参数的变化判断分析故障。

第一步，在继电器线圈上测量，判断电容支路、二极管的工作情况。

在继电器线圈上测量，如果直流电压下降到 16 V 以下，说明电容支路断线；如果有交流电压(略大于正常值)而没有直流电压，说明二极管短路(击穿)。

第二步，在分线盘上测量，判断故障性质和范围。

在分线盘上测量，有交流电压(大于正常值)说明室外配线断线或自动开闭器接点接触不良(卡缺口)；测不到交流电压，断开端子上电缆配线再进行测量。如果能够测量到交流电压，说明室外配线短路，如果测量不到交流电压，说明故障在室内，依照电路图，分别在表示变压器一次侧、熔断器两端、表示变压器二次侧、电阻两端测量，查找故障点。

第三步，查找室外故障点。

(1)查找断线点。在道岔电缆盒内测量，有交流电压，说明断线点在机内；

无交流电压，说明断线点在电缆配线。

查找机内断线点。一支表笔固定，另一支表笔沿着电路中的配线点逐点测量交流电压，有无电压的两点之间即为断线点。道岔卡缺口属于断线的一种，其特征是显而易见的，调整缺口恢复故障，并要查明缺口变化的原因。

查找电缆断线点。依照电缆配线图，分别在各级分线盒中测量，可以确定断线的电缆段，倒接备用芯线恢复故障并查找造成电缆内部断线的原因。使用中电缆断线多为电缆盒内配线端子上电缆芯线从根部折断。

(2)查找短路点。利用断线法查找短路故障。断开道岔电缆盒端子配线，测量电缆芯线上有没有交流电压，有交流电压，说明故障发生在机内；没有交流电压，说明电缆配线短路。

查找机内短路点。同样断开电路中的两点，测量有无交流电压，判断故障在断开点的“前方”还是“后方”，直至查找到二极管两端。

查找电缆短路点。逐级断开分线盒内端子配线，测量来向电缆短路还是去向电缆短路，直到把故障压缩到一条电缆内，更换备用电缆恢复故障，如果备用电缆也处在混线状态，则用临时线沟通电路或重新敷设电缆恢复故障，并查明造成电缆混线的原因。

第三节　ZD6 双动单机电动转辙道岔控制电路原理

一、电路分析

ZD6 双动单机电动转辙道岔电路构成、电路特点和 ZD6 单动单机电动转辙道岔电路完全一致。ZD6 双动单机控制电路如图 3－3－1 所示。

1. 电路特征

除与单动单机电路一样的特征外，双动单机道岔转辙电路具有如下特征。

(1)只设一套表示继电器。进路要求双动道岔的两组尖轨位置必须保持一致，即两组尖轨要么都在定位，要么都在反位，否则，形成的进路就会冲突。对此，联锁电路把双动道岔的两组尖轨位置按一组道岔处理，道岔的位置表示由一组定、反位表示继电器反映，即电路设 DBJ、FBJ 继电器各一台。

(2)两台转辙机按顺序动作。直流电动机在启动的瞬间，转子、定子线圈表现出的电阻值非常小，电路中的瞬时电流非常大。如果几台转辙机同时启动，瞬时电流叠加，电路中的瞬态电流超过电源屏的最大荷载，将烧毁电源屏。为了控制转辙机启动电流叠加，延长电源屏器材使用寿命，进路中道岔转换要按顺序进行。双动道岔的两组尖轨由两台转辙机牵引，两台转辙机按顺序启动是控制启动电流叠加的一个“错峰”措施。

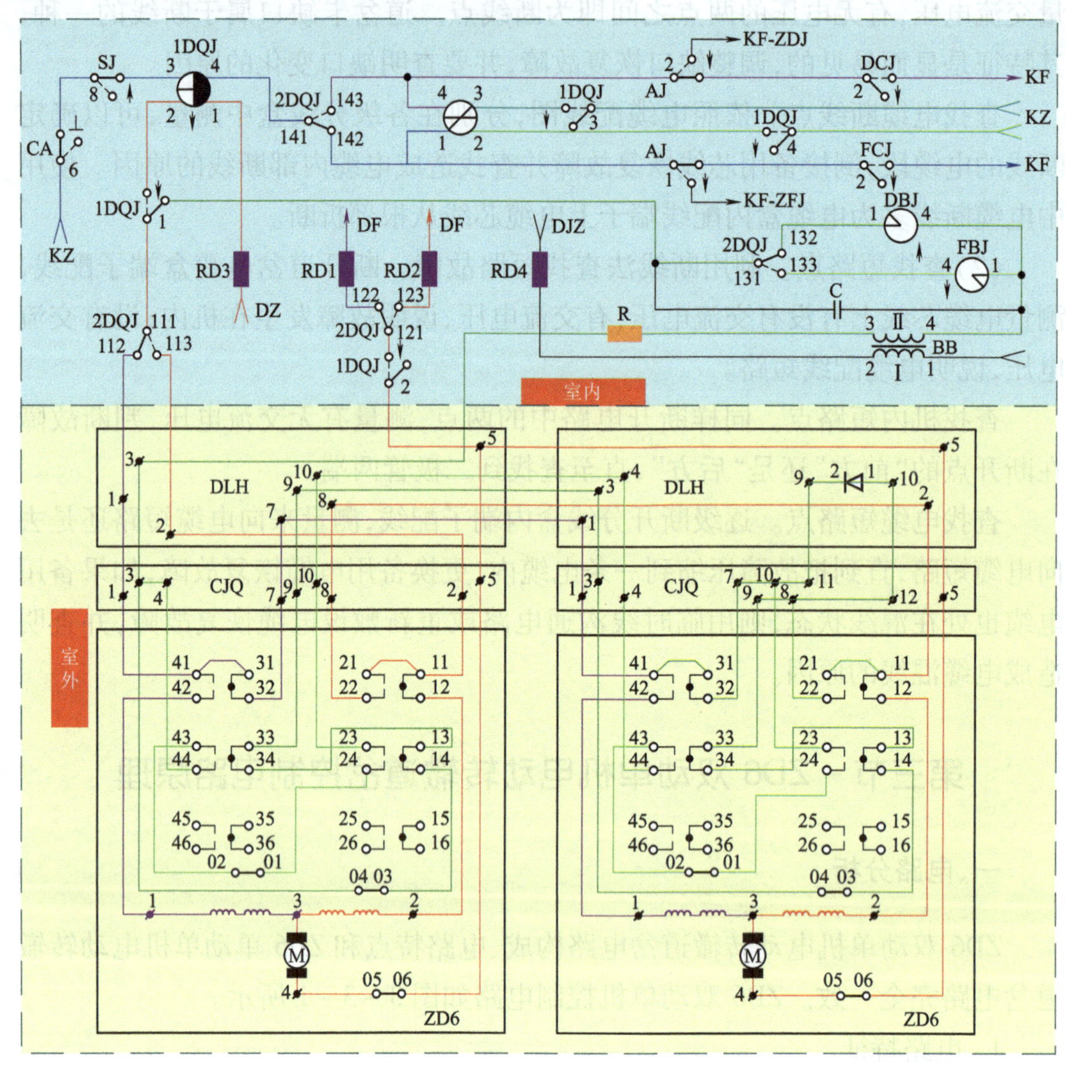

图 3－3－1　ZD6 双动单机控制电路

2. 一动、二动确定

双动道岔的两台转辙机按照顺序先后转动，分别称为一动和二动。一动、二动按就近原则确定，即靠近分线盘或分线盒的为一动，远离分线盘或分线盒的为二动。一般地，几组道岔共用一条电缆，为了节约投资，设计者把一级分线盒设在靠近信号楼且距离第一组道岔最近的位置，然后设立分支电缆接向其他道岔，如图 3－3－2 所示，这样就决定了 1/3 号道岔的 3 号为一动，5/7 号道岔的 5 号为一动。

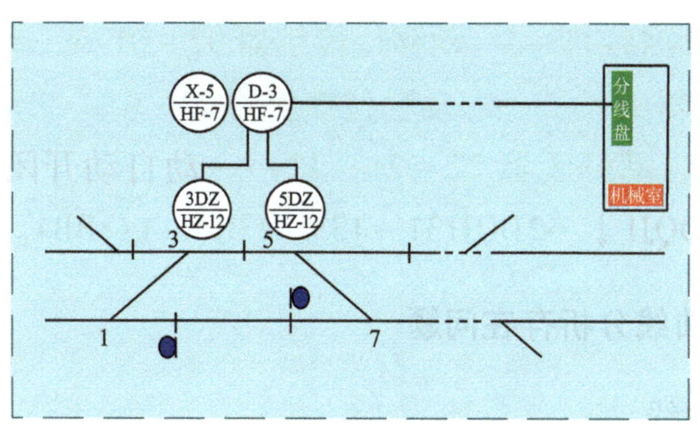

图 3－3－2 双动道岔第一动确定示意

3. 电路原理

(1)电路动作顺序

1DQJ 励磁,2DQJ 转极,和单动单机完全一致。电动转辙机转动顺序为一动转辙机动作,带动尖轨转换,到位后接通二动转辙机转动电路,二动转辙机动作,带动二动对应尖轨转换。两组尖轨转换到位后接通道岔表示电路。

(2)接通公式

①电动机转动电路(1DQJ 自闭电路)。一动定位到反位:DZ→RD3 1－2→1DQJ1－2→1DQJ1↑→2DQJ111－113→自动开闭器 11－12→一动电动机定子 2－3→一动电动机转子 3－4→一动遮断器 05－06→1DQJ2↑→2DQJ121－123→RD2 1－2→DF。二动定位到反位:DZ→RD3 1－2→1DQJ1－2→1DQJ1↑→2DQJ111－113→一动自动开闭器 11→一动自动开闭器 21－22→二动自动开闭器 11－12→二动电动机定子 2－3→二动电动机转子 3－4→二动遮断器 05－06→1DQJ2↑→2DQJ121－123→RD2 1－2→DF。一动反位到定位:DZ→RD31－2→1DQJ1－2→1DQJ1↑→2DQJ111－112→一动自动开闭器 41－42→一动电动机定子 1－3→一动电动机转子 3－4→一动遮断器 05－06→1DQJ2↑→2DQJ121－122→RD1 1－2→DF。二动反位到定位:DZ→RD3 1－2→1DQJ1－2→1DQJ1↑→2DQJ111－112→一动自动开闭器 41→一动自动开闭器 31－32→二动自动开闭器 41－42→二动电动机定子 1－3→二动电动机转子 3－4→二动遮断器 05－06→1DQJ2↑→2DQJ121－122→RD1 1－2→DF。

②表示继电器电路。定位:BB3→R→一动移位接触器 04－03→一动自动开闭器 14－13→34－33→二动移位接触器 04－03→二动动自动开闭器 14－13→34－33→Z1－2→二动自动开闭器 32－31－41→一动自动开闭器 32－31－41→2DQJ112－111→1DQJ1↓→2DQJ131－132→DBJ1－4→BB4。反位:BB3→

R→一动自动开闭器44→43→一动移位接触器02-01→一动自动开闭器24-23→二动自动开闭器44→43→二动移位接触器02-01→二动自动开闭器24-23→Z2-1→二动自动开闭器22-21-11→一动自动开闭器22-21-11→2DQJ113-111→1DQJ1↓→2DQJ131-133→FBJ4-1→BB4。

二、利用动作曲线分析存在问题

1. 正常动作曲线

道岔正常转换 $i-t$ 曲线是两条相连的平滑曲线，实时记录了在转辙机带动道岔尖轨转换期间，电动机转动电路中各时刻电流的大小，间接反映道岔尖轨的运行情况。双动单机正常动作曲线如图3-3-3所示。0~3.5 s曲线为一动道岔尖轨解锁、转换、锁闭电流曲线，3.5~7 s曲线为二动道岔尖轨解锁、转换、锁闭电流曲线，曲线的基本形态和单动单机的相同，相当于单动单机的两张图形的“延展”叠加。

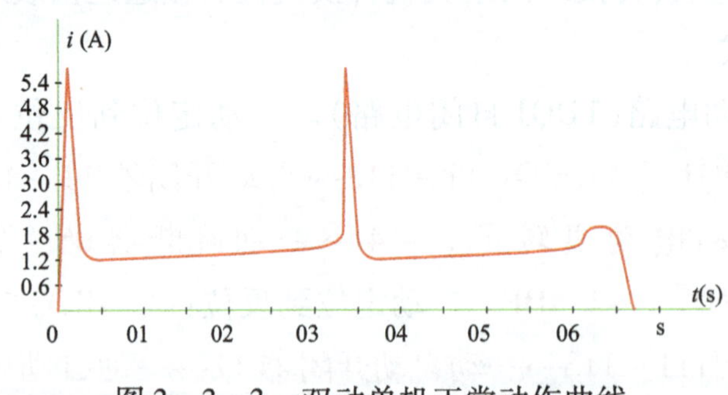

图3-3-3　双动单机正常动作曲线

2. 异常曲线分析

道岔尖轨在转换中受阻、转辙机解锁、锁闭困难，电流曲线与正常曲线不一样，下面分别叙述 $i-t$ 曲线异常的原因。

(1)不解锁。$i-t$ 曲线变成幅值和摩擦电流值一样的一条直线，说明一动道岔不解锁，电动机处在摩擦状态。造成道岔不解锁的原因有密贴太紧、道岔在锁闭状态工务部门调整基本轨轨距、尖轨上抗等，如图3-3-4所示。如果直线的幅值小于2.3 A，说明摩擦电流下降。造成摩擦电流下降的原因有摩擦联结器弹簧调整松动、摩擦带内进油等，如图3-3-5所示。$i-t$ 曲线在3.5 s内为正常波形，3.5 s后为一条直线，说明二动不解锁，造成原因和一动不解锁一致，如图3-3-6所示。

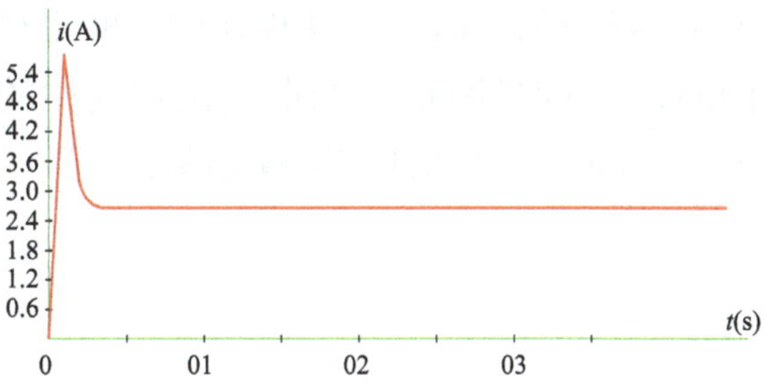

图 3－3－4　幅值大于摩擦电流的 $i-t$ 曲线

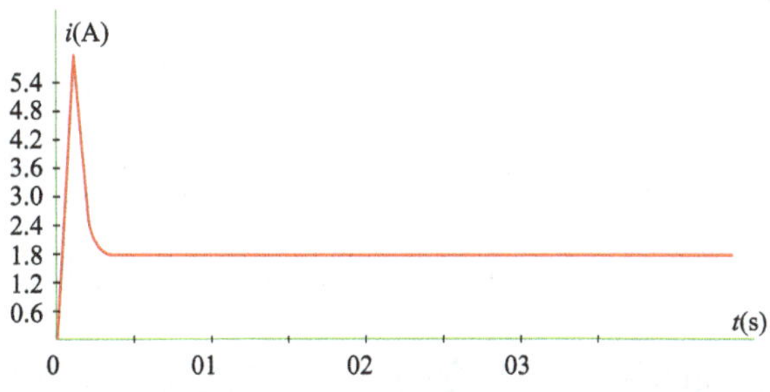

图 3－3－5　幅值小于摩擦电流的 $i-t$ 曲线

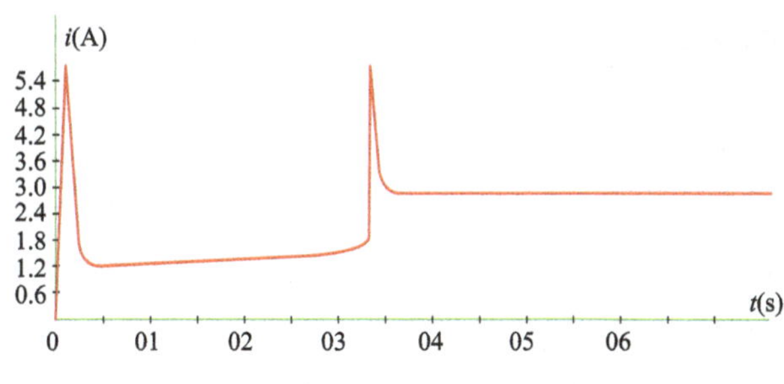

图 3－3－6　二动不解锁摩擦曲线

(2)转换困难。道岔启动后曲线变得不平滑,说明在尖轨位移的过程中受到的阻力变化较大。造成尖轨在运行过程中摩擦力不均匀的原因主要有滑床板不清洁、滑床板空吊、滑床板横向倾斜等,如图 3－3－7 所示,一动、二动曲线均不平滑,说明一动、二动转换都困难。

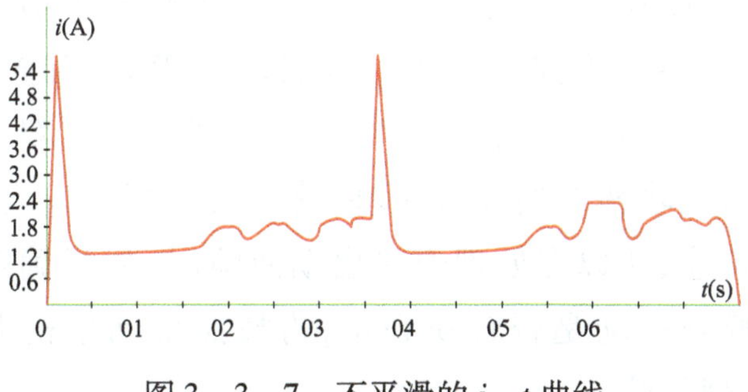

图 3－3－7　不平滑的 $i-t$ 曲线

(3)曲线为规律的下峰毛刺。曲线出现规律的下峰毛刺,说明电动机定子引出线与换向片之间断线,俗称“断格”,当曲线出现规律的下峰毛刺时,要更换电动机,如图3-3-8所示,一动曲线有下峰毛刺,说明一动电动机定子引出线至换向片间有断线。

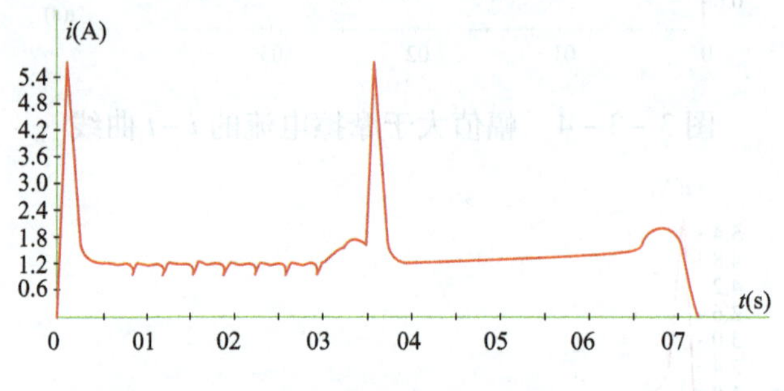

图3-3-8　有规律下峰毛刺的 $i-t$ 曲线

(4)锁闭困难。锁闭波形变大变高,说明尖轨进入基本轨槽困难,即转辙机锁闭困难,造成锁闭困难的原因主要有密贴力调整过大、尖轨上抗、尖轨弓腰、滑床板空吊等,如图3-3-9所示。

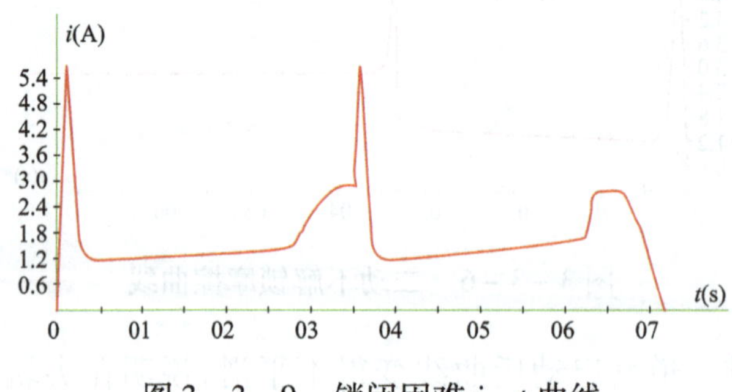

图3-3-9　锁闭困难 $i-t$ 曲线

三、故障处理

双动单机电动转辙道岔故障处理的方法、步骤与单动单机电动道岔故障处理方法、步骤一致,不同点在于处理启动故障时,首先要确定一动、二动哪一台转辙机不启动,可以通过调阅监测曲线确定。双动道岔二动启动电路,在一动道岔尖轨转换到位,检查柱落入表示杆缺口内,动接点转换到静接点内,才被接通,所以在处理道岔启动故障时,如果确定是二动转辙机不启动,首先要检查一动是否转换到位,再按照单动单机电动转辙道岔的故障处理方法处理故障。

第四节　ZD6 双动双机电动转辙道岔控制电路原理

一、电路分析

1. 电路构成

ZD6 双动双机电动转辙道岔电路构成与双动单机电动转辙道岔电路构成基本一致，增设了 2DQJF 继电器一台，多两台转辙机自动开闭器接点。双动双机电动转辙道岔控制电路如图 3-4-1 所示。

2. 电路特征

（1）启动电路。用 2DQJF 两组接点，分别接通一动的两台转辙机启动电路，使一动两台转辙机同时转换，避免两台转辙机转动不同步造成尖轨扭曲，电路由四线制改为六线制。一动两台转辙机转换到位，其动接点换位到位，分别通过二动两台转辙机启动电路，二动两台转辙机同时启动。一动、二动的确定和双机单动电动转辙道岔确定方法一致。

（2）表示电路。表示二极管设在二动二机电缆盒内，四台转辙机动接点位置一致，才能接通表示电路，表示电路共检查四台转辙机的 12 组接点接触情况。

3. 电路原理

（1）电路动作顺序。操纵道岔后，1QDJ 吸起，切断道岔原位置表示继电器电路，道岔失去表示，同时 2QDJ 转极，2QDJF 吸起，接通一动转辙机启动电路（1DQJ 自闭电路），一动道岔的两台转辙机同时转动，带动一动道岔尖轨解锁、转换、锁闭，一动尖轨到达新位置后，利用一动转辙机新位置对应接点接通二动道岔的两台转辙机启动电路，二动道岔尖轨解锁、转换、锁闭，动接点落入新位置对应静接点内后，1DQJ 落下，接通道岔表示电路，道岔新位置表示继电器吸起，道岔新位置表示灯点亮。

（2）接通公式。

①电动机转动电路（1DQJ 自闭电路）。一动 A 机定位到反位：DZ→RD3 1-2→1DQJ1-2→1DQJ1↑→2DQJF111-113→一动 A 机自动开闭器 11-12→一动 A 机电动机定子 2-3→一动 A 机电动机转子 3-4→一动 A 机遮断器 05-06→1DQJ2↑→2DQJ121-123→RD2 1-2→DF。一动 B 机定位到反位：DZ→RD3 1-2→1DQJ1-2→1DQJ1↑→2DQJF121-123→一动 B 机自动开闭器 11-

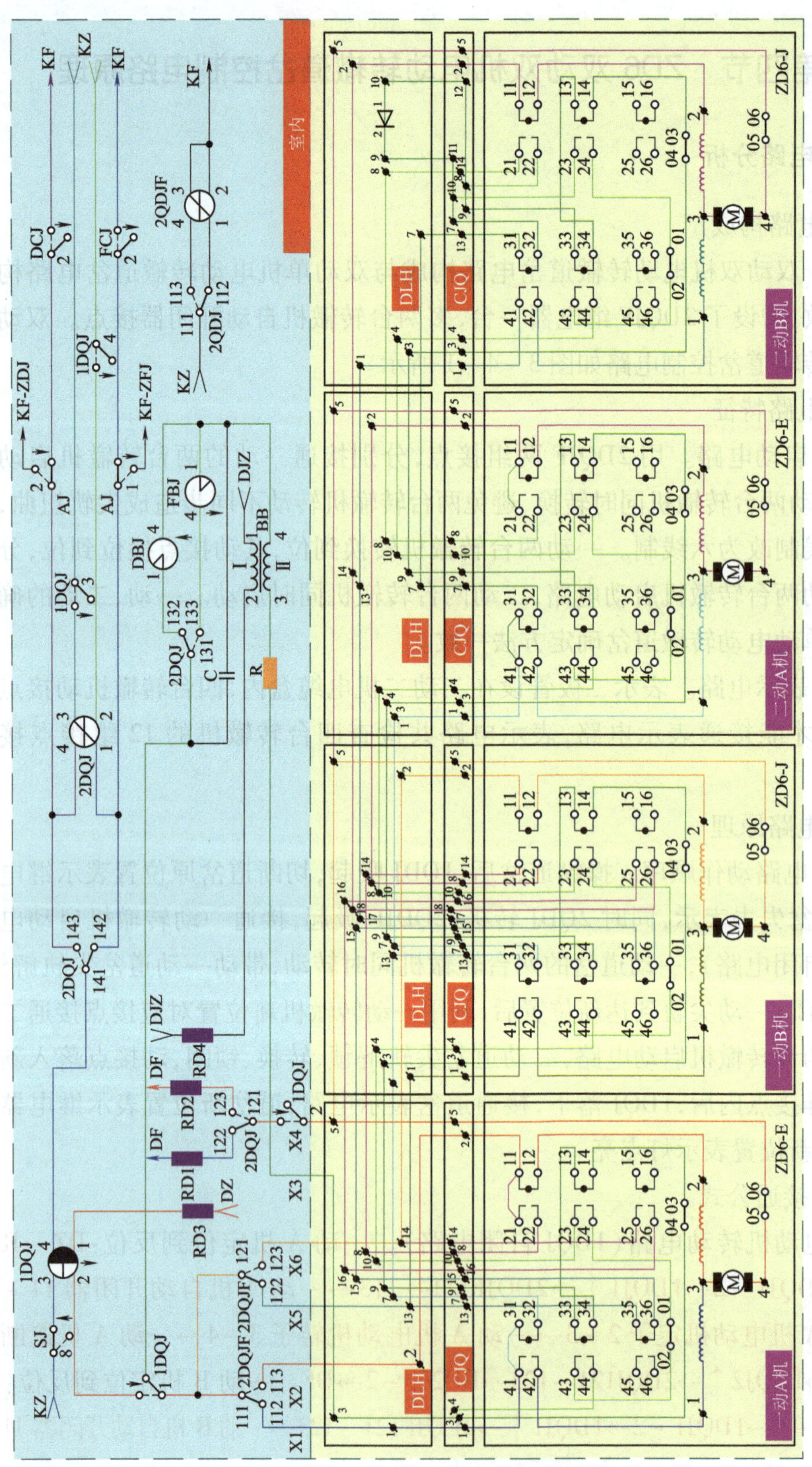

图 3－4－1　ZD6 双动双机电动转辙道岔控制电路

12→一动 B 机电动机定子 2 - 3→一动 B 机电动机转子 3 - 4→一动 B 机遮断器 05 - 06→1DQJ2 ↑ →2DQJ121 - 123→RD2 1 - 2→DF。二动 A 机定位到反位：DZ→RD3 1 - 2→1DQJ1 - 2→1DQJ1 ↑ →2DQJF111 - 113→一动 A 机自动开闭器 11→21 - 22→一动 B 机自动开闭器 21 - 22→二动 A 机自动开闭器 11 - 12→二动 A 机电动机定子 2 - 3→二动 A 机电动机转子 3 - 4→二动 A 机遮断器 05 - 06→1DQJ2 ↑ →2DQJ121 - 123→RD2 1 - 2→DF。二动 B 机定位到反位：DZ→RD3 1 - 2→1DQJ1 - 2→1DQJ1 ↑ →2DQJF121 - 123→一动 A 机自动开闭器 25 - 26→一动 B 机自动开闭器 25 - 26→二动 B 机自动开闭器 11 - 12→二动 B 机电动机定子 2 - 3→二动 B 机电动机转子 3 - 4→二动 B 机遮断器 05 - 06→1DQJ2 ↑ →2DQJ121 - 123→RD2 1 - 2→DF。一动 A 机反位到定位：DZ→RD3 1 - 2→1DQJ1 - 2→1DQJ1 ↑ →2DQJF111 - 112→一动 A 机自动开闭器 41 - 42→一动 A 机电动机定子 1 - 3→一动 A 机电动机转子 3 - 4→一动 A 机遮断器 05 - 06→1DQJ2 ↑ →2DQJ121 - 122→RD1 1 - 2→DF。一动 B 机反位到定位：DZ→RD3 1 - 2→1DQJ1 - 2→1DQJ1 ↑ →2DQJF121 - 122→一动 B 机自动开闭器 41 - 42→一动 B 机电动机定子 1 - 3→一动 A 机电动机转子 3 - 4→一动 A 机遮断器 05 - 06→1DQJ2 ↑ →2DQJ121 - 122→RD1 1 - 2→DF。二动 A 机反位到定位：DZ→RD3 1 - 2→1DQJ1 - 2→1DQJ1 ↑ →2DQJF111 - 112→一动 A 机自动开闭器 41→31 - 32→一动 B 机自动开闭器 31 - 32→二动 A 机自动开闭器 41 - 42→二动 A 机电动机定子 1 - 3→二动 A 机电动机转子 3 - 4→二动 A 机遮断器 05 - 06→1DQJ2 ↑ →2DQJ121 - 122→RD2 1 - 2→DF。二动 B 机反位到定位：DZ→RD3 1 - 2→1DQJ1 - 2→1DQJ1 ↑ →2DQJF121 - 122→一动 A 机自动开闭器 35 - 36→一动 B 机自动开闭器 35 - 36→二动 B 机自动开闭器 41 - 42→二动 B 机电动机定子 1 - 3→二动 B 机电动机转子 3 - 4→二动 B 机遮断器05 - 06→1DQJ2 ↑ →2DQJ121 - 122→RD1 1 - 2→DF。

②表示继电器电路。定位：BB3→R→一动 A 机移位接触器 04 - 03→一动 A 机自动开闭器 14 - 13→34 - 33→一动 B 机移位接触器 04 - 03→一动 B 机自动开闭器 14 - 13→34 - 33→二动 A 机移位接触器 04 - 03→二动 A 机自动开闭器 14 - 13→34 - 33→二动 B 机移位接触器 04 - 03→二动 B 机自动开闭器 14 - 13→34 - 33→Z1 - 2→二动 B 机自动开闭器 32 - 31→二动 A 机自动开闭器 32 - 31→41→一动 B 机自动开闭器 32 - 31→二动 A 机自动开闭器 32 - 31→41→2DQJF112 - 111→1DQJ1 ↓ →2DQJ131 - 132→DBJ1 - 4→BB4。反位：BB3→R→一动 A 机自动开闭器 44→34→一动 A 机移位接触器 02 - 01→一动 A 机自

动开闭器 24－23→一动 B 机自动开闭器 44－43→一动 B 机移位接触器 02－01→一动 B 机自动开闭器 24－23→二动 A 机自动开闭器 44－43→二动 A 机移位接触器 02－01→二动 A 机自动开闭器 24－23→二动 B 机自动开闭器 44－43→二动 B 机移位接触器 02－01→二动 B 机自动开闭器 24－23→Z2－1→二动 B 机自动开闭器 22－21→二动 A 机自动开闭器 22－21→11→一动 B 机自动开闭器 22－21→一动 A 机自动开闭器 22－21→11→2DQJF113－111→1DQJ1↓→2DQJ131－133→FBJ4－1→BB4。

二、利用动作曲线分析存在问题

1. 正常动作曲线

双动双机电动转辙道岔正常转换 $i-t$ 曲线是两幅相连的平滑曲线，分别实时记录了一动 A 机、二动 A 机，一动 B 机、二动 B 机在带动道岔尖轨转换期间，电动机转动电路中各时刻电流的大小，间接反映道岔尖轨的运行情况。双动双机正常动作曲线中，第一幅 $i-t$ 曲线为一机 A 动、二机 A 动动作曲线，如图 3－4－2所示；第二幅曲线为一机 B 动、二机 B 动动作曲线，和第一幅的形态一致。正常时曲线呈现相对平滑形态，启动、锁闭峰值和单动单机曲线的含义一样，转换过程中平滑曲线的电流幅值一般在 1.0 A 左右。

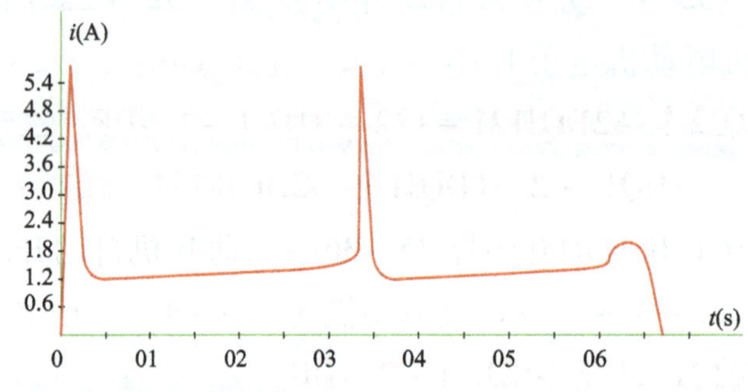

图 3－4－2　双动双机一动、二动 A 机正常动作曲线

2. 异常曲线分析

道岔尖轨在转换中受阻、转辙机解锁、锁闭困难，电流曲线与正常曲线不一样，下面分别叙述 $i-t$ 曲线异常的原因。

(1)不解锁。双动双机电动转辙道岔电流曲线分别记录四台转辙机转动中电流变化情况，任何一台转辙机不解锁，其 $i-t$ 曲线会变成幅值和摩擦电流值一样的一条直线，电动机处在摩擦状态。要通过调阅监测，确定哪一台转辙机不解锁，然后查找、处理不解锁原因。造成道岔不解锁的原因有密贴太紧、道岔在锁闭状态时工务部门调整基本轨轨距、尖轨上抗等。图 3 - 4 - 3 所示是二动 A 机不解锁曲线，图 3 - 4 - 4 所示是一动 B 机不解锁曲线。

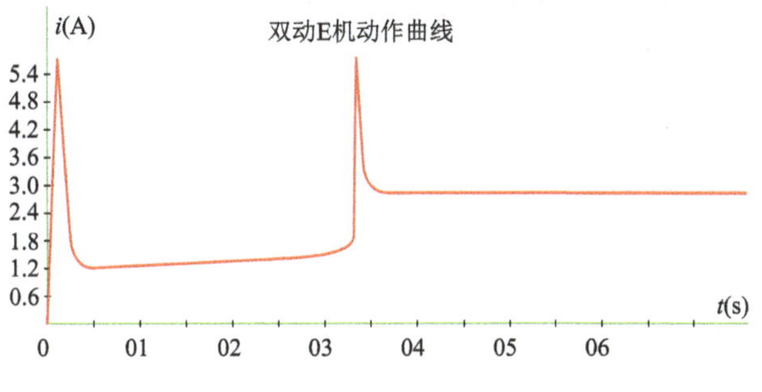

图 3 - 4 - 3　二动 A 机不解锁 $i-t$ 曲线

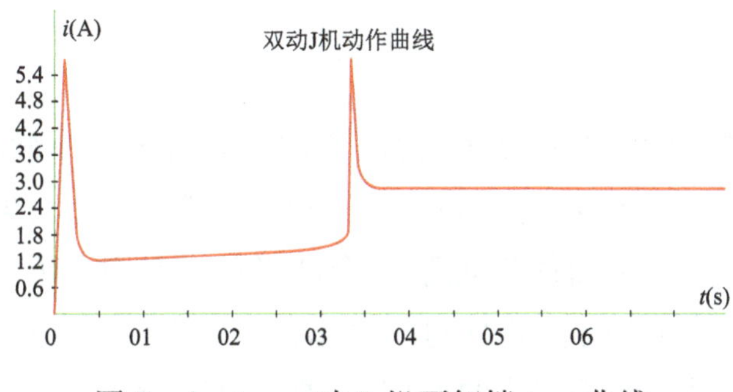

图 3 - 4 - 4　一动 B 机不解锁 $i-t$ 曲线

如果曲线的幅值小于 2.3 A，说明摩擦电流下降。造成摩擦电流下降的原因有摩擦联结器调整弹簧松动、摩擦带内进油等。

(2)转换困难。同样地，道岔转换困难要确定哪一台转辙机转换困难，要调阅监测，根据电流曲线来确定。转换困难的曲线为不平滑的曲线，说明在尖轨位移的过程中受到的阻力不均匀。造成尖轨在运行过程中摩擦力不均匀的原因主要有滑床板不清洁、滑床板空吊、滑床板横向倾斜等。如图 3 - 4 - 5 左侧图形所示表明一动 A 机转换困难曲线，右侧图形表明二动 A 机转换困难。

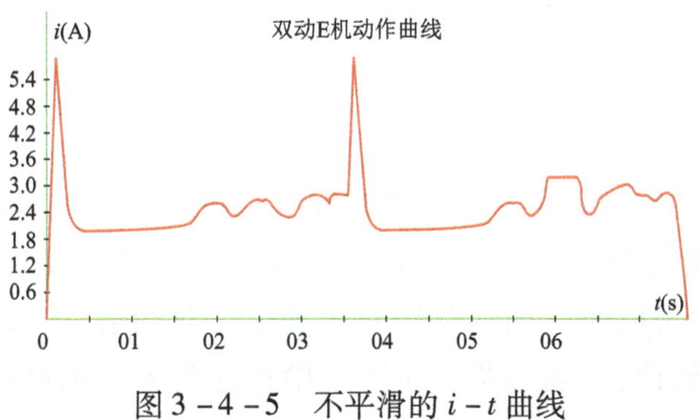

图 3 - 4 - 5　不平滑的 $i-t$ 曲线

(3)曲线为规律的下峰毛刺。曲线出现规律的下峰毛刺,说明电动机定子引出线与换向片之间断线,俗称“断格”。当曲线出现规律的下峰毛刺时,先要确定该曲线对应的是哪一台转辙机“断格”,更换电动机,图 3-4-6 所示曲线是一动 A 机电动机“断格”曲线。

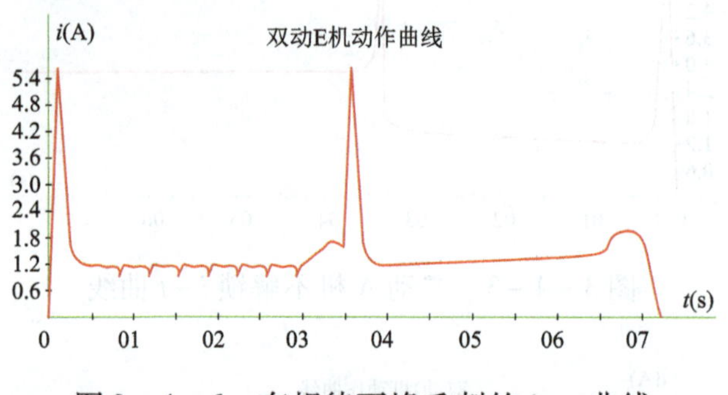

图 3-4-6 有规律下峰毛刺的 $i-t$ 曲线

(4)锁闭困难。锁闭波形变大变高,说明尖轨进入基本轨槽困难。即转辙机锁闭困难。造成锁闭困难的原因主要有密贴力调整过大、尖轨上抗、尖轨弓腰、滑床板空吊等。调阅曲线发现某一个波形的曲线在锁闭时出现较高峰值(有时达到摩擦电流值)或转动时间明显增加,先要确定该问题由哪一台转辙机转换造成,然后对照上述描述的原因,采取措施处理。图 3-4-7 所示波形为二动 B 机锁闭困难波形。

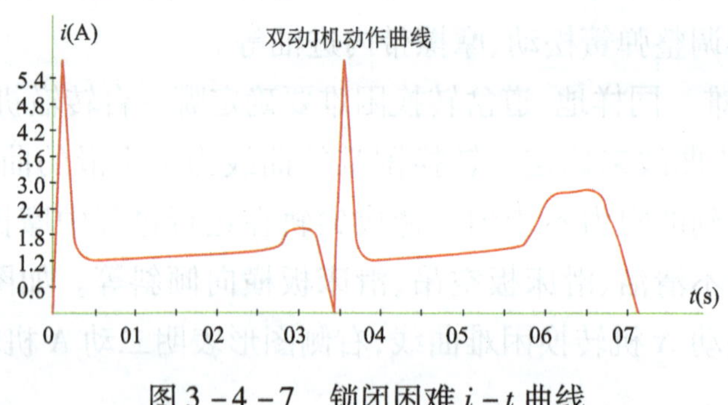

图 3-4-7 锁闭困难 $i-t$ 曲线

三、故障处理

双动双机电动转辙道岔故障处理的方法、步骤与单动单机电动道岔故障处理方法、步骤一致,不同点在于处理启动故障时,首先要确定四台转辙机中哪一台转辙机不启动,可以通过调阅监测曲线确定。双动道岔二动启动电路,在一动道岔尖轨转换到位,一动的两台转辙机检查柱落入表示杆缺口内,两台转辙机的动接点转换到静接点内后才被接通，所以在处理道岔启动故障时，如果确定是二动转辙机不启动，首先要检查一动两台转辙机是否转换到位，再按照单动单机电动转辙道岔的故障处理方法处理故障。

第五节　S700K五点牵引电动转辙道岔控制电路原理

一、电路构成

S700K-C电动转辙机使用的电动机为三相交流电动机，其控制电路由三相交流电动机、转辙机接点组、断相保护器、继电器、熔断器、变压器、电阻器、道岔单独锁闭按钮等器材组成。其中，继电器设有保护继电器（BHJ）、总保护继电器（ZBHJ）、切断继电器（QDJ）、停止继电器（TJ）、第一道岔启动继电器（1DQJ）、第一道岔启动复示继电器（1DQJF）、第二道岔启动继电器（2DQJ）、定位表示继电器（DBJ）、反位表示继电器（FBJ）。ZBHJ电路如图3－5－1所示，QDJ电路如图3－5－2所示。

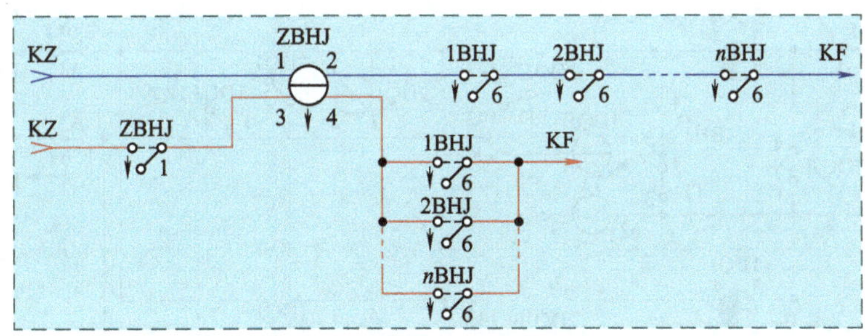

图3－5－1　ZBHJ电路

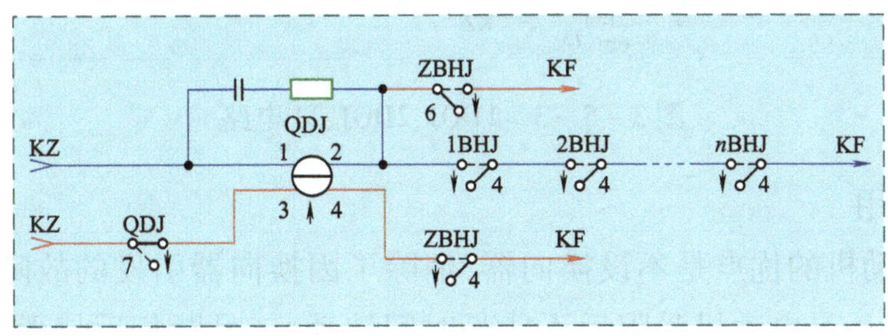

图3－5－2　QDJ电路

二、电路特征

S700K-C电动转辙机不设转换站，道岔尖轨需要多点牵引时，配置多台不同动程转辙机完成。因而在设计道岔控制电路时,要考虑两个问题,一是多点牵引的多台转辙机要同时动作,防止尖轨解锁、转换、锁闭不同步造成尖轨扭曲;二是多点牵引的其中一台不能转动,所有转辙机都要立即停转,防止一点牵引不动作或动作不到位,造成尖轨扭曲和转辙机互相别卡。S700K 五点牵引控制电路具有如下特征。

1. 1QDJ、2QDJ、TJ 设置

尖轨的三台转辙机要同步转动,心轨的两台转辙机要同步转动,针对尖轨、心轨每一台转辙机分别设置 1DQJ、2DQJ、TJ。尖轨的三个牵引点 J1、J2、J3 分别设置三套 1DQJ、2DQJ、TJ 电路,心轨两个牵引点 X1、X2 分别设置两套 1DQJ、2DQJ、TJ 电路,如图 3-5-3 所示。

操作道岔动作后,J1 的 1DQJ 吸起,2DQJ 转极,接通 J1 转辙机转动电路,J1 转辙机开始启动;同时 J1 的 1DQJF 接通 J2 的 1DQJ 电路,J2 的 1DQJF 吸起,2DQJ 转极,J2 转辙机开始启动;J2 的 1DQJ 吸起接通 J3 的 1DQJ 电路。心轨 1DQJ 吸起,心轨 2QDJ 转极,接通牵引心轨两台转辙机转动电路,心轨转换。

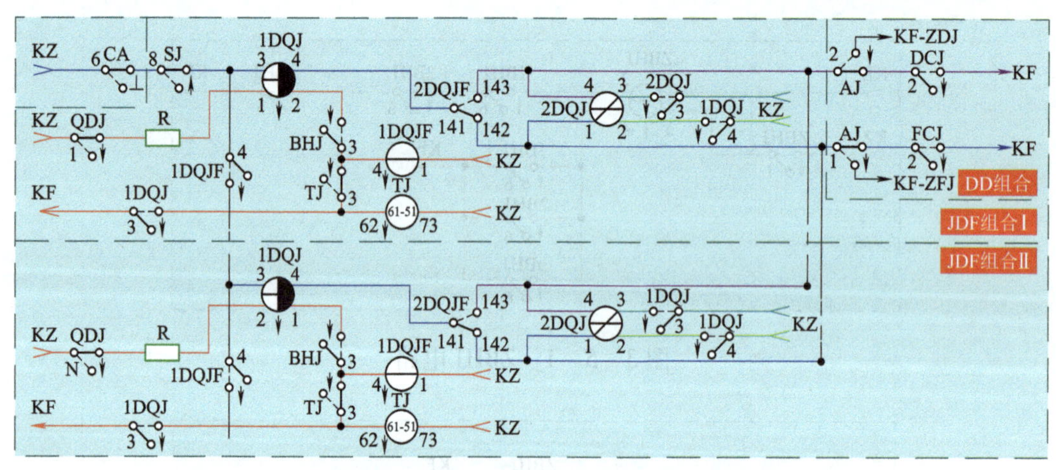

图 3-5-3　1DQJ、2DQJ、TJ 电路

2. TJ 作用

交流电动机的优点是不设换向器,消除了因换向器引发的故障,但交流电动机的弱点,一是电动机受阻后不能长时间转动,二是断相后烧毁电动机。针对电动机受阻不能长时间转动的弱点,控制电路设置 TJ。TJ 是时间继电器,改变其延时电路(连接外部配线端子),可以控制 TJ 延时吸起时间。1DQJ 吸起,13 s(也有设置成 30 s)后,TJ 吸起,此时无论电动机转动是否将尖轨转换到位,TJ 切断 1DQJ 自闭电路,迫使 1DQJ 落下,从而切断电动机转动电路,电动机停

转。使用带有延时功能的断相保护器，不设 TJ，转辙机的延时保护由断相保护器代替完成，即从三相电源接入 DBQ 开始计时，13 s（或 30 s）后，DBQ 停止输出直流电，BHJ 断电落下，切断 1DQJ 自闭电路，电动机停转。

3. 断相保护

针对交流电动机断相后烧毁电动机的弱点，设置断相保护。对应每一台转辙机设置一个断相保护器。交流电的三相同时加载到断相保护器原边上后，断相保护器输出直流 24 V 电压，BHJ 吸起；其中一相缺少或断相，断相保护器不输出直流 24 V 电压，BHJ 不吸起。对于本台转辙机，BHJ 不吸起，1DQJ 自闭电路断路，1DQJ 缓放后落下，切断本转辙机转动电路，本台转辙机停转。对于其他转动的转辙机，也要通过 ZBHJ、QDJ 迫使所有转辙机停转。本台转辙机 BHJ 不吸起，ZBHJ 不能励磁，当其他转辙机的 BHJ 吸起后，断开 QDJ 励磁电路，此时 ZBHJ 处在落下状态，QDJ 缓放后落下，切断 1DQJ 自闭电路，1DQJ 落下后，切断转辙机转动电路，迫使其他所有转辙机停转。S700K 断相保护、启动、表示电路如图 3－5－4 所示。

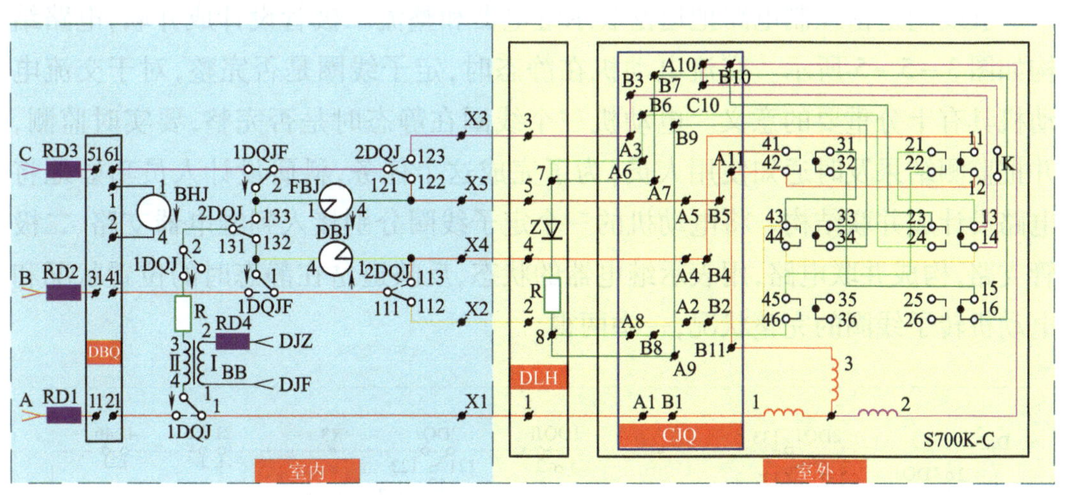

图 3－5－4　S700K 断相保护、启动、表示电路

4. 电动机转动电路、表示继电器电路

电路采用五线制电路，每条电缆线路的电阻要小于 54 Ω，当转辙机距离机械室远，电缆线路的电阻大于 54 Ω 时，要采取并用电缆的办法解决，使电动机端电压得到保证。同时防止由于转辙机距机械室远，电缆线路中的分布电容构成回路，在转辙机接点断开情况下，仍然接通表示的严重问题。配接电缆要采用扭绞法，降低分布电容构成道岔假表示的风险。在试验道岔断表示时，一定

要试验准确、完整,并坚持年度试验。

由于电动机转动电路和道岔位置表示电路不在同一时间工作,电动机转动电路可以和道岔位置表示电路合并,合并后电路中设置了五条控制线(非合并使用电缆应为十二条电缆,电动机转动电路定、反位各三条,位置表示定、反位各三条),减少了电缆使用数量,降低了投入成本。合并后电缆的使用分配为转辙机定位向反位转动电路使用线1(X1)、线3(X3)、线4(X4),转辙机反位向定位电路使用线1(X1)、线2(X2)、线5(X5),道岔定位表示电路使用X1、X2、X4,道岔反位表示电路使用X1、X3、X5。

5. 电动机反转

交流电动机的反转通过改变输入交流电相序实现。定位向反位转动,电动机定子线圈A、B、C分别接入380 V交流电A、B、C相,线圈A、B、C的相序为A→B→C;反位向定位转动,电动机定子线圈A、B、C分别接入380 V交流电A、C、B相,线圈A、B、C的相序为A→C→B。

6. 并联式表示电路及电动机定子线圈断线检查

五线制道岔控制电路把道岔表示继电器和整流二极管设计成并联,电路结构如图3-5-5所示。交流电动机在静态时,定子线圈是否完整,对于交流电动机具有十分重要的意义。电动机三个线圈在静态时是否完整,要实时监测,并把监测结果及时通知使用人员,为了完成这个任务,科研设计人员巧妙地将电路设计成并联结构。将电动机的三个定子线圈分别接入到继电器支路、二极管支路,构成并联电路,用表示继电器的状态,反映道岔在静态时的位置状况和电动机转子线圈的完整状况,一举两得。

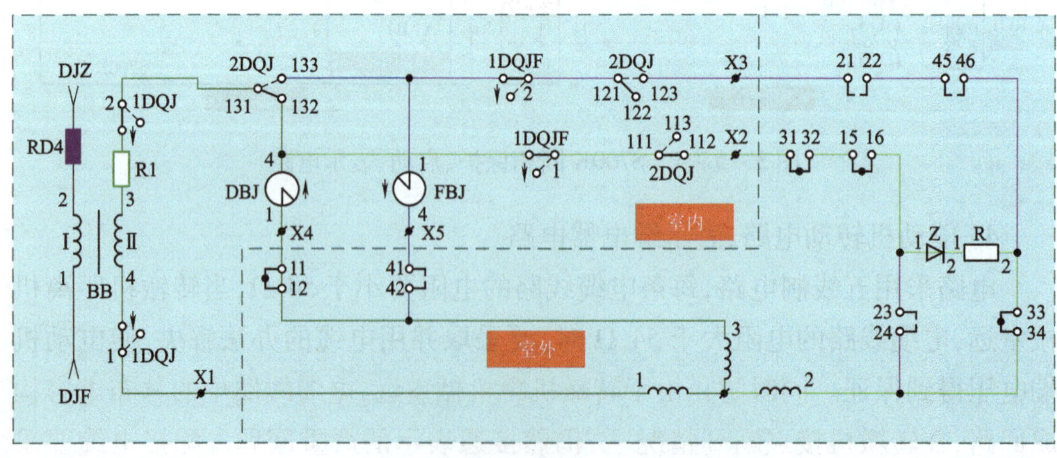

图3-5-5 并联结构道岔表示电路

交流电加载到继电器线圈两端,由于二极管的单向导电性,交流电的半周被二极管支路旁路,继电器上的电压和 R 上电压一样,幅值较小,并且电压的方向和继电器线圈励磁方向相反,对继电器的吸起起阻碍作用;对于交流电的另一半周,二极管处于截止状态,交流电的该半周电压加载到继电器线圈上,并且电压的方向和继电器的励磁方向相同,经过交流电 3 ~5 个周期的作用,继电器线圈充磁完成,继电器吸起。

三、电路原理

1. 电路动作顺序

操纵道岔后,尖轨 1QDJ 吸起,切断牵引尖轨的三台转辙机原位置表示继电器电路,同时尖轨 2QDJ 转极,依次接通牵引尖轨的三台转辙机启动电路(1DQJ 自闭电路),尖轨的三台转辙机“同时”转动,带动道岔尖轨解锁、转换、锁闭。尖轨 1DQJ 吸起,依次接通心轨 1DQJ 电路,心轨 1DQJ 吸起,切断牵引心轨的两台转辙机原位置表示继电器电路,同时心轨 2QDJ 转极,接通牵引心轨的两台转辙机启动电路,心轨转辙机在尖轨转辙机启动后(尖轨、心轨转动相差时间为尖轨 1DQJ 转换时间)启动,带动心轨解锁、转换、锁闭。尖轨三台转辙机、心轨两台转辙机转换到位,接通各自新位置表示继电器电路,五台转辙机的新位置表示继电器吸起,接通道岔新位置总表示继电器,道岔新位置表示灯点亮。

在道岔启动过程中,如果五台转辙机中的任何一台不启动,BHJ 不励磁,则首先迫使本台转辙机启动电路被 1DQJ 落下切断,其次通过 ZBHJ、QDJ 作用,迫使其他 1DQJ 落下,切断其他转辙机启动电路,所有转辙机停转。

2. 接通公式

(1)尖轨 1DQJ 励磁电路。定位向反位转动:KZ→CA6→SJ↑→尖轨 1DQJ 3 -4→尖轨 2DQJ141 -142→FCJ2↑→KF。反位向定位转动:KZ→CA6→SJ↑→尖轨 1DQJ3 -4→尖轨 2DQJ141 -143→DCJ2↑→KF。

(2)心轨 1DQJ 励磁电路。定位向反位转动。KZ→CA6→SJ↑→尖轨 1DQJ41 -42→心轨 1DQJ3 -4→心轨 2DQJ141 -142→FCJ2↑→KF。反位向定位转动。KZ→CA6→SJ↑→尖轨 1DQJF41 -42→心轨 1DQJ3 -4→心轨 2DQJ141 -143→DCJ2↑→KF。

(3)2DQJ 转极电路。定位向反位转动。KZ→尖轨(心轨)1DQJ4↑→尖轨(心轨)2DQJ2 -1→FCJ2↑→KF。反位向定位转动。KZ→尖轨(心轨)1DQJ3↑→尖轨(心轨)2DQJ3 -4→DCJ2↑→KF。

(4)电动机转动电路(每一台转辙机的转动电路结构一致,不同点为使用1DQJ、2DQJ 及其复示继电器接点)。定位向反位转动(X1、X3、X4 工作)。A 相:DJZA→RD1 1-2→DBQ11-21→1DQJ1↑→X1→电动机定子线圈 1。B 相:DJZB→RD2 1-2→DBQ31-41→1DQJF1↑→2DQJ111-113→X4→接点组 11-12→42→电动机定子线圈 3。C 相:DJZC→RD3 1-2→DBQ51-61→1DQJF2↑→2DQJ121-123→X3→接点组 13-14→转辙机安全开关 1-2→电动机定子线圈 2。反位向定位转动(X1、X2、X5 工作)。A 相:DJZA→RD1 1-2→DBQ11-21→1DQJ1↑→X1→电动机定子线圈 1。B 相:DJZB→RD2 1-2→DBQ31-41→1DQJF1↑→2DQJ111-112→X2→接点组 43-44→14→转辙机安全开关 1-2→电动机定子线圈 2。C 相:DJZC→RD3 1-2→DBQ51-61→1DQJF2↑→2DQJ121-122→X5→接点组 41-42→电动机定子线圈 3。

(5)表示电路。定位。继电器支路:BB3→R1 1-2→X1→1DQJ2↓→2DQJ131-132→DBJ4-1→X4→接点组 11-12 电动机定子线圈 3→电动机定子中心连接点→电动机定子线圈 1→1DQJ1↓→BB4。二极管支路:2DQJ131-132→1DQJF1↓→2DQJ111-112→X2→接点组 31-32→15-16→Z1-2→R1-2→接点组 34-33→电动机定子线圈 2。反位。继电器支路:BB3→R1 1-2→X1→1DQJ2↓→2DQJ131-133→FBJ1-4→X5→接点组 41-42→电动机定子线圈 3→电动机定子中心连接点→电动机定子线圈 1→1DQJ1↓→BB4。二极管支路:2DQJ131-133→1DQJF2↓→2DQJ121-123→X3→接点组 13-21-22→45-46→R2-1→Z2-1→接点组 24-23→电动机定子线圈 2。

第四章　电液转辙道岔控制电路原理

第一节　电液转辙道岔基本类型

一、电液转辙机使用类型

电液转辙机一般用来牵引 60 kg/m 钢轨及其以上道岔，多用于 60 kg/m - 12 号、18 号各类型道岔尖轨的牵引，客运专线大号码单开普通道岔的牵引也用电液转辙机。尖轨锁闭方式采用内锁闭方式，一般选用 ZY4、ZY6 转辙机作牵引；尖轨锁闭方式采用外锁闭方式，一般选用 ZYJ7 转辙机作牵引。也有一些电务段，为了减少转辙机的型号、减少应急备用类型、降低维护管理难度，将管内所使用的转辙机统一成一种类型。ZY 类型电液转辙机可以满足较多类型道岔作为牵引使用，可以单点使用，也可以多点配合使用；可以单机使用，也可以配合转换站使用。ZY 类型转辙机的明显优点在于多点牵引时，单机和转换站共用动力，不用考虑转辙机配合同步牵引尖轨动作问题，控制电路相对简单，设置的继电器组合相对较少。

二、电液转辙道岔基本类型

依据钢轨重量、道岔号码、道岔类型、道岔锁闭方式，选择不同电液转辙机作为道岔尖轨牵引设备，可形成多种电液转辙道岔类型。ZY 系列牵引设备主要有转辙机、转换锁闭器、液压站。

1. 转辙机

分为带动力和不带动力两类。带动力转辙机主要有 ZYJ7 类型；不带动力转辙机主要有 ZY4、ZY6、ZYS7、ZYG7 等，这类型转辙机的动力来源于液压站，要与液压站配合才能工作。电液转辙机类型见表 4 - 1 - 1。

表 4-1-1　电液转辙机类型

型　号	额定转换力(kN)	动程(mm)	动作时间交流(直流)(s)	挤脱装置
ZY4	1.8	200±2	≤3.5(5.5)	—
ZY4-P	2.5	130±2	≤3.5(5.5)	—
ZY6	4.0	170±2	≤5.5(8.5)	√
ZYG7	2.5	220±2	—	—
ZYS7	2.5	170±2	—	—
ZYJ7	2.5	220±2	≤5.5	—
ZYJ7-A	2.5	220±2	≤5.5	—
ZYJ7-B	4.2	220±2	≤7.0	—
ZYJ7-C	4.2	220±2	≤7.0	—
ZYJ7-D	2.5	220±2	≤5.5	√
ZYJ7-F	2.5	220±2	≤5.5	—
ZYJ7-H	2.5	190±2	≤5.5	√
ZYJ7-J	3.5	190±2	≤5.5	√
ZYJ7-K	2.5	180±2	≤5.5	—
ZYJ7-L	4.0	180±2	≤6.5	√
ZYJ7-M	3.5	170±2	≤5.5	√
ZYJ7-N	4.2	170±2	≤6.5	√
ZYJ7-P	4.2	170±2	≤6.5	—
ZYJ7-R	4.2	150±2	≤5.5	√
ZYJ7-T	5.0	150±2	≤8.0	√
ZYJ7-U	4.2	140±2	≤5.0	√
ZYJ7-V	4.2	130±2	≤5.5	—
ZYJ7-W	4.2	120±2	≤5.0	√
ZYJ7-X	4.2	100±2	≤5.5	√
ZYJ7-Y	4.2	80±2	≤5.5	√
ZYJ7-Z	2.5	240±2	≤5.5	—

2. 转换锁闭器

转换锁闭器全部不带动力，其动力来源于液压站或 ZYJ7 转辙机，要和液压站或 ZYJ7 转辙机配合才能工作。转换锁闭器类型见表 4-1-2。

表 4-1-2　转换锁闭器类型

型号	额定转换力(kN)	动程(mm)	挤脱装置	型号	额定转换力(kN)	动程(mm)	挤脱装置
SH5	4.2	94±2	√	SH6-J	4.2	140±2	√
SH6	2.5	200±2	√	SH6-K	4.0	130±2	—
SH6-A	2.5	190±2	√	SH6-L	4.2	120±2	√
SH6-B	2.5	170±2	√	SH6-M	4.2	100±2	√
SH6-C	4.2	170±2	√	SH6-N	4.2	80±2	√
SH6-E	4.2	150±2	√	SHG6	4.2	140±2	√
SH6-F	2.5	150±2	√	SHS6	4.0	130±2	—
SH6-H	5.0	150±2	√				

3. 液压站

液压站分为交流、直流两种类型，是无动力转辙机或转换锁闭器的动力来源，配合无动力转辙机或转换锁闭器工作。液压站类型见表 4-1-3。

表 4-1-3　液压站类型

型号	电压(V)	工作电流(A)	最大溢流压力(MPa)	单线电阻(Ω)
Y1	DC160	≤2	4.5	—
YJ1	AC380 三相	≤2	4.5	≤30
YJ4	AC380 三相	≤2	14.0	≤36
Y5	DC160	≤2	14.0	—
YJ5	AC380 三相	≤2	14.0	≤54
Y6	DC160	≤2	14.0	—
YJ6	AC380 三相	≤2	14.0	≤54
Y7	DC160	≤2	10.5	—
YJ7	AC380 三相	≤2	10.5	≤54

ZYJ7 电液转辙机作为牵引动力形成的基本类型见表 4-1-4。类型较多，以下主要介绍 ZYJ7 一机一站电液转辙道岔、ZYJ7 一机双站电液转辙道岔、ZYJ7 多点牵引电液转辙道岔类型。

表 4 -1 -4　ZYJ7 电液转辙道岔基本类型

型号	额定转换力(N)			动程(mm)			适应道岔类型
	一牵引	二牵引	三牵引	一牵引	二牵引	三牵引	
ZYJ7 - B220 + 140/1800 +4200	1 800	4 200	—	220	140	—	双点分动外锁闭 9 号、12 号尖轨,12 号、18 号心轨
ZYJ7 - E180 + 120/1800 +4200	1 800	4 200	—	180	120	—	双点内锁闭
ZYJ7 - F180 +4000	4 000	—	—	180	—	—	单点内锁闭
ZYJ7 - G220 + 170 + 100/1810 +1810 +4070	1 810	1 810	4 070	220	170	100	三点分动外锁闭 18 号尖轨
ZYJ7 - L220 +2940	2 940	—	—	220	—	—	30 号单点分动外锁闭
ZYJ7 - M150 +4900	4 900	—	—	150	—	—	30 号单点分动外锁闭

第二节　ZYJ7 一机一站电液转辙道岔控制电路原理

一、电路分析

1. 电路构成

ZYJ7 一机一站电液转辙道岔控制电路由三相交流电动机、自动开闭器接点组、断相保护器、继电器、熔断器、变压器、电阻器、道岔单独锁闭按钮等器材组成。其中,继电器设有保护继电器(BHJ)、第一道岔启动继电器(1DQJ)、第一道岔启动复示继电器(1DQJF)、第二道岔启动继电器(2DQJ)、第二道岔启动复示继电器(2DQJF)、定位表示继电器(DBJ)、反位表示继电器(FBJ)。ZYJ7、SH6 组成的一机一站电液转辙道岔控制电路如图 4 -2 -1 所示。

2. 电路特征

ZYJ7 道岔控制电路,采用五线制控制电路,电路的特征在第三章第五节有详细叙述,除此之外,ZYJ7 一机一站具有以下电路特征。

(1)续转电路。转换站是无动力转换、锁闭装置,其动力来源于 ZYJ7 转辙机,两机使用的液压动力通过油管路连接传动,由设置在 ZYJ7 内的电动机旋转产生,电动机停转则液压压力立即消失。主机和转换站分别连接道岔尖轨尖端和尖轨销切末端,在尖轨转换过程中,尖轨尖端和尖轨销切末端的阻力不可能完全一致,尖轨尖端和尖轨销切末端安装装置的阻力也不完全相等,ZYJ7 输出

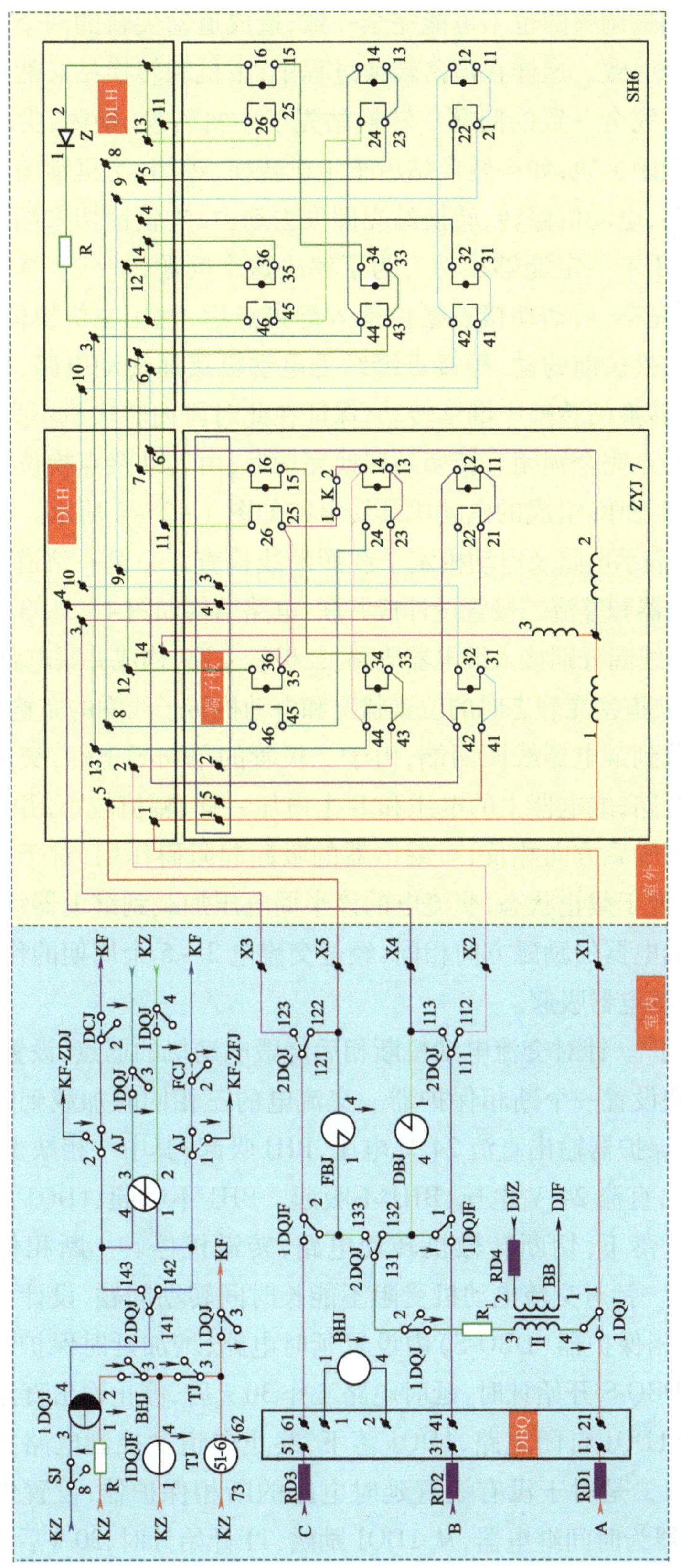

图4-2-1 ZYJ7、SH6一机一站电液转辙道岔控制电路

两个油管口出油量调整的也不可能完全一致,造成道岔尖轨的两个牵引点锁闭时间不可能完全一致。这样在道岔转换过程中,主机和转换站必然存在自动开闭器换位时间不完全一致的问题。转换站先于主机转换、锁闭,尖轨的两个牵引点可以可靠锁闭尖轨;如果转换站后于主机转换、锁闭,主机锁闭后就会切断电动机转动电路,电动机停转,转换站立即失去动力,尖轨销切末端不能可靠锁闭,道岔转换锁闭不一定能够成功。为了解决这个问题,设计了续转电路。在主机转换、锁闭完毕,后动动接点换位落入静接点后,利用主机换位后的动、静接点以及转换站换位前的动、静接点继续为电动机接通转动电路,使电动机在主机转换完毕、转换站转换中继续转动,保证在此时段内转辙机不失去动力,使尖轨的两个牵引点完全锁闭。转换站转换完毕后,由其动接点换位切断电动机转动电路。ZYJ7、SH6 组成的电动机续转电路如图 4 -2 -2 所示。

(2)并联式表示电路及电动机定子线圈断线检查。一机一站道岔控制电路把道岔表示继电器和整流二极管设计成并联,电路结构如图 4 -2 -3 所示。将电动机的三个定子线圈分别接入继电器支路、二极管支路,构成并联电路,用表示继电器的状态,反映道岔在静态时的位置状况和电动机转子线圈的完整状况。

交流电加载到继电器线圈两端,由于二极管的单向导电性,交流电的半周被二极管支路旁路,继电器上的电压和 R 上电压一样,幅值较小,并且电压的方向和继电器线圈励磁方向相反,对继电器的吸起起阻碍作用;对于交流电的另一半周,二极管处于截止状态,交流电的该半周电压加载到继电器线圈上,并且电压的方向和继电器的励磁方向相同,经过交流电 3 ~5 个周期的作用,继电器线圈充磁完成,继电器吸起。

(3)电路保护。针对交流电动机断相后烧毁电动机的弱点,设置断相保护。每一套控制电路设置一个断相保护器。交流电的三相同时加载到断相保护器原边上后,断相保护器输出直流 24 V 电压,BHJ 吸起;其中一相缺少或断相,断相保护器不输出直流 24 V 电压,BHJ 不吸起。BHJ 不吸起,1DQJ 自闭电路断路,1DQJ 缓放后落下,切断转辙机转动电路,转辙机停转。断相保护电路如图 4 -2 -4所示。针对交流电动机受阻不能长时间转动问题,设计了两种解决方式,一是在断相保护器(DBQ-S)内设置延时电路,增加延时保护功能。从三相电源接入到 DBQ-S 开始计时,延时电路工作 30 s 后,停止输出直流电源,BHJ 断电落下,切断 1DQJ 自闭电路,1DQJ 落下,终止向道岔控制电路接入三相电源,电动机停转;二是对于没有设置延时电路的断相保护器,设置停止继电器(TJ)。TJ 继电器为时间继电器,从 1DQJ 励磁,TJ 开始计时,30 s 后 TJ 励磁,切

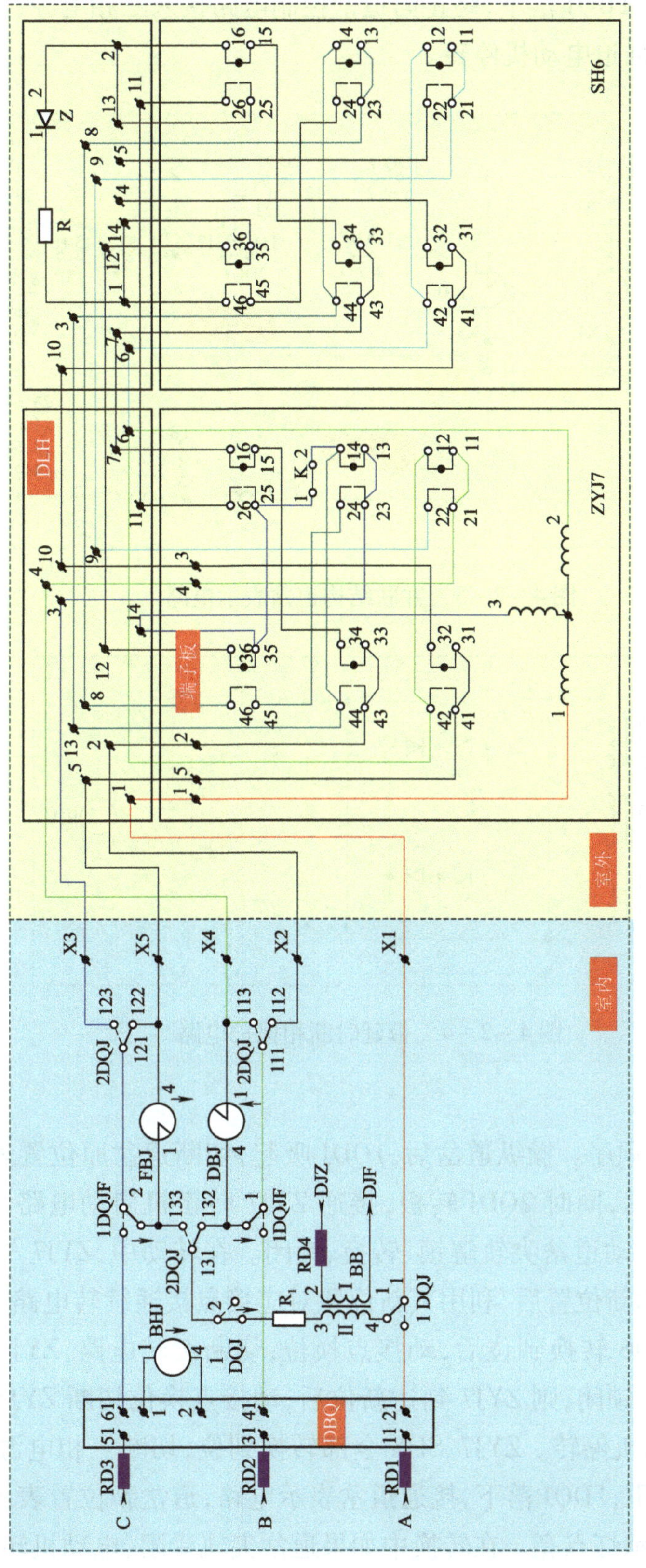

图 4-2-2　ZYJ7、SH6 电动机缆转电路（定位到反位）

断1DQJ 自闭电路,1DQJ 落下,终止向道岔控制电路接入三相电源,不管道岔尖轨是否转换到位,强迫电动机停转。

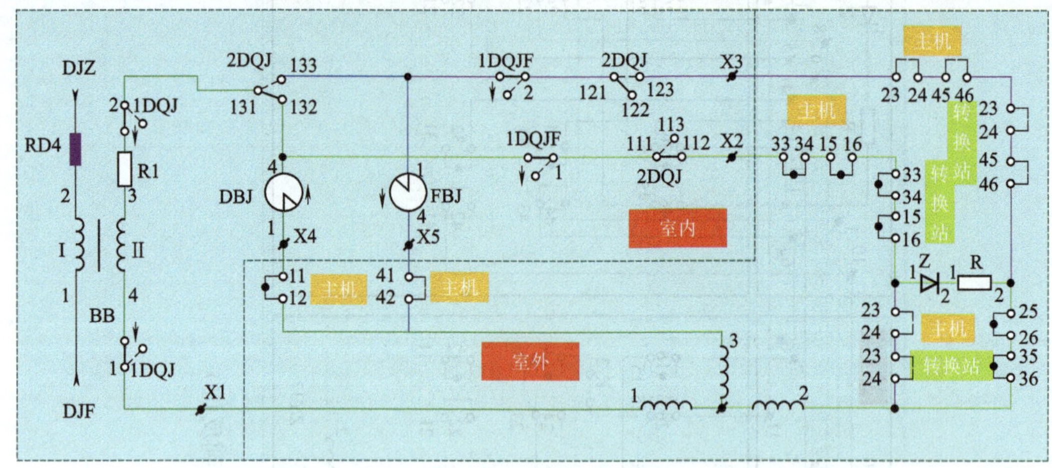

图4-2-3　并联结构道岔表示电路

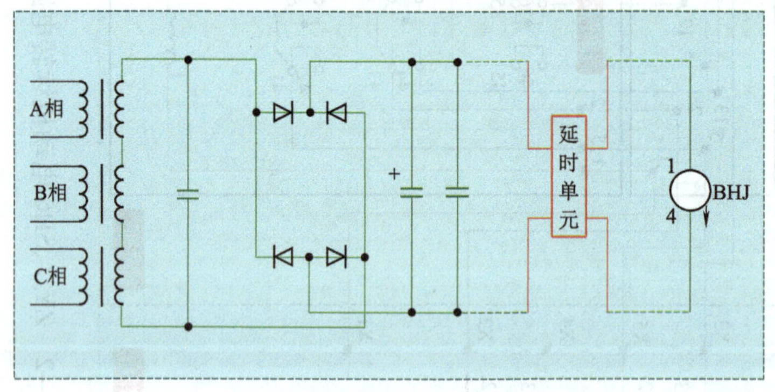

图4-2-4　带延时断相保护电路

3. 电路原理

(1)电路动作顺序。操纵道岔后,1QDJ 吸起,切断道岔原位置表示继电器电路,道岔失去表示,同时 2QDJ 转极,接通 ZYJ7 转辙机启动电路,BHJ 吸起,ZYJ7、SH6 工作,带动道岔尖轨解锁、转换、锁闭。在转动中,ZYJ7 先于 SH6 锁闭,则在 ZYJ7 到达新位置后,利用其新位置对应接点接通续转电路,ZYJ7 电动机继续转动,待 SH6 转换到位后,动接点换位,切断续转电路,ZYJ7 电动机停转;ZYJ7 后于 SH6 锁闭,则 ZYJ7 到达新位后,动接点换位切断 ZYJ7 电动机转动电路,ZYJ7 电动机停转。ZYJ7、SH6 全部转换到位,切断三相电源中 B、C 相电源通路,BHJ 落下,1DQJ 落下,接通道岔表示电路,道岔新位置表示继电器吸起,道岔新位置表示灯点亮。在转换中如果道岔尖轨受阻,电动机转动 30 s,由

BHJ 落下(使用带延时功能 DBQ-S 电路)或 TJ 吸起(使用不带延时功能 DBQ),切断 1DQJ 自闭电路,1DQJ 落下,电动机停转,BHJ 落下。在道岔启动过程中,如果电源缺相或者 DBQ 故障,BHJ 不吸起,1DQJ 不自闭,缓放完毕,1DQJ 落下,电动机停转。

(2)接通公式

①电动机转动电路。定位向反位转动(X1、X3、X4 工作)。A 相:DJZA→RD1 1-2→DBQ11-21→1DQJ1↑→X1→电动机定子线圈 1。B 相:DJZB→RD2 1-2→DBQ31-41→1DQJF1↑→2DQJ111-113→X4→ZYJ7 自动开闭器 21-11-12-42→电动机定子线圈 2。C 相:DJZC→RD3 1-2→DBQ51-61→1DQJF2↑→2DQJ121-123→X3→ZYJ7 自动开闭器 23-13-14→ZYJ7 遮断器 2-1→ZYJ7 自动开闭器 25-35→电动机定子线圈 3。定位向反位续转电路。A 相:DJZA→RD1 1-2→DBQ11-21→1DQJ1↑→X1→电动机定子线圈 1。B 相:DJZB→RD2 1-2→DBQ31-41→1DQJF1↑→2DQJ111-113→X4→ZYJ7 自动开闭器 21-22→SH6 21-11-12-42→电动机定子线圈 2。C 相:DJZC→RD3 1-2→DBQ51-61→1DQJF2↑→2DQJ121-123→X3→ZYJ7 自动开闭器 23-24-45-46→SH6 自动开闭器 23-13-14-44→ZYJ7 自动开闭器 44-14→遮断器 2-1→自动开闭器 25-35→电动机定子线圈 3。反位向定位转动(X1、X2、X5 工作)。A 相:DJZA→RD1 1-2→DBQ11-21→1DQJ1↑→X1→电动机定子线圈 1。B 相:DJZB→RD2 1-2→DBQ31-41→1DQJF1↑→2DQJ111-112→X2→ZYJ7 自动开闭器 43-44→14→ZYJ7 遮断器 2-1→ZYJ7 自动开闭器 25-35→电动机定子线圈 3。C 相:DJZC→RD3 1-2→DBQ51-61→1DQJF2↑→2DQJ121-122→X5→ZYJ7 自动开闭器 41-42→电动机定子线圈 2。反位向定位续转电路。A 相:DJZA→RD1 1-2→DBQ11-21→1DQJ1↑→X1→电动机定子线圈 1。B 相:DJZB→RD2 1-2→DBQ31-41→1DQJF1↑→2DQJ111-112→X2→ZYJ7 自动开闭器 43-33-34-15-16→SH6 自动开闭器 43-44→ZYJ7 自动开闭器 44-14→遮断器 2-1→自动开闭器 25-35→电动机定子线圈 3。C 相:DJZC→RD3 1-2→DBQ51-61→1DQJF2↑→2DQJ121-122→X5→ZYJ7 自动开闭器 41-31-32→SH6 自动开闭器 41-42-→电动机定子线圈 2。

②表示电路。定位。继电器支路:BB3→R1 1-2→1DQJ2↓→2DQJ131-132→DBJ4-1→X4→ZYJ7 自动开闭器 21-11-12-42→电动机定子线圈 2→电动机定子中心连接点→电动机定子线圈 1→X1→1DQJ1↓→BB4。二极管支路:2DQJ131-132→1DQJF1↓→2DQJ111-112→X2→ZYJ7 自动开闭器 33-34→

15－16→SH6 自动开闭器 43－33－34－15－16→Z1－2→R1－2→SH6 自动开闭器 35－36→ZYJ7 自动开闭器 36－35→电动机定子线圈 3。反位。继电器支路：BB3→R1 1－2→1DQJ2↓→2DQJ133→FBJ1－4→X5→ZYJ7 自动开闭器 41－42 电动机定子线圈 2→电动机定子中心连接点→电动机定子线圈 1→X1→1DQJ1↓→BB4。二极管支路：2DQJ133→1DQJF2↓→2DQJ121－123→X3→ZYJ7 自动开闭器 23－24→45－46→SH6 自动开闭器 23－24－45－46→R2－1→Z2－1→SH6 自动开闭器 25－26→ZYJ7 自动开闭器 26－25－35→电动机定子线圈 3。

二、利用动作曲线分析存在问题

1. 正常曲线含义

(1)功率采集。如图 4－2－5 所示，电流传感器采集断相保护器(DBQ)的 21、41、61 三条输出线上的电流，功率采集单元同时采集断相保护器 11、31、51 上的三相电压，开关量采集器记录动作时间。功率采集单元的计算电路，随时将采集到的电压、电流换算成即时功率，编码后通过 485 总线上传给通信接口分机，汇总后由监测终端机变换为图形输出，如图 4－2－6 所示。图形描绘电液转辙道岔尖轨解锁、转换、锁闭过程中，电动机功率随时间变化情况。道岔尖轨正常解锁、转换、锁闭的动作曲线，呈现三条相对平滑、基本重合的曲线。曲线由三段组成，0.5 s 内曲线，称这段曲线为“启动段”；0.5～8 s 之间曲线，称这段曲线为“转换、锁闭段”；8 s 至结束之间曲线，称这段曲线为“延续段”。

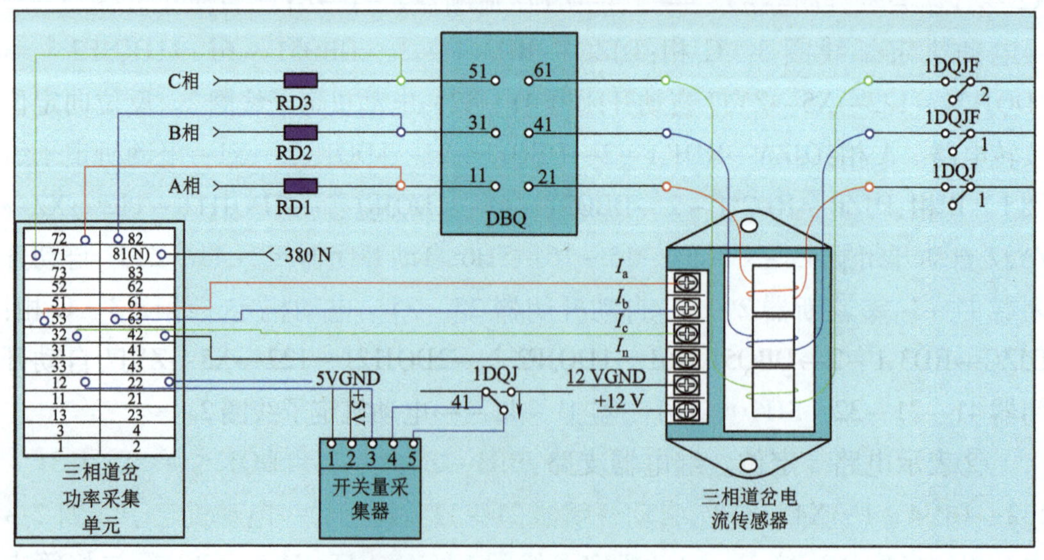

图 4－2－5　功率采集电路

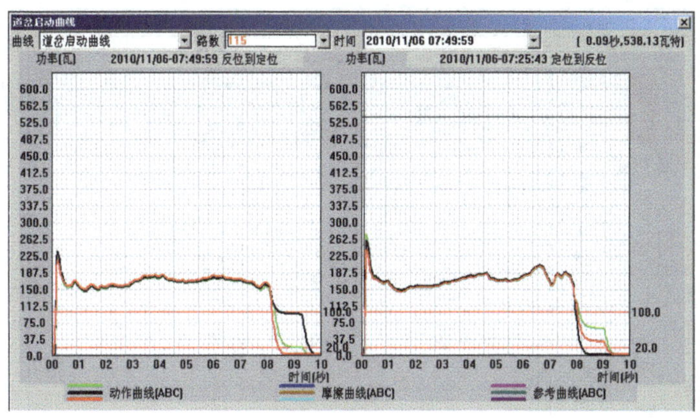

图 4－2－6　ZYJ7、SH6 一机一站正常转换动作曲线

(2)启动段启动峰值。电动机定子线圈在通电瞬间表现出较小的静态电阻,电动机启动电路在接通的瞬间,电路里的电流迅速增大。随电流迅速增大,电动机的电功率也迅速增大。之后在较短的时间内电动机的定子线圈表现出较大的交流电阻,电路中的电流下降,出现一段启动波峰。

(3)转换、锁闭段波浪形曲线。电液转辙道岔尖轨和电动机之间以液压的形式“连接”,是一种相对“连接”,液压增大,尖轨向前移动一段,尖轨移动中液压变小,在电动机继续转动中液压再累积增大,尖轨再向前移动一段,如同一个人推另一个人,推一下,前面的人向前移动一段,后边的人再推一下,前面的人再向前移动一段一样,电动机输出功率不断释放、又不断累积,呈现出波浪变化图形。波浪中心线幅值为转换中电动机的输出功率幅值,一般不超过 200 W,大于 200 W 时,要对道岔尖轨及其附件、锁闭装置进行整治,保证道岔尖轨转换顺畅。

(4)尾段不重合曲线。在曲线的末尾段出现两相电流下降延续归零曲线,造成曲线下降延续归零是由于在主机、转换站转换到位进入锁闭后,主机、转换站动接点换位与原静接点断开到 1DQJ 缓放(大约 0.5 ~0.6 s)落下这段时间里,三相电中的其中两相被二极管旁路形成电流,1DQJ 落下切断该电路,相电流才终止。“下降台阶”是由于二极管支路中串接电阻,使电路中的电流变小缘故。二极管旁路电路如图 4－2－7 所示,图中蓝色线为定位向反位转动二极管支路形成的旁路电路,绿色线为反位向定位转动二极管支路形成的旁路电路。如果断开二极管支路操纵道岔,采集到的三条曲线就是迅速完全重合归零的曲线,如图 4－2－8 所示。

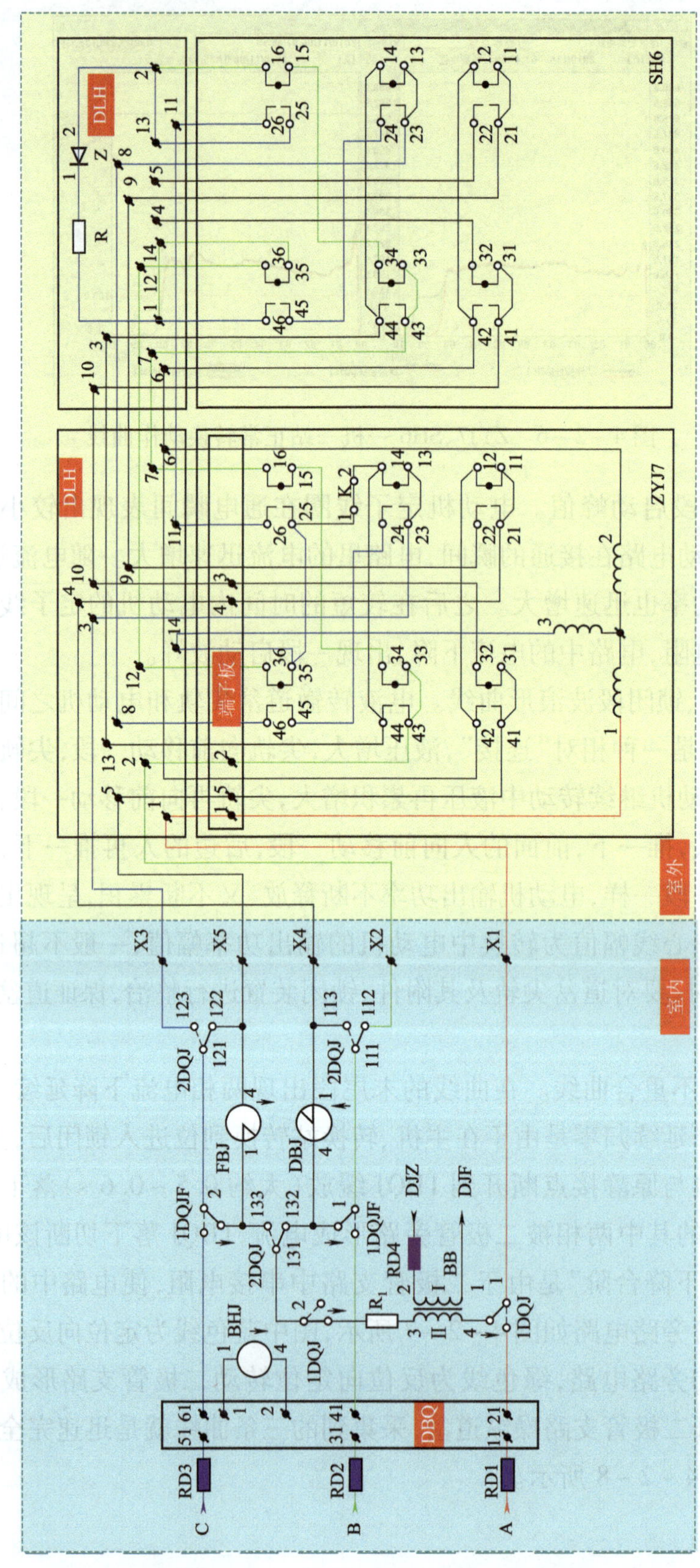

图 4－2－7　二极管支路构成的旁路电路

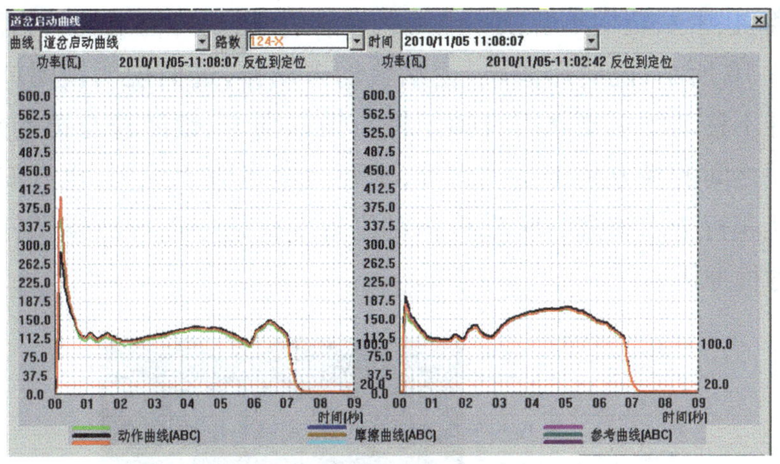

图 4－2－8　断开二极管支路操纵道岔动作曲线

2. 异常曲线分析

(1)尖轨转换受阻。尖轨解锁、转换受阻后,曲线表现为溢流形态,即曲线表现为功率幅值较大的一段“水平”曲线,如图 4－2－9 所示。这种曲线有以下五种情况。一是斥离轨、密贴轨均不解锁,二是密贴轨不解锁,三是尖轨转换受到抵抗,四是新密贴轨不锁闭,五是新斥离轨不到位。由于分动外锁闭道岔尖轨的解锁、转换、锁闭具有阶段性特点,即斥离轨解锁、密贴轨解锁、斥离轨密贴轨转换、新密贴轨锁闭、新斥离轨锁闭,分别是道岔转换中五个相对独立的阶段,锁闭杆受阻的对象有所不同,造成尖轨受阻的时间、原因也各不相同。所以判定、区分、确定属于这五种情况的哪一种,对于查找锁闭杆受阻的原因来说,显得尤为重要。溢流形态呈现的起始时间,准确反映锁闭杆受到的阻力由哪种情况造成,可以通过溢流形态呈现时间来判断受阻情况。

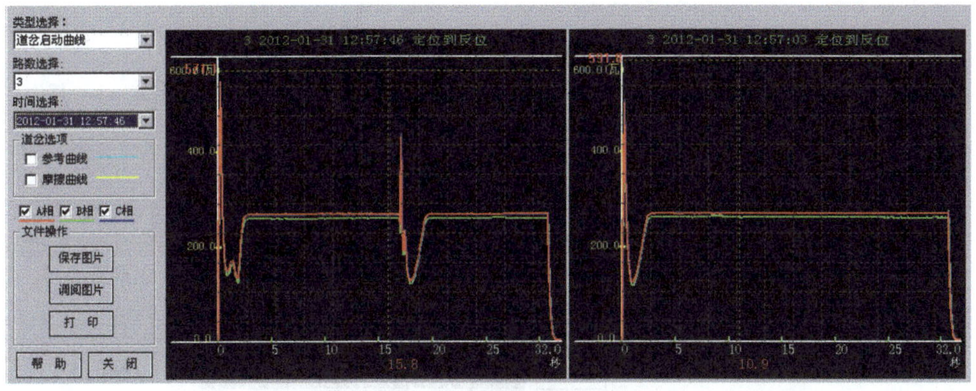

图 4－2－9　尖轨转换受阻曲线

①斥离轨、密贴轨均不解锁。电动机启动后，启动峰值迅速转为溢流形态，如图4-2-10所示，说明斥离轨、密贴轨均未动作，进而说明锁闭杆卡阻不移动。锁闭杆不移动的主要原因有锁闭杆与锁框别卡、锁闭杆与锁钩别卡、斥离轨与限位铁之间的弹力大于溢流力等，主要为电务方面原因，也有安装转辙机一侧基本轨爬行造成锁框和转辙机相对位置变化超限而导致锁闭杆与锁框别卡的工务方面原因。

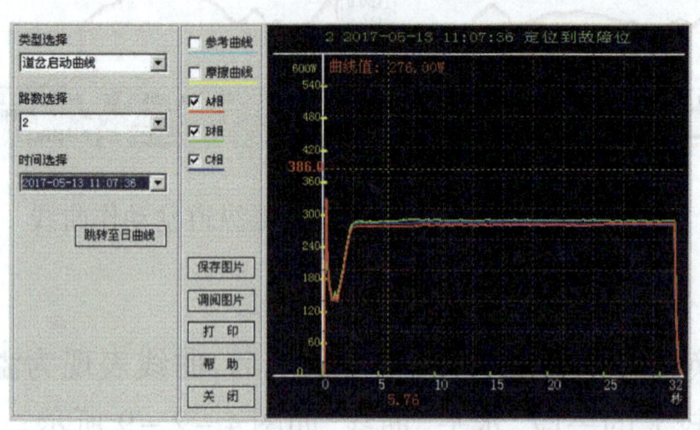

图4-2-10 斥离轨、密贴轨不解锁溢流曲线

②密贴轨不解锁。电动机启动后，启动峰值下降为正常形态后很快呈现为溢流形态，如图4-2-11所示，反映锁闭杆移动后又被卡阻，说明斥离轨解锁、移动正常，密贴轨不解锁。锁闭杆移动后又被卡阻的主要原因有锁闭杆与锁钩别卡、密贴尖轨密贴力大于溢流力、尖轨反弹弓腰造成卡阻等。在重载运输区段，基本轨固定不良，经常会出现基本轨随车轮碾压而摆动现象，特别是曲基本轨，更容易随重载车轮摆动而摆动，使基本轨内移，造成尖轨密贴力大而不解锁。道岔卡缺口多数也由于基本轨摆动内移造成。

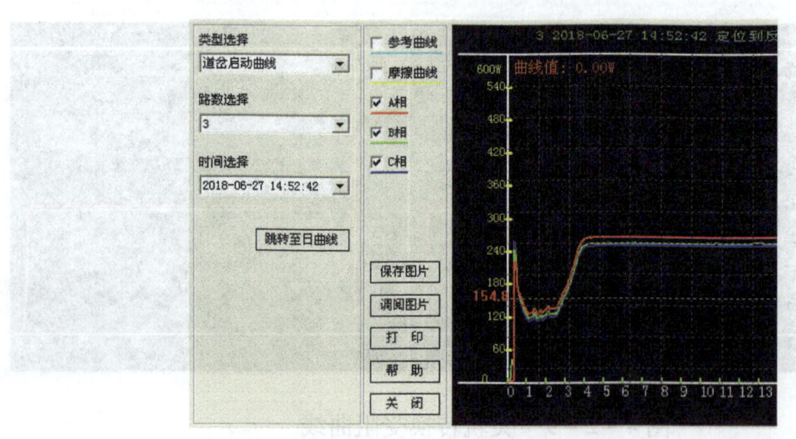

图4-2-11 密贴轨不解锁溢流曲线

③尖轨转换受到抵抗。电动机启动后，启动峰值下降为正常形态，一段时间后呈现出溢流形态，如图4－2－12所示，说明斥离轨、密贴轨移动正常后受阻，抵抗力大于溢流力，锁闭杆停止移动。造成转换过程中锁闭杆停止移动的主要原因有滑床板严重锈蚀、空吊、倾斜、尖轨与基本轨间夹物（多数为道砟）等，偶尔也有锁闭杆与锁框别卡、锁闭杆与新密贴轨锁钩别卡问题。

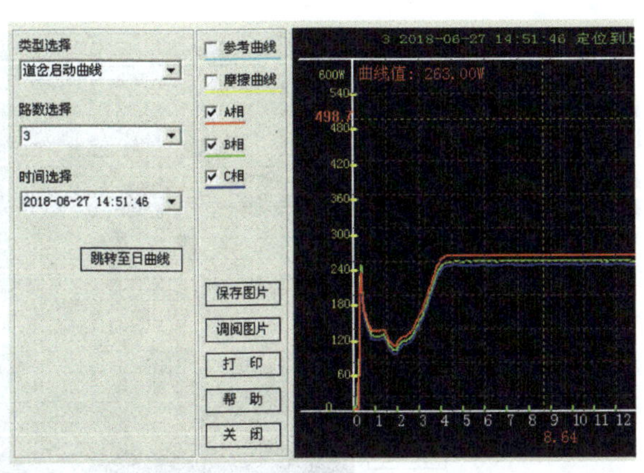

图4－2－12　尖轨转换受阻溢流曲线

④新密贴轨不锁闭。正常转换到7～8 s时刻呈现出溢流形态，如图4－2－13所示，说明新密贴轨不锁闭，锁闭力大于溢流力，锁闭杆停止移动。造成新密贴轨不锁闭主要原因有尖轨与基本轨间夹物（多数为道砟、冰雪）、密贴力太大（调整片太多，俗称道岔太紧）、道岔使用过程中基本轨固定不良造成基本轨里外摆动位移，尖轨和基本轨相对距离变小（转换后尖轨不锁闭的多数情况属于这种情形，如果变化量在尖轨锁闭允许范围内时，则可能表现为“卡缺口”）等，偶尔也有锁闭杆与锁框别卡、锁闭杆与新密贴轨锁钩别卡问题。

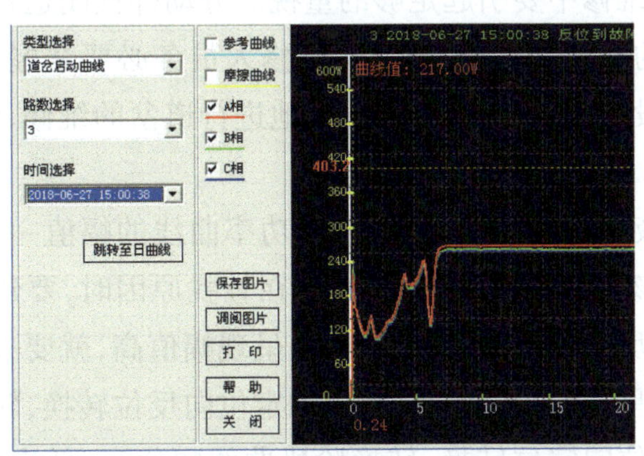

图4－2－13　新密贴尖轨不锁闭溢流曲线

⑤新斥离轨不到位。新斥离轨不到位的动作曲线和新密贴轨不锁闭曲线基本相同，也是在转换的7～8 s时刻呈现出溢流形态，如图4－2－14所示。由于新密贴轨不锁闭的情况极少发生，在维修、使用中一般被忽略。造成新斥离轨不到位主要原因有新位置限位铁位置不当，造成锁闭杆动程不够（俗称限位铁卡阻）、新斥离轨与滑床板固定螺丝间夹物、锁闭杆与新密贴轨锁钩别卡等。

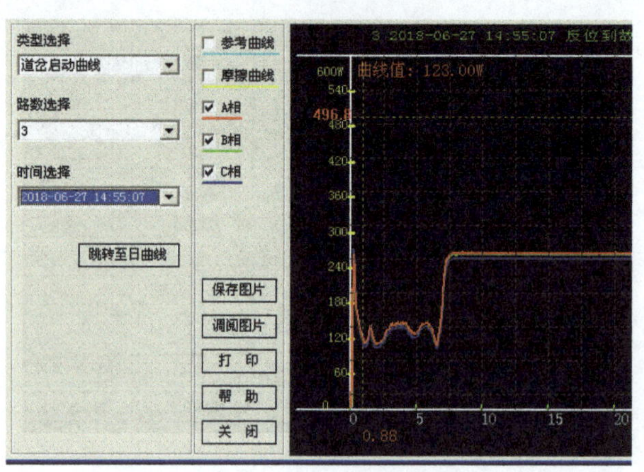

图4－2－14　新斥离尖轨不锁闭溢流曲线

上述尖轨解锁、转换、锁闭均包含尖轨尖端牵引点和第二牵引点。

上述六幅图中曲线30 s后归零，均由于断相保护器（DBQ-S）内部延时电路在电动机转动30 s后停止输出直流22～24 V电源，BHJ落下，切断1DQJ自闭电路，电动机转动电路失电，电动机停转；或者使用无延时DBQ断相保护器，等待TJ延时30 s吸起，切断1DQJ自闭电路，电动机转动电路失电，电动机停转。

（2）尖轨转换困难。道岔尖轨转换困难是维修中最常见的问题，是道岔转换故障的前兆，在维修中要引起足够的重视。分动外锁闭道岔尖轨的转换和框架结构一体尖轨的转换有本质的区别，维修人员务必要掌握其内在特点，掌握好动作曲线各时段的含义，才能有针对性地进行道岔的维修、整治，才能完成压缩道岔故障任务。

一机一站电液转辙道岔转换过程中，功率曲线的幅值一般不超过200 W，超过200 W就应该查找原因，进行整治。在查找原因时，要建立对比分析的逻辑思想，如定位向反位转换，解锁阶段曲线呈现幅值高，就要查看反位向定位转换，锁闭阶段曲线呈现的幅值怎么样；再如定位向反位转换，转换阶段曲线呈现幅值高，就要用反位向定位转换，转换阶段曲线幅值高、低来印证。定、反位反复操纵道岔，反复比较，可以捕捉到较准确的信息。如图4－2－15所示曲线，定位向反位转换道岔，锁闭阶段曲线幅值较高，查看反位向定位曲线，发现解锁阶段曲线的幅值也较高，如图4－2－16所示，说明直尖轨和曲基本轨之间自然密合困难，要查找尖轨为什么与基本轨密合困难方面的原因，是基本轨位置不正确还是基本轨曲度不合适，是尖轨竖切不良还是顶铁顶住尖轨靠不到位，一点一点排查，准确解决问题。再如图4－2－17所示曲线，定位向反位转换道岔，转换阶段曲线幅值高，查看反位向定位曲线，转换阶段的幅值正常，如图4－2－18所示，说明不存在例如锁闭杆与锁钩、锁框造成双位转换卡阻的共同问题。通过比对，重点检查曲尖轨下滑床板，滑床板"翘头"，造成尖轨定位向反位换位时，尖轨爬坡受阻，阻力逐渐增大，动作曲线幅值增高。

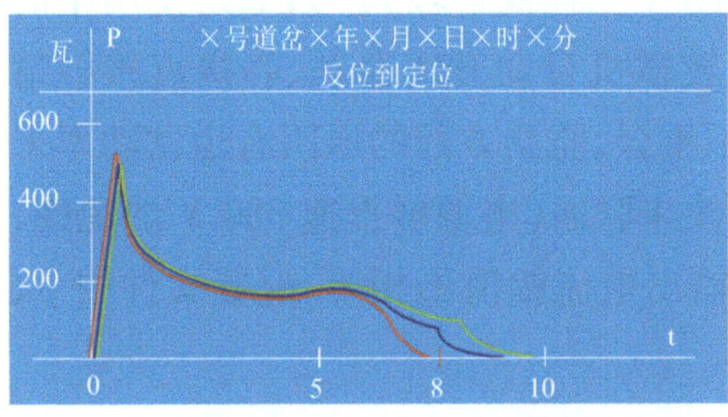

图4－2－15　定到反锁闭困难曲线

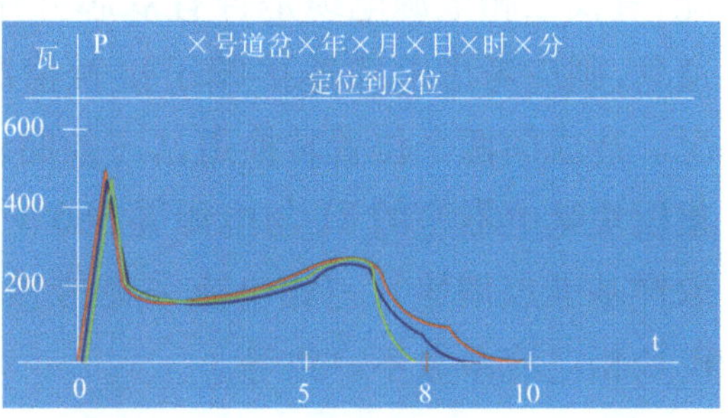

图4－2－16　反到定解锁困难曲线

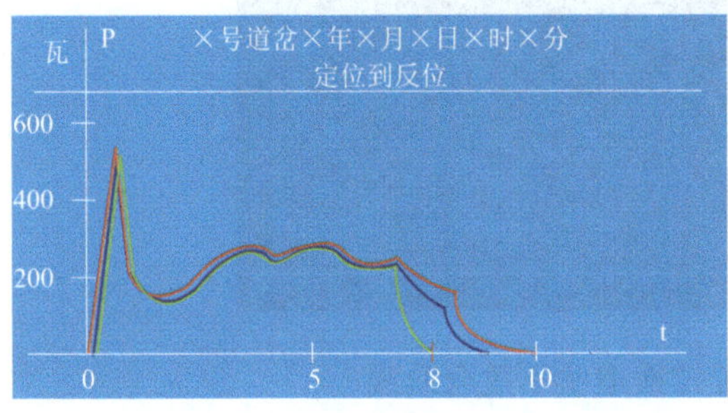

图4－2－17　定位到反位转换困难曲线

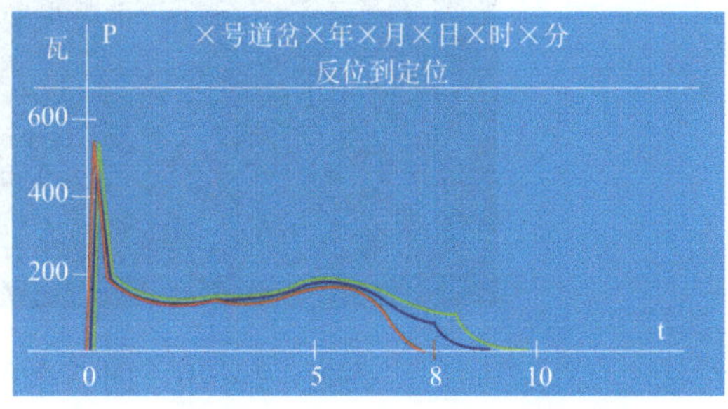

图4－2－18　反位到定位转换正常曲线

（3）断相保护器（DBQ）故障。曲线上升后迅速下降归零，如图4－2－19所示，说明断相保护器故障，在电动机启动瞬间，BHJ不吸起，1DQJ自闭电路不通，1DQJ缓放后落下，切断电动机三相电源，电动机停转。电动机转动电路混线，造成启动

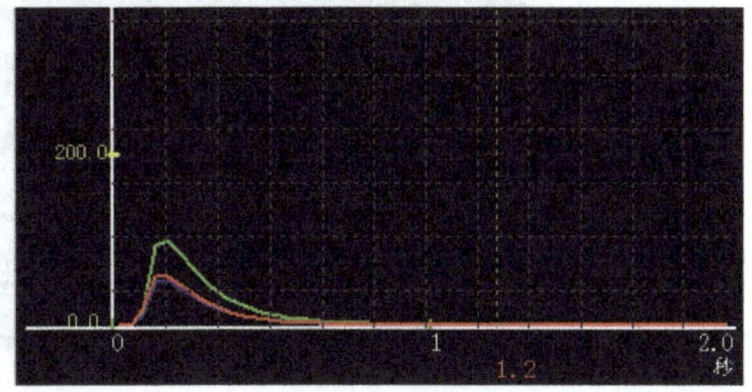

图4－2－19　DBQ故障动作曲线

电路的熔断器熔断，曲线形态与图 4 – 2 – 19 曲线形态相同，不同的是启动峰值比图 4 – 2 – 19 显示峰值大一些。

（4）曲线不重合。图 4 – 2 – 20 中反位到定位三条曲线重合，定位到反位三条曲线不重合，说明定位到反位的两相供电电路中的电阻值升高，造成电路里的电流下降。电路中的电阻增加的原因大致有电缆连接端子接触不良、转辙机自动开闭器动、静接点接触电阻增大、电缆线路中分布电容增加等，重点检查接点接触情况。向两个位置转换道岔，曲线不重合，如图 4 – 2 – 21 所示，排除监测问题，说明三相供电电路中的电流在向两个位置转换时不相等，进而说明三相电路的电阻值不相等。如果是刚开通使用的道岔，则应考虑电缆的使用情况，查找三相电源电缆是否有双芯并用情况（全程或一段）。如果是使用中的道岔，则应考虑电缆连接端子接触情况、转辙机自动开闭器动、静接点接触情况。造成向两个位置转换道岔三条曲线不重合，监测方面的原因有道岔功率采集模块继电器座的 81 与电源屏 380 V 地线未联通（电源屏提速 380 V 的地线，取样基准点偏移）、三相电流采集传感器输出电流幅值不相等、配置文件中 A、B、C 相电流系数不一致等。

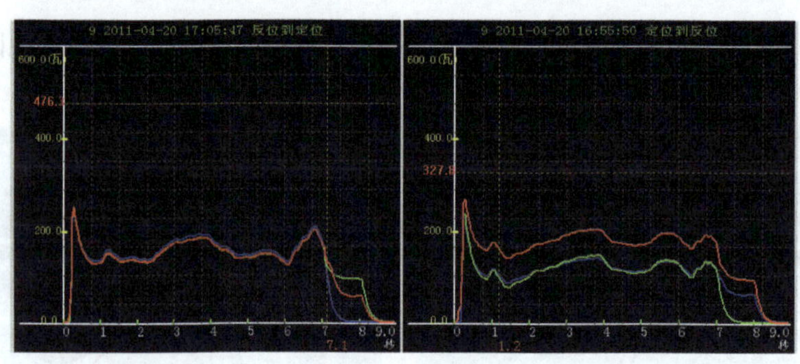

图 4 – 2 – 20　向一个位置转换道岔不重合曲线

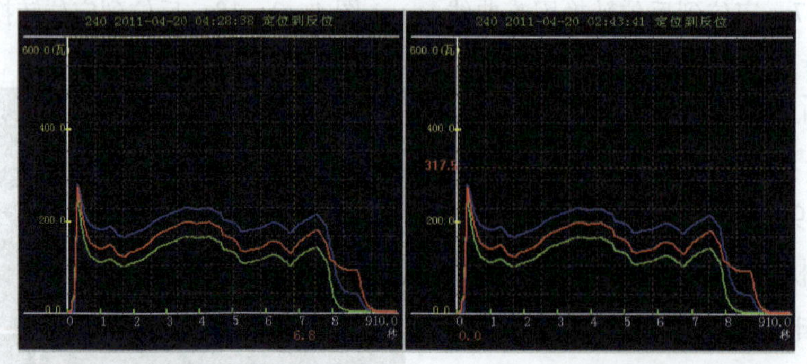

图 4 – 2 – 21　向两个位置转换道岔不重合曲线

(5)两相尖峰。图 4－2－22 所示,在较短的时间内呈现峰值非常大的两相曲线,是由于在转辙机遮断器断开的情况下转动道岔造成。这种情况在维修中,由于室内、外维修人员配合不好,经常发生。遮断器断开转动道岔,相当于三相供电的一相断路,在道岔启动的瞬间,电源电压全部加载在电动机的两个线圈上,在两个线圈上瞬间产生大电流。这种情况对电动机的使用有害,经常发生会反复冲击线圈的绝缘性能,降低电动机使用寿命。在维修中,室内、外维修人员要配合好,转动道岔要把遮断器闭合良好后进行。如果在非维修时发生这种情况,导致道岔转换故障,要查找道岔启动电路一相断路故障。

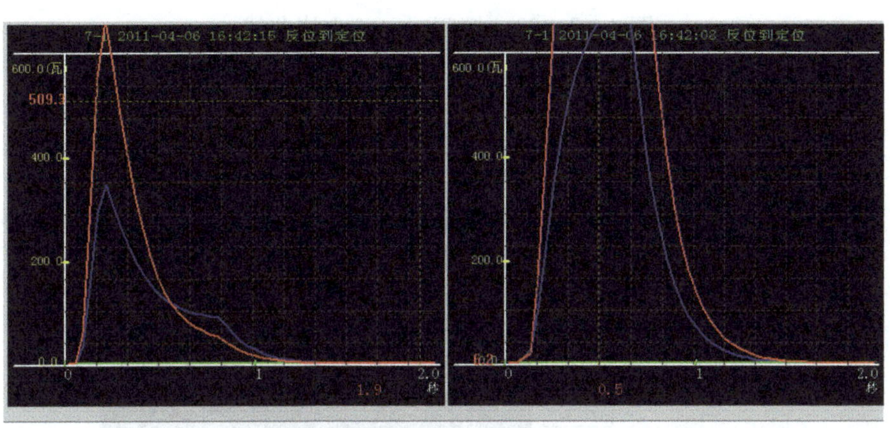

图 4－2－22　两相尖峰曲线

(6)锁闭中一相尖峰曲线。如图 4－2－23 所示,转辙机锁闭时一相曲线呈现尖峰,说明在锁闭时电动机两相电源断电或电路中的电阻增大。由于 ZYJ7、SH6 转换尖轨的结束时间不相同是常态,所以控制电路设置了续转电路,在 SH6 转换晚于 ZYJ7 结束时,由 ZYJ7 的新位动、静接点和 SH6 原位动、静接点接通转辙机续转电路,ZYJ7 电动机继续转动,继续为 SH6 提供动力,保证 SH6 转换到位。曲线在锁闭时出现一相尖峰,说明续转电路的另两相电路中的电阻增加,造成电阻增加的原因有转辙机自动开闭器接点接触不良、主机和转换站之间电缆连接端子接触不良等。图 4－2－23 的右幅图形没有峰值,说明 ZYJ7 到 SH6 之间的电缆配线连接良好,进而说明 ZYJ7、SH6 自动开闭器接点接触不良。

(7)检查柱卡缺口。如图 4－2－24 所示,尖轨转换完毕,没有尾部三条台阶曲线,说明二极管构成的旁路电路(图 4－2－8 所示)没有接通,电动机动作电路是自动开闭器接点切断的,间接说明自动开闭器动接点没有换位到位,一般可以认定为检查柱卡缺口。

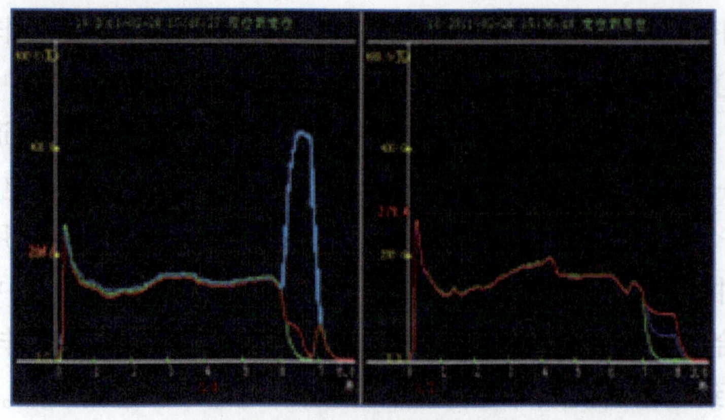

图 4-2-23　锁闭时一相尖峰曲线

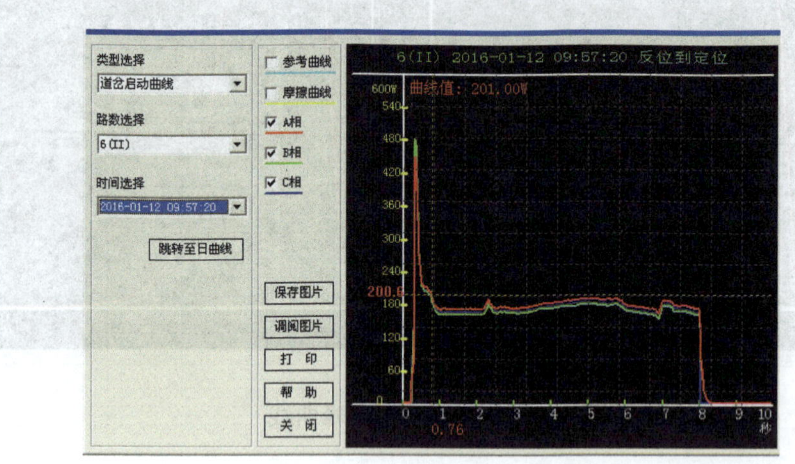

图 4-2-24　道岔卡缺口动作曲线

三、故障处理

使用中，习惯地把电液转辙道岔的故障分为机械故障和电气故障。事实上机械故障最终表现为自动开闭器断开、道岔表示电路不通，从这个意义上讲，机械故障最终属于电气故障，是电气故障的延伸，是电气故障的组成部分。在处理电液转辙道岔故障时，把机械故障视作电路不通来考虑，沿着电路不通思路，逐步分析、判断、推理是最正确的逻辑分析方法，不会造成故障处理中的逻辑遗漏，在事后分析中留有遗憾。

电液转辙道岔发生的故障中，机械卡组故障占绝大多数，占比大约在 90% 以上，电气故障占比较低，大约在 10% 左右。

机械故障主要表现为尖轨受阻和卡缺口。电气故障表现为连接线路断线、短路，器材故障等。

处理 ZYJ7、SH6 一机一站电液转辙道岔电气故障，首先要熟练掌握电路原理、电路结构、电路特点，其次要分析比对电气参数，作出准确的逻辑判断。否则故障处理将杂乱无章、茫无头绪，故障处理必然失败。

ZYJ7、SH6 一机一站电液转辙道岔控制电路采用五线制控制电路，电路较复杂。从电路结构来看，电路分为三层。第一层为继电器控制电路，由 1DQJ、2DQJ 组成，1DQJ 记录操作道岔手续，2DQJ 决定转辙机是否启动。第二层为电动机转动电路，由熔断器、断相保护器、电动机、自动开闭器接点、室内外连接电线路（包括电缆）、供电电源组成。供电电源通过熔断器接入到断相保护器内，经过 1DQJ、2DQJ 继电器接点、连接电线路、自动开闭器接点接向电动机。第三层为道岔位置表示电路，电路由自动开闭器接点控制，设置表示继电器、整流元件、熔断器、限流器。从电路特点来看，电路具有两个特点，第一个特点是电缆共用，由于电动机转动电路和道岔位置表示电路不在同一时刻工作，为减少电缆使用芯数，降低建设成本提供了条件，在设计道岔控制电路时，将电动机转动电路和道岔表示电路使用的电缆进行了合并，由 12 条电缆合并成 5 条；第二个特点是表示电路采用并联结构，为了检查电动机定子线圈在静态时的状况，设计了并联结构表示电路。

在处理电气故障时，首先要从结构上分析、判定三层电路中的哪一层发生问题，利用测量手段查找故障点，采取相应方法恢复故障。其次要充分利用电路的特点分析、判断故障，一是电缆合用，使电路交织在一起，增添了分析、测量、判定难度，但同时也为排他分析创造了条件，可以充分利用电缆合用的特点进行排他分析。如 1 号电缆，既是电动机转动电路的共用线，又是定反位表示的共用线，如果道岔发生既不能转动、又失去表示故障，可以肯定地推理为 1 号电缆断线。再如，定位表示电路使用 1、2、4 号电缆，道岔定位失去表示，无须考虑 3、5 号电缆问题，进而可以推断整条电缆发生问题的概率下降到极低。二是表示电路为并联设计，继电器、二极管各成独立电路，并分别检查电动机定子线圈的完整性，所以可以采用转动电动机的方法，查阅集中监测曲线，查找三相功率存在、缺失的方法，判定并联支路的哪一条电路发生故障。

依据故障现象，一机一站（从电路上看，相当于一点牵引）电液转辙道岔故障归纳为两类：一是转辙机不启动或转换不到位，二是道岔无表示。下面分别叙述故障分析、判断方法。

1. 电动机不启动或转换不到位

分析电路结构得出，电动机不启动有三个方面原因，一是 1DQJ 不励磁，二是2DQJ不转极,三是电动机转动电路故障。处理电动机不启动故障首先要判定1DQJ是否励磁、2DQJ是否转极,其次查找电动机转动电路故障;电动机转动,尖轨转换不到位为机械卡阻,原因有溢流压力降低、尖轨不解锁、尖轨换位受阻、尖轨到位不锁闭。

(1)电动机不启动原因分析、查找处理

第一步,判定1DQJ是否励磁(1DQJ不常发生故障)。

控制台设置了道岔定、反位表示灯(定位绿色、反位黄色)和电流表。利用表示灯和电流表判断1DQJ、2DQJ是否动作,是比较直观而有效的方法。电路正常动作顺序为操作转辙机转动(分为单独、进路、带动操作三种),1DQJ吸起,切断道岔原位置表示电路,原位置表示继电器落下。利用这个逻辑对应关系,在操作转辙机转动时,观察原位置表示灯是否灭灯,来判明1DQJ是否励磁。

操纵转辙机转动时,如果原位置表示灯不灭灯,道岔原位置表示继电器没有落下,进而说明1DQJ没有励磁。在操纵道岔的同时测量1DQJ线圈上有无24 V直流电压,再用借电法测量线圈上缺少正电还是负电,最后用步进电压法查找故障点。造成1DQJ不励磁的原因多数为继电器故障或继电器与插座接触不良。如果表示灯灭灯,说明1DQJ已经励磁吸起。

第二步,判定2DQJ是否转极(2DQJ不常发生故障)。

电路正常动作,2DQJ转极,接通电动机转动电路,电动机转动电路中有电流流过,设于控制台上的电流表指针就会偏转。电流表偏转是2DQJ转极的充分条件,即电流表偏转,2DQJ一定转极过。利用这个逻辑关系,在操作转辙机转动时,观察电流表指针是否偏转,来判明2DQJ是否转极。

在操纵转辙机转动时,观察电流表指针,如果电流表指针不动,说明电动机转动电路没有接通(电流表故障除外),进而说明2DQJ没有转极。用电压法查找2DQJ不转极故障。造成2DQJ不转极的原因多为继电器卡阻或继电器与插座接触不良。如果电流表有偏转,说明电动机转动电路被接通过,进而说明2DQJ已经转极。

操作转辙机转动后,电流表指针偏转有两种情况,一种为瞬时摆动回位;一种为摆动到较大角度停动,一段时间后回位。

第一种情形又分为两种情况。一是电动机转动电路断路,2DQJ转极接通转动电路瞬时,在电动机转动电路里瞬间形成浪涌电流,由于此时转动电路处在断路状态,电路中的浪涌电流迅速终止,所以电流表瞬时摆动后迅速回位。二是电动机转动电路短路,此时电路中的电阻降低,电路中会形成较大电流,电流表指针偏转幅度较大，但由于电路设计了熔断保护，当电路中的电流超过正常值1.5倍后，熔断器断路→电路中的断相保护器迫使BHJ落下→切断1DQJ自闭电路→1DQJ落下→切断电动机转动电路→转动电路中电流消失→电流表指针回位，电流表指针偏转的时间为熔断器熔断时间、BHJ转换时间、1DQJ缓放时间之和，时间较短，但感觉较强烈。

第二种情形为电路已经正常工作，电路中的电流为三相交流电流之和，一般约为2～3 A。不论是哪种情形，2DQJ转极，电动机转动电路中都有电流流过，电流表指针都偏转，因而，只要电流表指针偏转，不论偏转幅度多大、偏转时间多长，均能得出2DQJ已转极结论。

电流表不偏转是2DQJ未转极的必要条件，即电流表不偏转，2DQJ不一定未转极，但就电动机转动电路和电流表偏转两个事物来看，我们更关注电动机是否转动，所以还可以用电动机转动来印证2DQJ是否转极。所以可以将电流表不偏转与2DQJ不转极作简单逻辑对应。

处理1DQJ、2DQJ另一个直观的方法是在操作转辙机转动时，观察继电器动作状态或听继电器衔铁吸合金属撞击声，但这种方法需要两人以上配合。事实上，对于完全掌握电路原理的专业技术人员来说，观察表示灯、电流表的变化更直接。但在利用观察电流表、表示灯变化判定故障时，要向定、反位交替操作道岔，否则2DQJ保位后，电路将处于“死路”状态，继续向欲转动位操作道岔，电路将不再动作。

在查找故障时，从故障发生的概率来说，由于1DQJ、2DQJ发生的概率极小，可以考虑绕过1DQJ、2DQJ故障判断、查找，直接跨入到第三步来处理故障，但处理人员一定要在操作道岔转换过程中快速观察道岔表示灯状态、电流表状态，迅速判明1DQJ、2DQJ的工作状况。

第三步，判定电动机转动电路故障性质。

在操纵转辙机转动时，观察电流表指针，如果电流表指针小幅偏转并迅速回位，说明电动机转动电路断路；如果电流表指针在“短”时间内大幅度偏转并回位，再操纵道岔电流表不偏转，说明电动机转动电路短路（已将熔断器熔断，后续操作变为无效）；如果电流表指针偏转到摩擦电流值后延续30 s回位，说明尖轨在位移中受阻或尖轨密贴后转辙机不锁闭，尖轨转换不到位，属于机械卡阻故障。

①断路故障查找（故障不常见）。电流表指针小幅偏转并迅速回位，说明电动机转动电路断路，采用什么方法处理故障，仁者见仁、智者见智，这里介绍

逐点测量法和排他法。

A. 判定断线点发生在哪一条配线内。三相交流转辙机控制电路把10个独立的电气回路合并,由五条线承担启动、表示电路接通任务,五条线中的每一条线至少承担两项工作任务。这样的电路结构特点,提供了用“完成任务情况”判定电路运行情况的逻辑思路,将看不见的电信号转化为看得见的物理现象判定故障,既省时又省力。基于这样的逻辑思维,定、反位交替操作转辙机换位来判定故障,即要在交替操作道岔转换中,捕捉表示灯点灯情况或观察表示继电器动作情况、电流表指针偏转情况或启动继电器动作情况,通过这些物理现象来判定电路中的哪一条“线”断线(包含继电器接点、自动开闭器接点、遮断器接点)。

定位向反位转换,1、3、4线工作,道岔定位表示正常,已证明1、4线工作正常,判定只有3线断线,才能导致电动机不启动;反位向定位转换,1、2、5线工作,道岔反位表示正常,已证明1、5线工作正常,判定只有2线断线,才能导致电动机不启动。

B. 测量查找断线点。操作道岔转换后,2DQJ换位,电动机没有启动,当1DQJ缓放落下后,会形成由自动开闭器原位接点、2DQJ新位接点电路接通的非正常电路,如图4-2-25所示。向定位转动后,形成图中红色线闭合回路;向反位转动后,形成图中绿色线闭合回路。利用这两条电路,选点测量表示电源就可以确定断线点。道岔由定位向反位操作,在绿色电路中选点测量寻找表示电源(110 V),用表示电源传输到哪里来确定3线中的断线点;道岔由反位向定位操作,在红色电路中选点测量寻找表示电源(110 V),用表示电源传输到哪里来确定2线中的断线点。测量时要熟悉电缆线路的配接、电缆线路的径路,读懂电缆配线图、电缆径路图。

②短路故障查找(故障不常见)。短路故障点的查找和断路故障一样,采用何种方法因人而异,但总的原则是要便捷、实用,尽量把无形的电信号转化为有形的物理现象来推理、分析。

操作转辙机转换后,由于电路中的电流成倍增加,导致电路中的熔断器熔断,故障转化为断路故障。机械室内设有熔断器报警指示,控制台上设有熔断报警灯,所以,在操作转辙机转换后,控制台上熔断报警灯点亮(建立在熔断报警功能良好基础上,日常维护中要进行试验),先应查看相应熔断器情况。目前使用的熔断器多为空气断路开关,开关受到大电流冲击,会跳开至落下位;开关自身故障,会落到中间位。这个功能也可以作为判断道岔控制电路是否短路的一个依据（熔断器下落至中间位，应拨动至落下位，再向上拨动到闭合位）。查看熔断器后，先要将熔断器拨到闭合位，再操作转辙机转换，仍发生熔断器跳开情况，道岔控制电路存在短路。

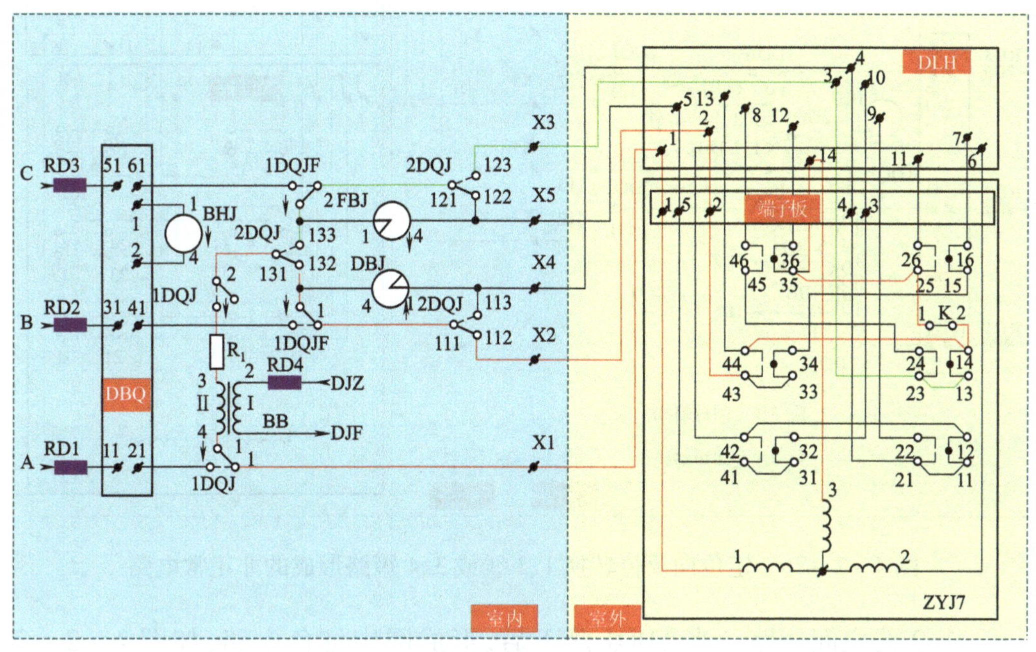

图 4－2－25　操纵道岔 2DQJ 转极后电动机不启动形成的非正常电路

定位向反位转换，1、3、4 线工作，道岔定位表示正常已证明 1、4 线工作正常，1、4 线之间不可能存在短路，所以判定 1、3 线之间或 3、4 线之间短路；反位向定位转换，1、2、5 线工作，道岔反位表示正常已证明 1、5 线工作正常，1、5 之间不可能存在短路，所以判定 1、2 线之间或 2、5 线之间短路。

A. 判断哪两条线之间短路。定位向反位转换，短路情况有 1、3 线之间短路和 3、4 线之间短路两种。反位向定位转换，短路情况有 1、2 线之间短路和 2、5 线之间短路两种。首先要把这每一种情况确定区分清楚，才能准确、快速处理故障。

· 1、3 线之间短路。当 1DQJ 落下后，形成图中绿色电路，如图 4－2－26 所示。表示电源基本上全部加载在电阻 R1 上，所以测量 R1 电阻上电压，如果电压和幅值接近表示电源幅值（交流 110 V），判定 1、3 线短路。

· 3、4 线之间短路。当 1DQJ 落下后，在绿色电路上并接蓝色电路，如图 4－2－26所示，和正常表示电路相比较，由于电动机 2、3 定子线圈被并联，电路中的总电阻略有降低，电路中的总电流有所增加，R1 上的电压有所增加，但不明显，所以测量 R1 电阻上电压（正常为交流 40 ~ 60 V），如果电压略有增加，判定 3、4 线之间短路。

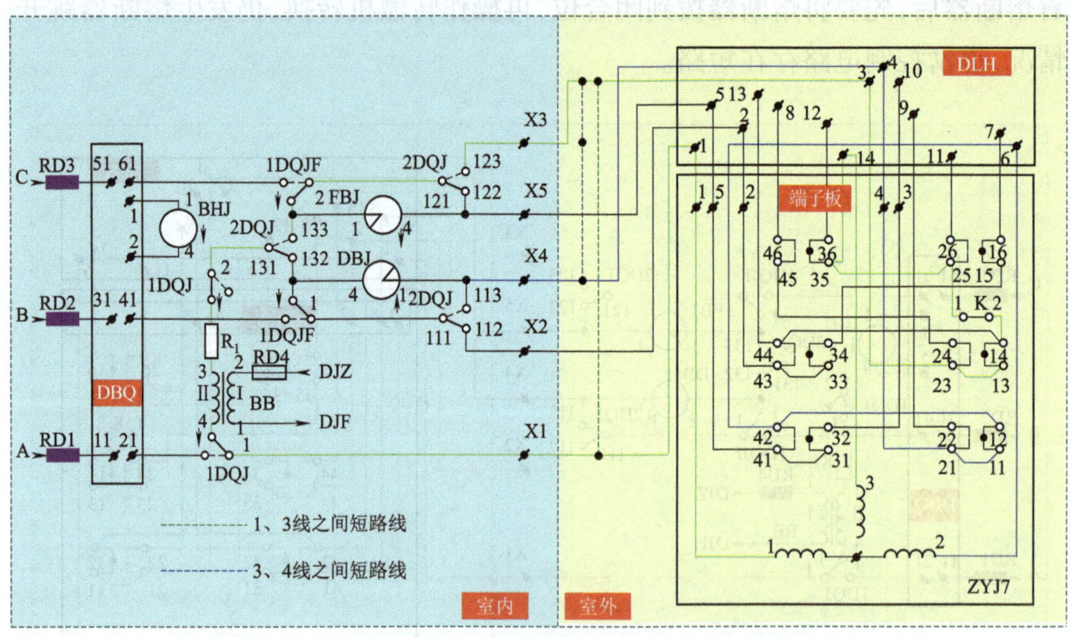

图 4-2-26　定位向反位转换 1、3 线或 3、4 短路形成的非正常电路

·1、2 线之间短路。当 1DQJ 落下后，形成图中红色电路，如图 4-2-27 所示。表示电源基本上全部加载在电阻 R1 上，所以测量 R1 电阻上电压，如果电压幅值接近表示电源幅值（交流 110 V），判定 1、2 线短路。

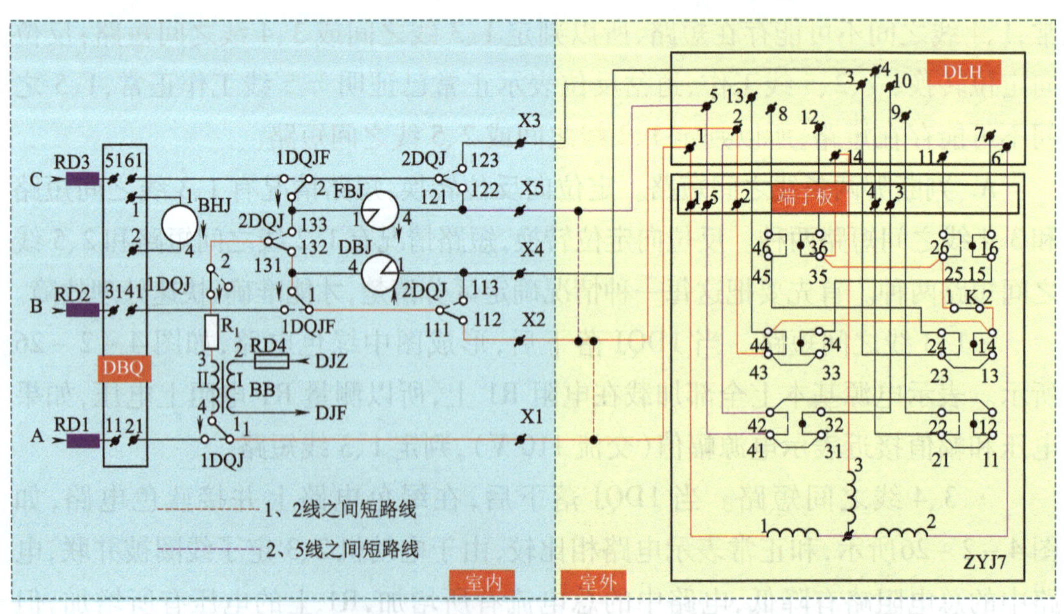

图 4-2-27　反位向定位转换 1、2 线或 2、5 短路形成的非正常电路

· 2、5 线之间短路。当 1DQJ 落下后，在红色电路上并接粉色电路，如图 4－2－27所示，和正常表示电路相比较，由于电动机 2、3 定子线圈被并联，电路中的总电阻略有降低，电路中的总电流有所增加，R1 上的电压有所增加，但不明显，所以测量 R1 电阻上电压（正常电压为交流 40～60 V），如果电压略有增加，判定 2、5 线之间短路。

B. 测量查找短路点。查找短路点要用“甩线”法，即在电路中选取容易甩线的地点，如室外分线盘端子、电缆盒端子等，将连线断开，对着电路中的“电源方向”测量，判定短路点是否在“甩开”的电路内。

（2）卡阻故障原因分析、查找处理

这种故障占比例较大，是常见故障。电动机转动 30 s 停转（观察电流表），所要转向位置的表示接不通，判定道岔控制电路不存在问题，故障性质转化为机械卡阻，属于机械故障范畴。造成机械卡阻的原因归纳为两类，一类是转辙机溢流压力下降到不足以牵引尖轨换位，一类为尖轨换位受卡阻。区分判定属于两类中的哪一类，要调阅监测数据确定。

和正常转动曲线比对，受阻曲线幅值在 200 W 以下，判定为溢流压力下降，如图 4－2－28 所示。溢流压力下降要调整溢流压力阀来提高溢流压力，调整溢流压流阀不能提升溢流压力，要检查油路是否漏油、液压油量是否不足、油路是否不畅，仍不能解决，要用撬棍撬动油缸的方法（配合撬动尖轨），转换、锁闭道岔尖轨，如图 4－2－29 所示，同时要更换油泵组或更换转辙机整机。

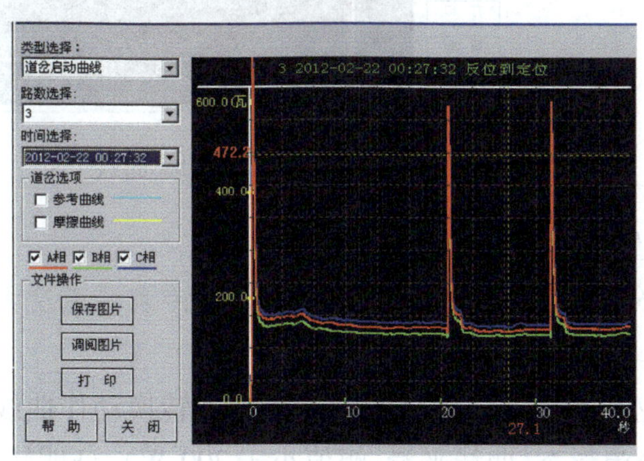

图 4－2－28 溢流压力下降尖轨不能转换曲线

和正常转动曲线比对，受阻曲线幅值在 200 W 以上，判定为尖轨转换受阻，如图 4－2－30 所示。尖轨转换受阻，属于简单机械故障，也属于常见故障，处理方法要熟练掌握。这类问题在本节利用动作曲线分析设备存在问题“异常曲线分析——(1)尖轨转换受阻”小节中,已经作了详细分析,不再叙述。在转换道岔时,反复发生转换锁闭器同一个位置不锁闭,转换锁闭器检查柱不落缺口现象,应考虑续转电路问题。造成续转电路故障的原因主要有主副机之间的电缆配线断线、主副机自动开闭器有关接点接触不良等。

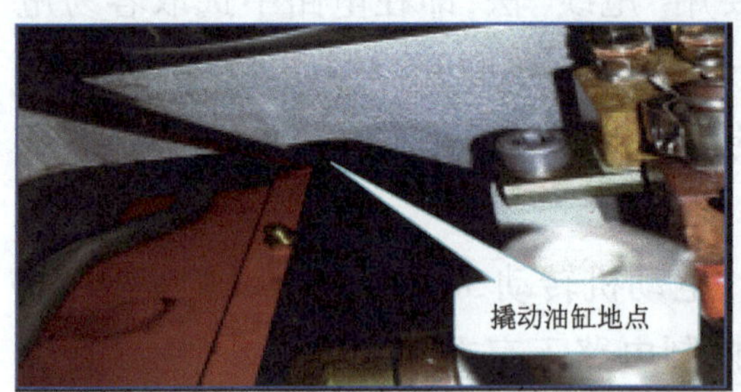

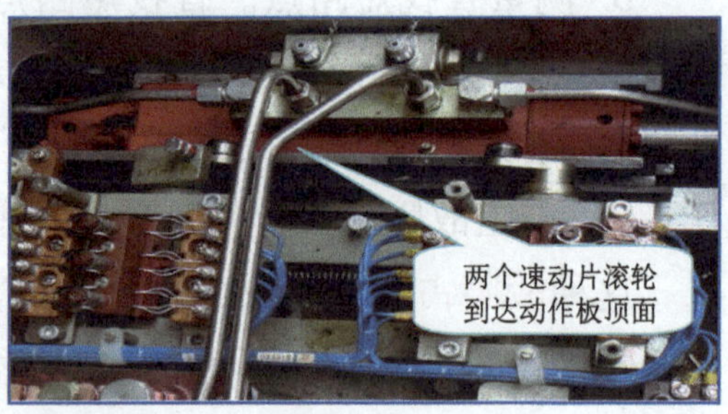

图4-2-29　撬动油缸、转辙机解锁示意图

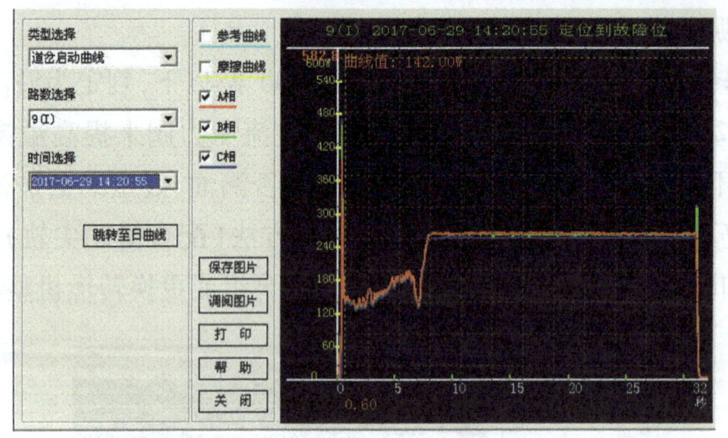

图4-2-30　尖轨转换受阻功率曲线

2. 道岔无位置表示

道岔无表示分为两种情形,一种是操作道岔转换后道岔无表示,一种是静态下道岔失表示。

(1)操作道岔转换后道岔无表示。查看道岔转换动作曲线,尖轨转换没有受到卡阻(没有溢流形态,曲线平滑、幅值小于200 W),证明转换到对向位置的启动电路正常,从而证明转换到位后使用的三条控制线中的两条工作是正常的。分析电路,此时道岔无表示,只能由另一条表示控制线断线或者新位置自动开闭器接点接不通(俗称“卡缺口”)导致。

第一步,确定控制线断线还是道岔卡缺口。用回转道岔的方法来确定道岔卡缺口还是控制线断线。

①定位向反位转换后无表示。定位向反位转换正常，证明1、3、4线工作正常，说明5线断线或道岔卡缺口。回操道岔，查看功率曲线，曲线正常即回转电路正常，说明5线正常，证明道岔卡缺口；查看回转功率曲线为两相尖峰曲线（如图4-2-22所示），证明5线断线。

②反位向定位转换后无表示。反位向定位转换正常，证明1、2、5线工作正常，说明4线断线或道岔卡缺口。回操道岔，查看功率曲线，曲线正常即回转电路正常，说明4线正常，证明道岔卡缺口；查看回转动作曲线为两相尖峰曲线（如图4-2-22所示），证明4线断线。

第二步，查找断线点或处理卡缺口问题。查找断线点要用电压法，处理卡缺口要迅速赶赴现场道岔位置察看。

①查找断线点。定位转换至反位，测量分线盘1、5线之间交流电压，反位转换至定位，测量1、4线之间交流电压，电压大约50~60 V，继续“沿着”电缆配线图指示，依次到室外第一级分线电缆盒、第二级、第三级……直至道岔终端电缆盒端子、转辙机内部自动开闭器相关接点，分别测量端子电压，确定断线点。电缆断线一般为单芯内部断线、电缆从线环根部断线或使用万可端子时电缆虚接或电缆受伤断开等，开闭器接点有调整不良接触不好、转辙机返潮导致接点结霜、注油过度机油雾化挂入接点等，采用更换备用芯线或重新配线或调整接点压力、擦拭接点处理。

②处理道岔卡缺口。携带必要工具，迅速到达现场道岔位置，查看主机、副机自动开闭器动接点位置，查找卡缺口原因。造成道岔卡缺口的原因一般有非密贴基本轨固定不良，在列车通过时，基本轨摆动变位；或者表示连接杆固定不良，转换道岔尖轨时表示连接杆“框动”；或者转辙机自动开闭器作用不良等。一是要检查确定表示连接杆固定是否良好，检查连接螺栓是否松动、表示连接杆是否受卡阻、自动开闭器连接轴转动是否灵活、拉簧作用是否良好等电务方面的原因。二是要检查确定轨距杆固定螺丝是否松动、轨撑轨距块扣件作用是否良好、滑床板与基本轨间衬铁作用是否良好等工务方面的原因。

（2）道岔在静态下失表示。道岔在静态下失表示有两种情形，一种为绝对静止时失去表示，一种为列车使用道岔失去表示。两种情形表象不同，但本质是一致的，两种情形基本都是电路断路造成。绝对静止失表示的原因多为电缆芯线断线或电缆芯线与连接端子接触不良；造成过车失表示的原因多为转辙机自动开闭器动接点从静接点内退出或密贴检查器动接点从静接点内退出。两种情形的判定方法基本一致，一种是测量分线盘电压确定故障，一种是操作道岔利用排他法确定故障。两种方法互为补充使用，故障处理会更加迅捷。

①测量分线盘电压确定故障。分别在分线盘端子测量二极管支路、继电器支路电压，依据电压的变化情况判定电缆断线情况。表示电路构成如下。

道岔定位表示工作线为1、2、4线，其中1、2线是二极管支路去回线，电路内部有表示变压器二次线圈、室内限流电阻R1(1 000 Ω)、1DQJ接点、2DQJ接点、主机自动开闭器三组1、3排闭合接点、副机自动开闭器1、3排闭合接点、二极管及限流电阻R(300 Ω)、室内外连接配线(含各级分线电缆盒、终端电缆盒接线端子)、电动机1、3线圈。1、4线是DBJ去回线，电路内有表示变压器二次线圈、室内限流电阻R1(1 000 Ω)、1DQJ接点、2DQJ接点、DBJ继电器线圈、主机自动开闭器一组1、3排闭合接点、电动机2、1线圈。

道岔反位表示工作线为1、3、5线，其中1、3线是二极管支路去回线，电路内部有表示变压器二次线圈、室内限流电阻R1(1 000 Ω)、1DQJ接点、2DQJ接点、主机自动开闭器三组2、4排闭合接点、副机自动开闭器2、4排闭合接点、二极管及限流电阻R(300 Ω)、室内外连接配线(含各级分线电缆盒、终端电缆盒接线端子)、电动机1、3线圈。1、5线是FBJ去回线，电路内有表示变压器二次线圈、室内限流电阻R1(1 000 Ω)、1DQJ接点、2DQJ接点、FBJ继电器线圈、主机自动开闭器一组2、4排闭合接点、电动机2、1线圈。

分线盘端子上分别测量表示电压，正常值为40～60 V。测量的数值要和正常值比对，观察数值的变化情况，电压升高、降低以及变化的幅值，都能作为分析电路故障的参考因素。例如，图4－2－31中绿色曲线指示继电器线圈电压110 V，继电器线圈电压和表示电压幅值相同，说明继电器线圈断线。

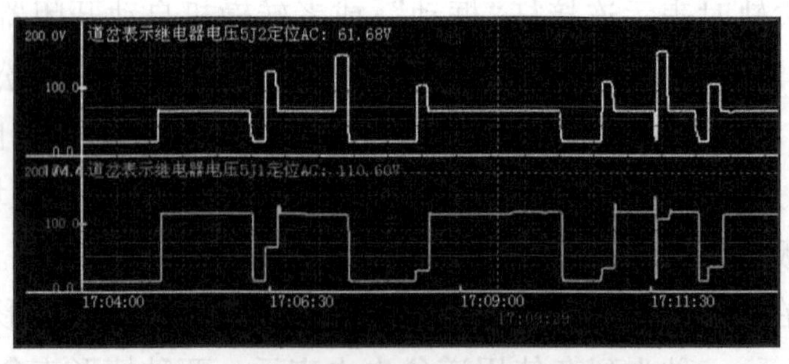

图4－2－31　继电器线圈断线监测记录数据

②操作道岔用排他法确定故障。道岔定位失去表示，向反位操作道岔，如果电动机能够启动，说明1、4线工作正常，证明DBJ继电器表示支路正常，查找

二极管支路故障即可，原因包含线路断线、接点退出等。转到反位并给出反位表示，再向定位转动，电动机能够启动，证明2线工作正常，说明道岔在失去表示时，自动开闭器接点、密贴检查器接点接触不良或动接点从静接点内退出。

造成接点反退的原因主要有，一是斥离轨限位不良，过车时斥离轨受到震动位移，带动表示连接杆位移，使检查柱抬起，动接点从静接点中退出。二是大号码道岔尖轨腰部竖切不良，牵引力又不够，过车时尖轨反弹，带动表示连接杆位移。三是转辙机内平衡油缸作用不良，过车时油缸受到震动位移，在油缸的自由行程内带动速动片上爬，动接点从静接点内退出。

道岔故障千差万别、瞬息变化，常常为瞬态，进一步加大了故障处理难度，在故障处理中要充分利用各种信息，不放过蛛丝马迹，反复推敲，反复推理，才能取得成功。

第三节　ZYJ7单机单点、一机两站、单机多点电路原理

一、ZYJ7单机单点牵引电液道岔电路原理

ZYJ7单机单点主要牵引小号码内锁闭道岔尖轨，有时也用于小号码外锁闭道岔尖轨牵引。内锁闭道岔牵引选用带挤脱装置、具有双锁闭功能的ZYJ7转辙机，外锁闭道岔牵引一般选用不带挤脱装置、单锁闭功能的ZYJ7转辙机。

ZYJ7单机单点转辙道岔控制电路相对简单，和一机一站五线制道岔控制电路基本一致，电路特征也基本相同，不再叙述。ZYJ7单机单点牵引道岔控制电路如图4－3－1所示。

为了便于工厂化生产，减少ZY系列转辙机配线把种类，ZY系列液压设备的配线把按统一定型方式设计，共设计了ZYJ7内部定型配线把，SH5、SH6内部定型配线把，液压站内部配线把。图4－3－1中五柱端子，自动开闭器22—电缆盒9、自动开闭器32—电缆盒10、自动开闭器44—电缆盒13，对于单机单点牵引道岔电路来说，没有具体用途，是定型配线带来的。

1. 五柱端子

液压站、转辙机都采用五线制电路控制，而对于ZY4、ZY6等无动力转辙机来说，要把外部配线连接到液压站中，一条线把子到液压站内、一条线把子到转辙机内，而对于ZYJ7有动力转辙机来说，从电缆盒到转辙机有一条线把子就可以满足使用。为了定型统一，ZYJ7使用了液压站、ZY4等一样的配线，所以在ZYJ7转辙机中多设置了五柱端子。

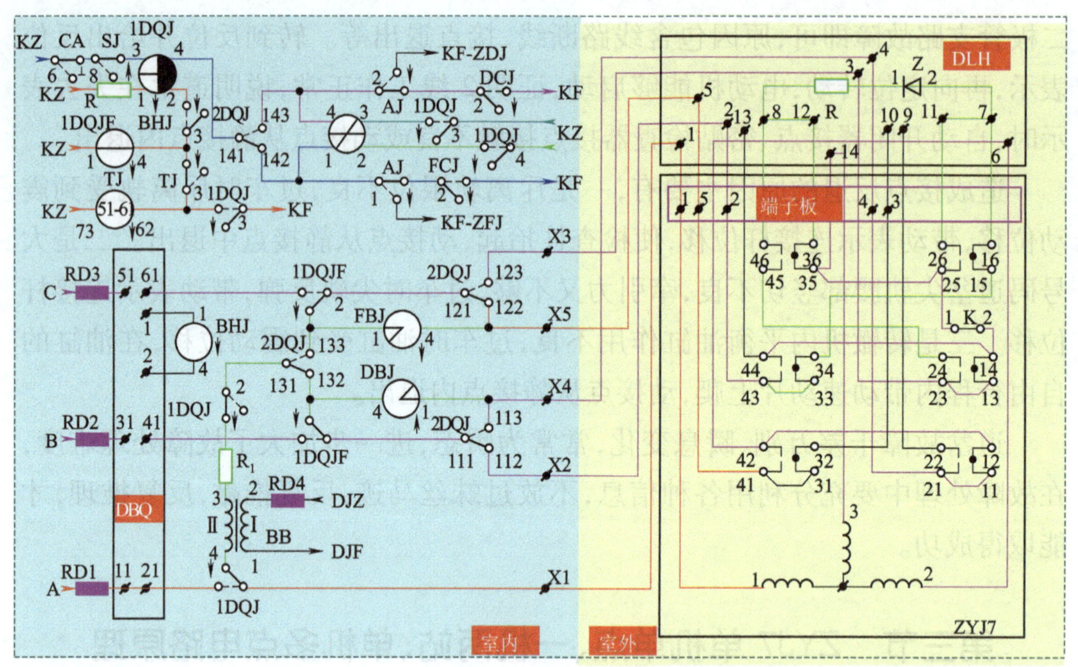

图 4-3-1 ZYJ7 单机单点牵引控制电路

2. 悬空配线

自动开闭器 22—电缆盒 9、自动开闭器 32—电缆盒 10、自动开闭器 44—电缆盒 13 三条悬空的配线，是在 ZYJ7 一机一站电路中接通续转电路使用的，但同样是为了定型需要，不管单机工作还是与转换锁闭器配合工作，转辙机使用一种配线，所以在单机单点 ZYJ7 电路中仍然带有三条悬空的配线。

二、ZYJ7 一机两站三点牵引电液道岔电路原理

ZYJ7 一机两站三点牵引电液转辙道岔控制电路与一机一站五线制道岔控制电路基本一致，电路特征也基本相同，不再叙述。不同的是 ZYJ7 中间点 SH6 的类型不同，单机单点采用的转辙机设有挤脱装置、具有双锁闭功能转辙机，一机两站三点牵引采用不设挤脱装置、单锁功能转辙机，中间转换锁闭器采用不设挤脱装置转换锁闭器，末端转换锁闭器采用设有挤脱装置的转换锁闭器。一机两站三点牵引道岔控制电路如图 4-3-2 所示。

三、ZYJ7 单机多点牵引电液道岔电路原理

尖轨、心轨采用多点牵引，要解决牵引尖轨、心轨所有转辙机同步动作问题，还要解决牵引尖轨、心轨转辙机顺序启动，启动电流峰值“错峰”问题。心轨要设置启动延时，保证下拉装置完全解锁，心轨转换不受阻。

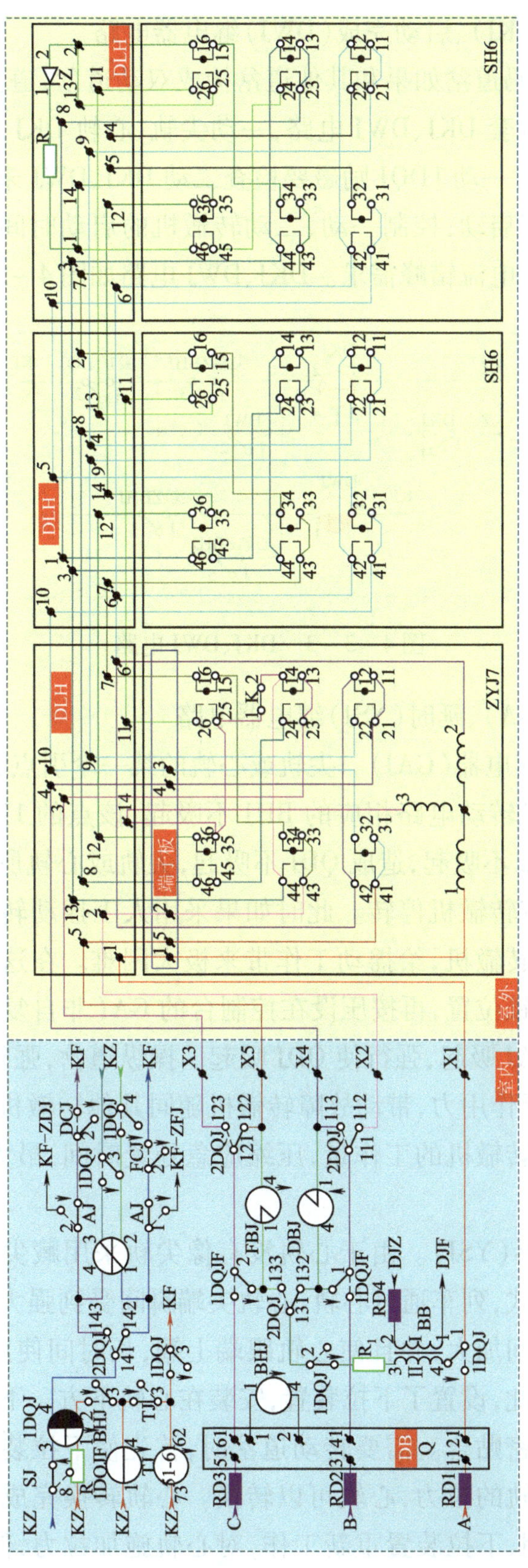

图 4-3-2　ZYJ7 一机两站三点牵引控制电路

1. 启动开始(DKJ)、启动完成(DWJ)继电器电路

多点牵引大号码道岔如果和其他道岔构成双动道岔,道岔的控制电路对应一动、二动要设置两套 DKJ、DWJ 电路,一动尖轨、心轨 DKJ、DWJ 励磁,控制二动 1DQJ 励磁。同时一动 1DQJ 励磁要检查二动 DKJ、DWJ 未励磁,保证双动道岔按一动、二动顺序启动,控制一动、二动转辙机的启动时间,实现双动道岔一动、二动转辙机启动电流错峰需求。DKJ、DWJ 电路如图 4-3-3 所示。

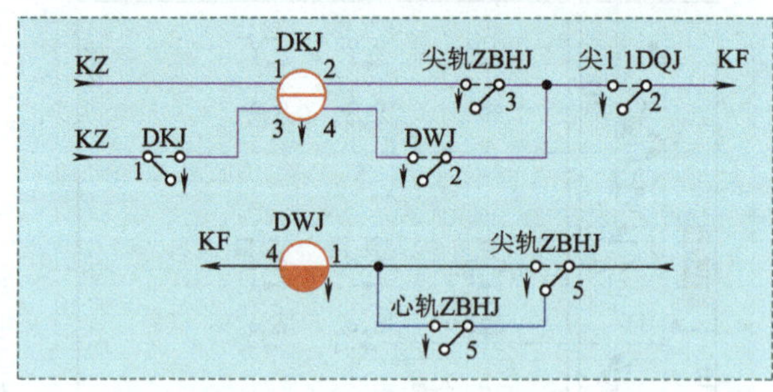

图 4-3-3 DKJ、DWJ 电路

2. 故障按钮(GA)、延时(YSJ)继电器电路

(1)故障按钮继电器(GAJ)。尖轨或心轨的某一牵引点转辙机因故无法启动,该牵引点电动机转动电路相应的 BHJ 不吸起,该点的 1DQJ 不自闭。同时尖轨或心轨的 ZBHJ 不吸起,造成 QDJ 不吸起,尖轨或心轨所有牵引点的 1DQJ 不自闭而落下,所有转辙机停转。此时如果采用人工摇动转辙机使尖轨转换,必须同时摇动多台转辙机,给摇动工作带来极大困难。在这种情况下,先摇动该故障转辙机到解锁位置,再按压设在控制台的 GA(非自复式,带铅封),命令联锁计算机驱动 GAJ 吸起,强行使 QDJ 吸起。操纵道岔,强行使非故障转辙机转动,通过尖轨的反作用力,带动故障转辙机随同其他转辙机转换,这样可以最大限度地减少摇动转辙机的工作量,压缩应急处置时间,最大限度减少对运输的干扰。

(2)延时继电器(YSJ)。由于心轨没有像尖轨采用藏尖式密贴方式,而是采用贴尖式密贴方式,列车通过心轨,心轨尖端瞬间受到强大冲击力,使心轨尖端撞击滑床板力瞬间加大,并且使心轨跟端上翘,长时间使用会使心轨变形而成为病害道岔。为此,设置了下拉装置,安装在心轨下方。下拉装置锁闭时,拉动心轨和滑床板紧密贴合。需要转动道岔时,首先使下拉装置的电动机转动,解除下拉装置对心轨的拉力,心轨可以转换。心轨转换完成后,驱动电动机停转,使下拉装置锁闭,下拉装置重新工作,对心轨施加拉力,使心轨和滑床板重

新密合。下拉装置的拉力大约 70 kN，解锁、上升时间大约 3 ~4 s。

多点牵引尖轨如果是双动道岔的一动，不设 YSJ。操纵道岔后，联锁计算机自动计时，4 s 后才驱动 YCJ（允许操纵继电器）吸起，允许尖轨、心轨启动，预留出下拉装置的解锁、上升时间，保证心轨在解除下拉装置拉力后开始转换。

多点牵引尖轨如果是双动道岔的二动，设置 YSJ。双动道岔二动在一动转换完成、DWJ 落下后启动，道岔的 YCJ（双动道岔只设一个）在一动转换前就已经吸起，此时心轨的延时启动没有控制，设置 YSJ 就是在一动转换完毕后，使 YSJ 延时吸起，等待心轨下拉装置动作完成后，再接通心轨各牵引点 1DQJ 电路，保证心轨在解除下拉力后转换。GAJ、YSJ 由联锁计算机驱动，电路如图 4 –3 –4所示。

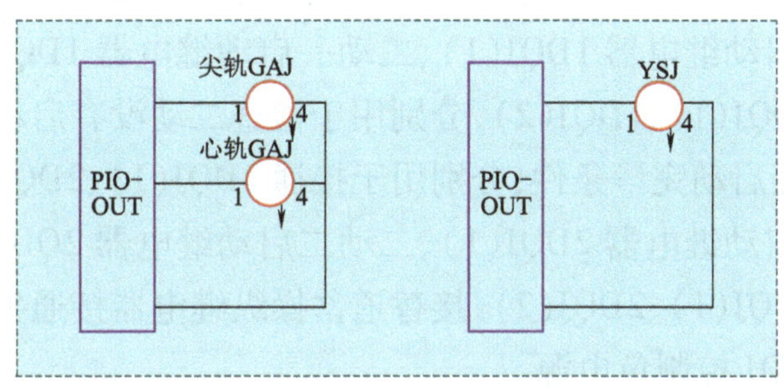

图 4 –3 –4　GAJ、YSJ 电路

3. 总保护继电器（ZHJ）、切断继电器（QDJ）电路

（1）ZBHJ。尖轨、心轨各设一个 ZBHJ。尖轨或心轨牵引的各转辙机动作，BHJ 吸起，ZBHJ 吸起，一动 1DQJ（1）落下后，ZBHJ 自闭。在转动道岔时，如果任一牵引点的转辙机不启动，BHJ 不吸起，对应的 ZBHJ 不吸起。

（2）QDJ。尖轨、心轨各设一个 QDJ。操纵道岔时，联锁计算机驱动 SJ 吸起，在各牵引点的 BHJ 吸起前，QDJ 吸起，为 1DQJ 自闭作准备。第一牵引点的 BHJ 吸起，QDJ 在阻容支路的作用下，仍保持吸起。当 ZBHJ 吸起后，QDJ 励磁电路被接续接通，保持吸起。在正常转动道岔时，任一牵引点的 BHJ 不励磁，ZBHJ 不励磁，QDJ 不保持，QDJ 缓放落下后，切断非故障转辙机的启动电路，迫使非故障转辙机停转。在按压 GA 后，强行使 QDJ 吸起，1DQJ 吸起接通 1DQJ 自闭条件，在一个牵引点转辙机故障后，为减少非故障转辙机的摇动工作量、强行转换非故障转辙机作准备。九机牵引 6 尖轨、3 心轨电液转辙道岔尖轨 ZBHJ、QDJ 电路如图 4 –3 –5 所示。

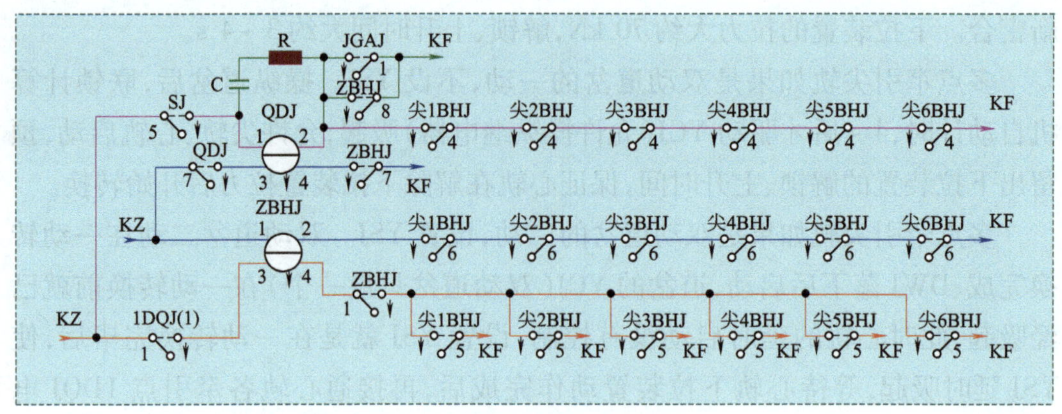

图 4－3－5　ZBHJ、QDJ 电路

4. 1DQJ(1)、1DQJ(2)、2DQJ(1)、2DQJ(2)、1DQJ、2DQJ 继电器电路

(1)一动一启动继电器 1DQJ(1)、二动一启动继电器 1DQJ(2)。多点牵引双动道岔设置 1DQJ(1)、1DQJ(2)，分别用于检查二动没有启动 DKJ 和 DWJ 落下条件、一动已经启动完毕条件；分别用于接通 2DQJ(1)、2DQJ(2)电路。

(2)一动二启动继电器 2DQJ(1)、二动二启动继电器 2QDJ(2)。多点牵引双动道岔设置 2DQJ(1)、2DQJ(2)，接替道岔操纵继电器接通尖 2—尖 6、心 2—心 3 的 1DQJ、2QDJ 控制负电源。

(3)1DQJ、2DQJ。尖轨、心轨的每一个牵引点分别设置 1DQJ、2DQJ 各一台，用于五线制道岔控制电路。尖轨、心轨牵引点的 1DQJ、2DQJ 按顺序励磁，控制电动机启动时间，防止电动机同时启动，造成启动电流叠加而冲击电源屏。道岔启动继电器电路如图 4－3－6 所示。

5. 总表示继电器电路

每一个牵引点转辙机分别设置表示继电器，所有表示继电器吸起接点串联接通总表示继电器电路。

6. 下拉装置电路

下拉装置电路有下拉继电器(XLJ)电路、下拉复示(XLJF)继电器电路、下拉驱动器控制电路。

(1)XLJ、XLJF。XLJ 由联锁计算机驱动，多点牵引尖轨、心轨为一动时，操纵道岔后，联锁计算机首先驱动 XLJ 吸起；多点牵引尖轨、心轨为二动时，操纵道岔后，待一动转换完毕后，联锁计算机同时驱动 XLJ、YSJ。XLJF 随 XLJ 吸起励磁，尖轨或心轨 ZBHJ 吸起自闭，保持到尖轨、心轨转换完毕，随尖轨、心轨 ZBHJ 落下而落下，XLJF 从联锁计算机驱动 XLJ 开始，一直保持到道岔转换完毕落下。XLJ、XLJF 继电器电路如图 4－3－7 所示。

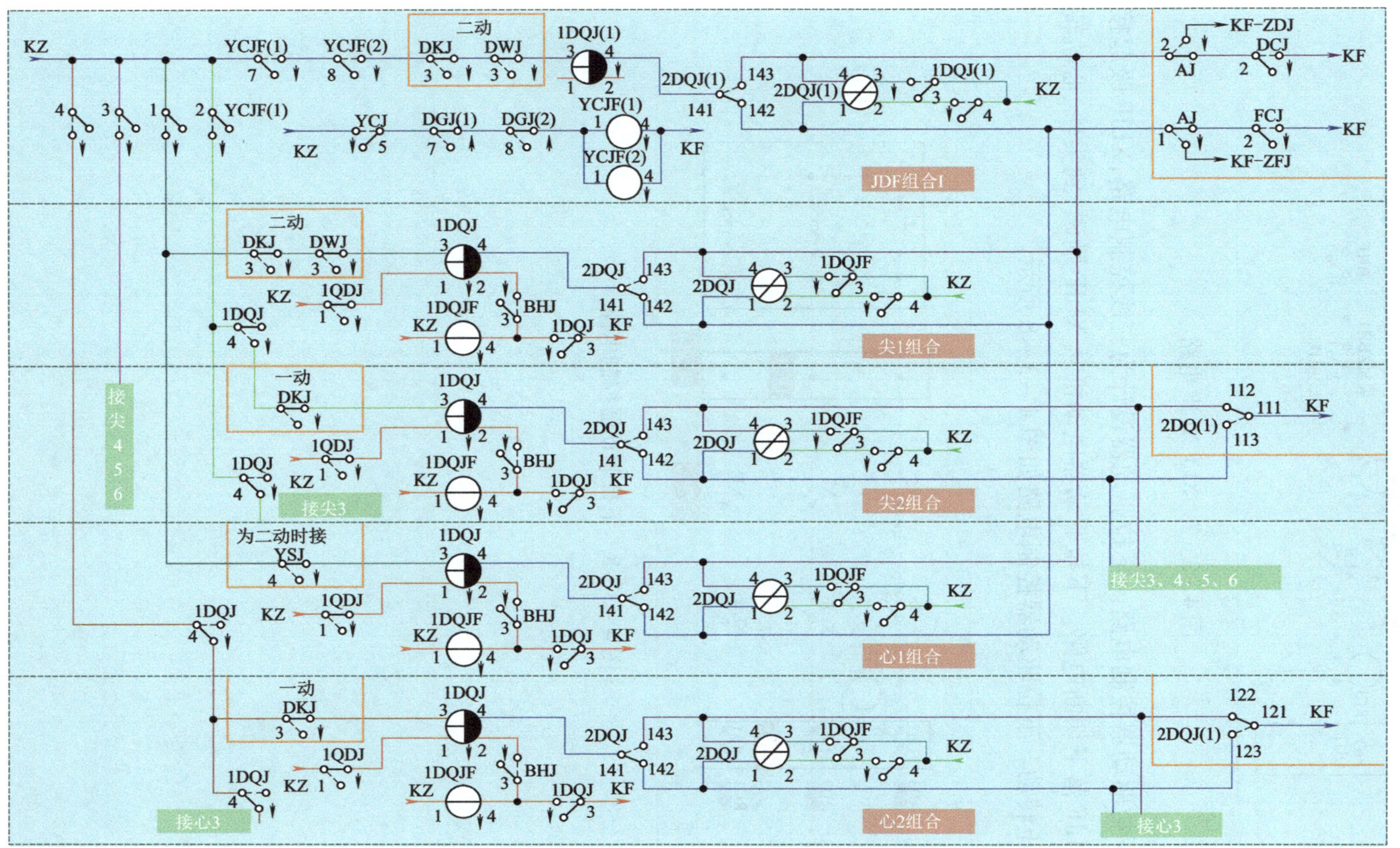

图4－3－6　道岔启动继电器电路

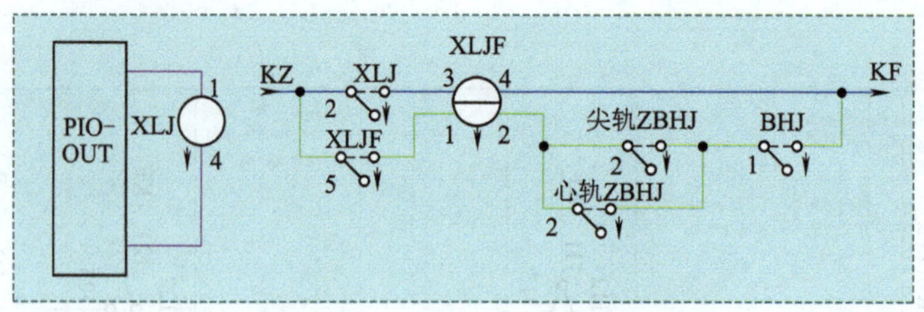

图 4-3-7 XLJ、XLJF 电路

(2)下拉驱动器控制电路。下拉驱动器设计为三线控制电路,XLJF 吸起接通电路,XLJF 落下切断电路。下拉驱动器电动机从 XLJF 励磁,到尖轨、心轨转换结束停止转动。下拉驱动器控制电路如图 4-3-8 所示。

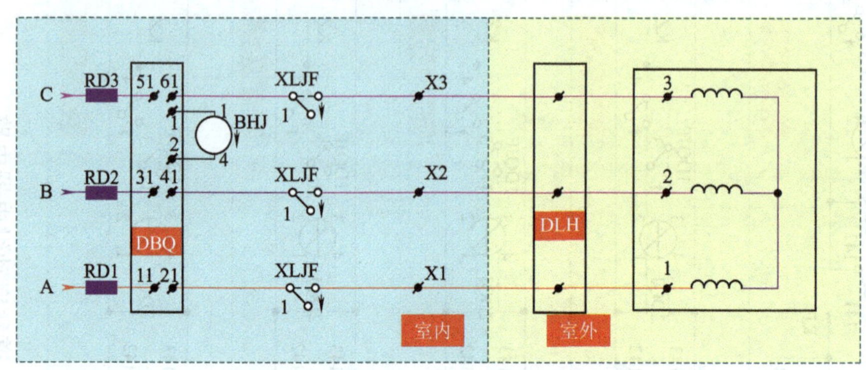

图 4-3-8 下拉驱动器控制电路

第五章　驼峰电动、电空转辙道岔控制电路原理

第一节　驼峰道岔基本类型

一、驼峰道岔类型

驼峰峰上、峰尾、迂回、禁溜线等线路设置的道岔，一般采用12号及其以下普通单开道岔，可以为单动，也可以组成双动或交叉渡线，很少使用交分道岔。峰下分路道岔一般采用9号及其以下对称单开道岔。

二、转辙机类型

溜放作业进路上的道岔配置快动转辙机，调车作业进路上的道岔配置其他类型转辙机。目前使用的快动转辙机主要有三种类型，一是直流ZD7系列电动转辙机，转换时间不大于0.8 s；二是压缩空气为动力的ZK系列电空转辙机，转换时间不大于0.6 s；三是交流ZDJK电动转辙机，转换时间不大于0.6 s。其他道岔可以选用ZD6电动类型转辙机，也可以选择ZY4、ZY6电液类型转辙机。配置空气压缩站时，选用ZK系列电空转辙机。使用中，电动类型占绝大多数。

目前，驼峰道岔基本采用内锁闭方式，将来随着重载发展，可能使用外锁闭方式。

三、驼峰道岔基本类型

选配ZK、ZD、ZY系列转辙机牵引驼峰调车场使用的6、9、12号道岔，可以组成多种类型的驼峰场道岔转辙类型。驼峰道岔基本类型见表5-1-1。

表 5-1-1　驼峰道岔基本类型

转辙机类型	分路道岔		其他道岔		
	6 号	9 号	6 号	9 号	12 号
ZK	ZK3、ZK4	ZK3、ZK4	ZK3、ZK4	ZK3、ZK4	—
ZD	ZD7、ZDJK	ZD7、ZDJK	ZD6	ZD6、ZD7、ZDJK	ZD6(双机)、ZD7、ZDJK
ZY	—	—	—	—	ZY4、ZY6

四、分路道岔电路设计原则

1. 无车占用道岔区段,允许道岔转换电路接通。

2. 道岔转换受阻,应保证具备回转条件,保证在控制计算机控制下,道岔能有一个位置密贴。

3. 手柄控制道岔转换优先。

4. 表示继电器时刻巡查转辙机接点位置,从而时刻反映道岔尖轨位置。

第二节　驼峰分路道岔控制电路原理

一、电动转辙控制电路

1. 电路结构

电动转辙控制电路由三部分组成:一是轨道区段电路,由 DGJ、DGJ1、FDGJ1 电路组成;二是转换控制电路,由道岔手柄、手柄自动位继电器(SZJ)、1DQJ、2DQJ 电路组成;三是道岔表示电路,由 DBJ、FBJ 电路组成。电路如图 5-2-1所示。

2. 电路分析

(1)DGJ、DGJ1、FDGJ1 继电器电路。对应每一组分路道岔设置岔前区段,称为保护区段,保护区段轨道电路为 DGJ1 轨道电路。对应每一组分路道岔设置道岔区段,道岔区段轨道电路为 DGJ 轨道电路,反映溜放车组位置。相对于 DGJ1 电路设置反复示继电器 FDGJ1 电路。DGJ、DGJ1、FDGJ1 继电器电路如图 5-2-2所示。

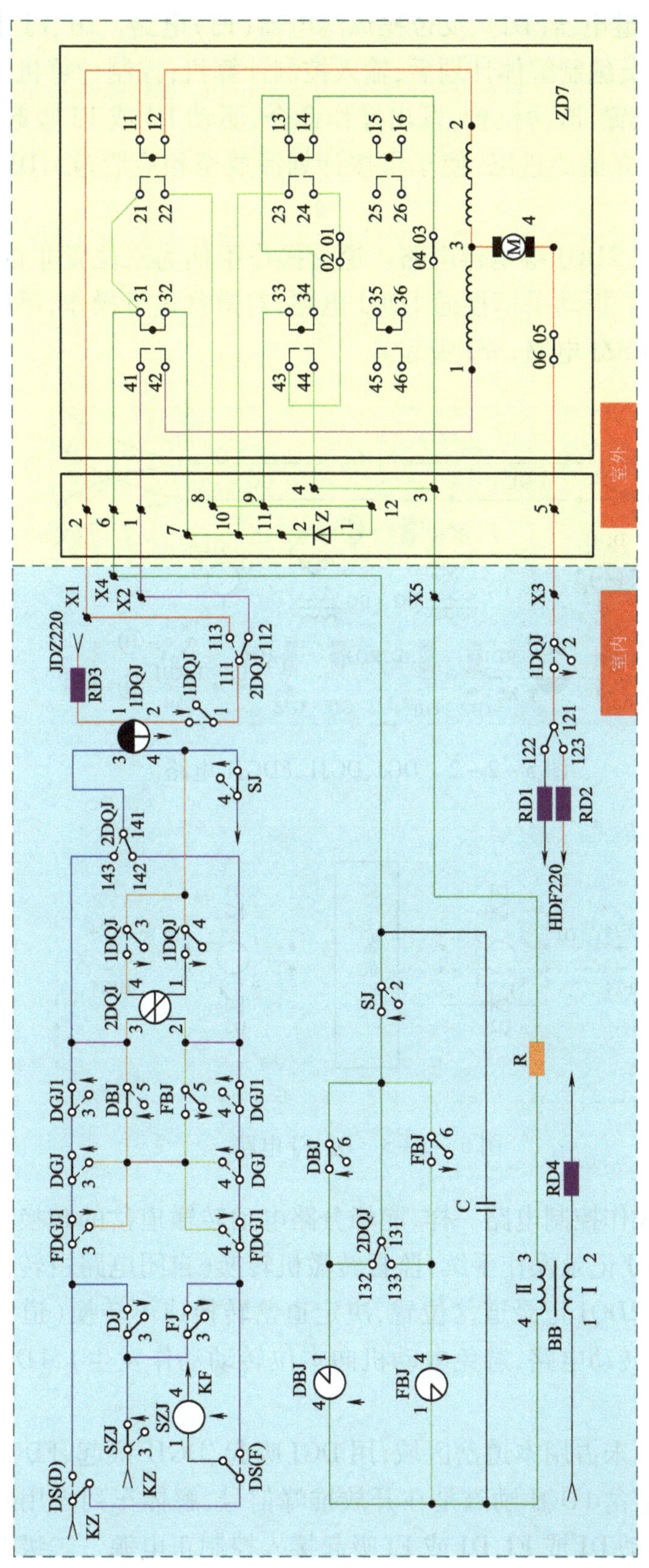

图 5－2－1　驼峰调车场电动转辙分路道岔控制电路

(2)定位操纵继电器(DJ)、反位操纵继电器(FJ)电路。DJ、FJ 由控制计算机驱动,车站值班员编制解体计划后,输入控制计算机,控制计算机采集溜放车组占用轨道电路位置、道岔位置,发出操作命令,驱动 DJ 或 FJ 吸起或不吸起,进而转换道岔,建立溜放进路,使车组按计划溜放至相应股道。DJ、FJ 电路如图 5-2-3 所示。

(3)SZJ、1DQJ、2DQJ 继电器电路。道岔操作手柄为三位置非自复式手柄,手动操作道岔优先,扳动手柄接通 1DQJ 电路,对道岔进行操作,手柄置于自动位(中间位),接通 SZJ 电路,SZJ 吸起。

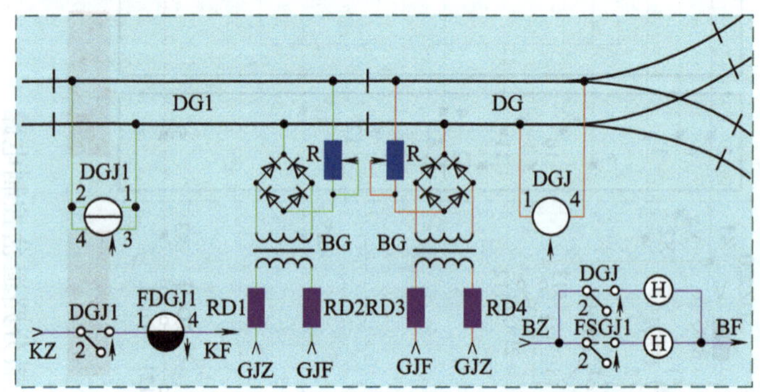

图 5-2-2　DGJ、DGJ1、FDGJ1 电路

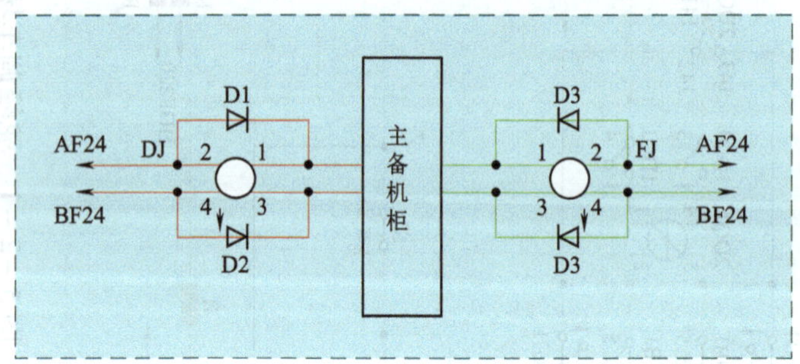

图 5-2-3　DJ、FJ 电路

和其他道岔操作控制电路一样,驼峰分路电动转辙道岔的转换控制也设计为两级控制。1DQJ 记录操作手续,监督转辙机转换(自闭电路由转辙机自动开闭器接点接通)。2DQJ 记录道岔位置,决定道岔转换或不转换(道岔在要求位时,不接通电动机转动电路,避免电动机向本位转动动作发生),1DQJ、2DQJ 的励磁情况如下。

①正常励磁。未占用本道岔区域,用 DGJ 吸起、DGJ1 吸起、FDGJ 落下串联证明。一级分路道岔 1DQJ 励磁是在开放推峰信号,解体车列占用峰上轨道区段,控制计算机驱动 DJ 或 FJ,DJ 或 FJ 吸起接入控制正电源。二级及其以后分

路道岔是在溜放车组占用上级分路道岔区段，控制计算机驱动 DJ 或 FJ，DJ 或 FJ 吸起接入控制正电源。如果道岔不在要求位置，则 1DQJ 励磁，2DQJ 转极，1DQJ 自闭电路（电动机转动电路）接通，转辙机启动，带动尖轨转换；如果道岔就处在要求位置，则 1DQJ 不励磁，2DQJ 不转极，1DQJ 自闭电路（电动机转动电路）接不通，转辙机不启动，防止了道岔在本位继续向本位转换的无谓启动。

②返极励磁。返极励磁的原因有两个，一是由于道岔表示继电器设置了自闭电路（电路后叙），道岔位置表示不再和 2DQJ 位置成唯一对应关系，操作道岔后 2DQJ 换位而转辙机因故不能动作，自动开闭器接点不断开的情况下，道岔表示继电器仍然保持吸起。此时，如果利用该道岔办理峰下调车进路，当 SJ 落下时，道岔将失去表示，使调车进路无法办理；二是如果不进行返极励磁，则继续实施换位操作，由于 2DQJ 已经换位，1DQJ 励磁电路无法接通，电路将处于“死路”状态而无法动作。

操作道岔 1.4 s 后，控制计算机采集不到操作、表示一致结果，计算机发布回转命令，1DQJ 励磁、2DQJ 转极称为返极励磁。

计算机发布回转命令后，1DQJ 是否励磁、2DQJ 是否转极，取决于此时 2DQJ 的位置。如果 2DQJ 在之前操作中没有换位，则计算机发布回转命令后 1DQJ 励磁电路不通，1DQJ 不励磁，2DQJ 不动作；如果 2DQJ 在之前操作中已经换位，则计算机发布回转命令后 1DQJ 被接通，1DQJ 励磁，2DQJ 转极而返回到原位。返极励磁的时机有三种，一是车组没有占用本区段，DGJ 吸起、DGJ1 吸起、FDGJ 落下串联支路接通向本位转换的 1DQJ 电路，1DQJ 吸起、2DQJ 转极；二是车组占用保护区段，DGJ1 落下，FDGJ1 吸起，检查道岔原位表示继电器吸起条件，接通 1DQJ 励磁电路；三是车组占用本道岔区段，DGJ 落下，检查道岔原位表示继电器条件，接通 1DQJ 励磁电路。

③强制励磁。由于道岔位置表示继电器设置了自闭电路，表示继电器状态不能反映返极励磁结果，此时，可以转换道岔手柄 DS，强制 2DQJ 位置与道岔原位置对应。利用道岔手柄强迫 1DQJ 励磁、2DQJ 转极的励磁方式称为强制励磁。强制励磁是返极励磁的延续。

强制励磁电路能否接通，同样取决于之前操作道岔后，2DQJ 的位置。一是 2DQJ 未换位，则实施道岔手柄回转操作，电路不动作。二是 2DQJ 已换位，无车占用道岔区段，将道岔手柄置于返回位置，利用 DGJ 吸起、DGJ1 吸起、FDGJ 落下串联支路接通 1DQJ 励磁电路，1DQJ 励磁，2DQJ 转极返回原位；占用保护区段或本道岔区段，不论道岔手柄置于哪一个位置，检查道岔原位置表示继电器条件，接通 1DQJ 励磁电路，1DQJ 励磁，2DQJ 转极返回原位。SZJ、1DQJ、2DQJ 电路如图 5－2－4 所示。

(4)DBJ 继电器电路、FBJ 继电器电路。为了实现"驼峰分路道岔始终检查转辙机自动开闭器接点位置"技术要求,即转辙机自动开闭器接点在位(接点排闭合方向一致),相应表示继电器应该励磁,所以为道岔表示继电器设置了自闭电路。表示继电器自闭,不再检查 2DQJ 位置,即使在操作道岔 2DQJ 换位,转辙机因故不启动,转辙机自动开闭器接点仍在原位,道岔表示继电器仍保持在自闭状态,给出原位置表示。利用分路道岔建立峰下调车进路,道岔被实施进路锁闭,SJ 落下,切断表示继电器自闭电路,此时,如果 2DQJ 位置与转辙机自动开闭器接点位置对应,则给出道岔表示,调车进路可以建立;如果 2DQJ 位置与转辙机自动开闭器接点位置不对应,则不给出道岔表示,调车进路不能建立。在道岔表示继电器自闭电路中接入 SJ 吸起接点,就是满足建立调车进路时,道岔位置(2DQJ 位置)继电器与道岔位置相一致技术条件。道岔表示继电器电路如图 5-2-5 所示。

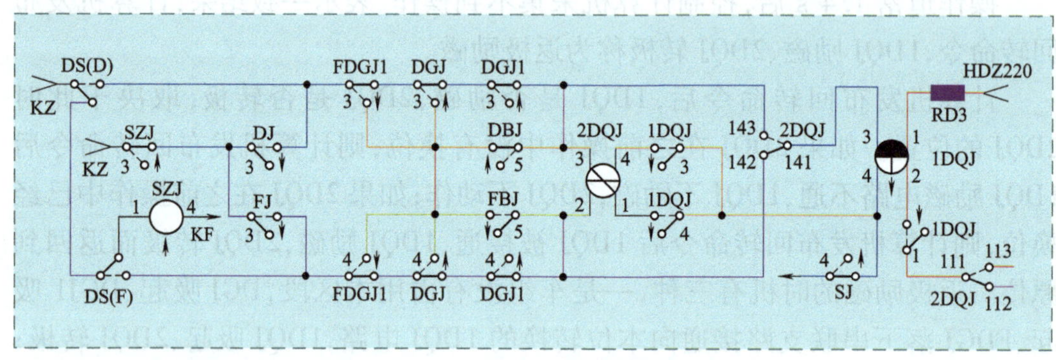

图 5-2-4　SZJ、1DQJ、2DQJ 电路

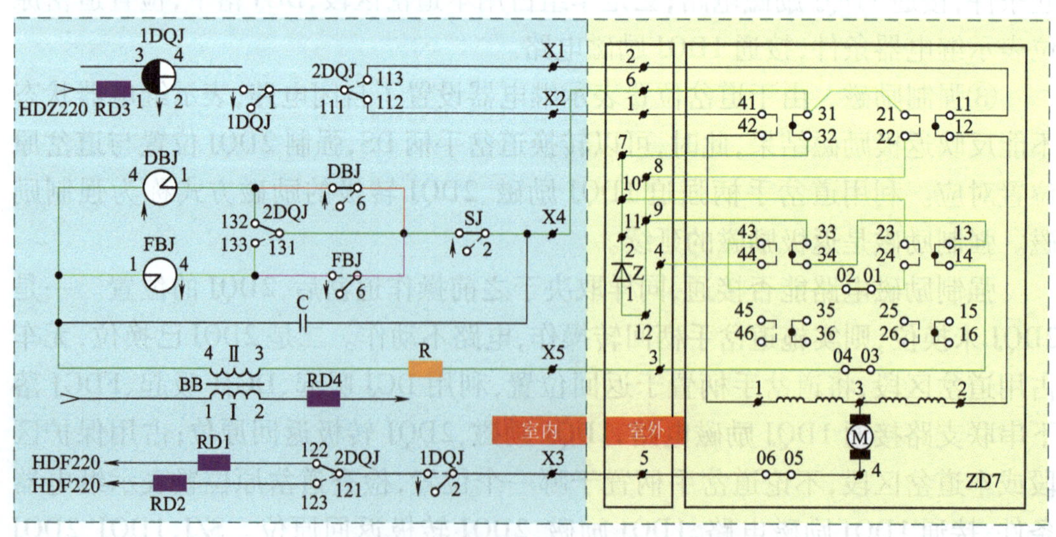

图 5-2-5　道岔表示继电器电路

3. 接通公式

(1)定位向反位转换。①1DQJ 励磁。KZ→DS(D)定位接通→DS(F)(手动扳动)、KZ→SZJ31－32→FJ31－32(自动扳动)→FDGJ1 41－43→DGJ 41－42→DGJ1 41－42→2DQJ142－141→1DQJ3－4→SJ42－41→KF。②2DQJ 转极。KZ→DS(D)定位接通→DS(F)(手动扳动)、KZ→SZJ31－32→FJ31－32(自动扳动)→FDGJ1 41－43→DGJ 41－42→DGJ1 41－42→2DQJ2－1→1DQJ42－41→SJ42－41→KF。③1DQJ 自闭(电动机转动电路)。HDZ220→RD3→1DQJ1－2→1DQJ12－11→2DQJ111－113→自动开闭器 11－12→定子线圈 2→3→转子线圈 3－4→遮断器 05－06→1DQJ21－22→2DQJ121－123→RD2→HDF220。

(2)反位向定位转换。①1DQJ 励磁。KZ→DS(D)(手动扳动)、KZ→SZJ31－32→DJ31－32(自动扳动)→FDGJ1 31－33→DGJ31－32→DGJ1 31－32→2DQJ143－141→1DQJ3－4→SJ42－41→KF。②2DQJ 转极。KZ→DS(D)(手动扳动)、KZ→SZJ31－32→DJ31－32(自动扳动)→FDGJ1 31－33→DGJ31－32→DGJ1 31－32→2DQJ3－4→1DQJ32－31→SJ42－41→KF。③1DQJ 自闭(电动机转动电路)。HDZ220→RD3→1DQJ1－2→1DQJ12－11→2DQJ111－112→自动开闭器 41－42→定子线圈 1→3→转子线圈 3－4→遮断器 05－06→1DQJ21－22→2DQJ121－122→RD1→HDF220。

(3)返极励磁。①无车占用本区段置定位。A. 1DQJ 励磁。KZ→SZJ31－32→DJ31－32→FDGJ1 31－33→DGJ31－32→DGJ1 31－32→2DQJ143－141→1DQJ3－4→SJ42－41→KF。B. 2DQJ 转极。KZ→SZJ31－32→DJ31－32→FDJ1 31－33→DGJ31－32→DGJ1 31－32→2DQJ3－4→1DQJ32－31→SJ42－41→KF。②无车占用本区段置反位。A. 1DQJ 励磁。KZ→SZJ31－32→FJ31－32→FDGJ1 41－43→DGJ41－42→DGJ1 41－42→2DQJ142－141→1DQJ3－4→SJ42－41→KF。B. 2DQJ 转极。KZ→SZJ31－32→DJ31－32→FDJ1 41－43→DGJ41－42→DGJ1 41－42→2DQJ2－1→1DQJ42－41→SJ42－41→KF。③车组占用保护区段置定位。A. 1DQJ 励磁。KZ→SZJ31－32→DJ31－32→FDGJ1 31－32→DBJ51－52→2DQJ143－141→1DQJ3－4→SJ42－41→KF。B. 2DQJ 转极。KZ→SZJ31－32→DJ31－32→FDJ1 31－32→DBJ51－52→2DQJ3－4→1DQJ32－31→SJ42－41→KF。④车组占用保护区段置反位。A. 1DQJ 励磁。KZ→SZJ31－32→FJ31－32→FDGJ1 41－43→FBJ51－52→2DQJ142－141→1DQJ3－4→SJ42－41→KF。B. 2DQJ 转极。KZ→SZJ31－32→FJ31－32→FDGJ1 41－42→FBJ51－52→2DQJ2－1→1DQJ42－41→SJ42－41→KF。⑤车组占用本道岔

区段置定位。A. 1DQJ 励磁。KZ→SZJ31－32→DJ31－32→FDGJ1 31－33→DGJ31－33→DBJ51－52→2DQJ143－141→1DQJ3－4→SJ42－41→KF。B. 2DQJ 转极。KZ→SZJ31－32→DJ31－32→FDGJ1 31－33→DGJ31－32→DBJ51－52→2DQJ3－4→1DQJ32－31→SJ42－41→KF。⑥车组占用本道岔区段置反位。A. 1DQJ 励磁。KZ→SZJ31－32→FJ31－32→FDGJ1 41－43→DGJ41－43→FBJ51－52→2DQJ142－141→1DQJ3－4→SJ42－41→KF。B. 2DQJ 转极。KZ→SZJ31－32→FJ31－32→FDGJ1 41－43→DGJ41－43→FBJ51－52→2DQJ2－1→1DQJ42－41→SJ42－41→KF。

（4）强制励磁。①无车占用本区段置定位。A. 1DQJ 励磁。KZ→DS（D）→FDGJ1 31－33→DGJ31－32→DGJ1 31－32→2DQJ143－141→1DQJ3－4→SJ42－41→KF。B. 2DQJ 转极。KZ→ DS（D）→FDJ1 31－33→DGJ31－32→DGJ1 31－32→2DQJ3－4→1DQJ32－31→SJ42－41→KF。②无车占用本区段置反位。A. 1DQJ 励磁。KZ→DS（F）→FDGJ1 41－43→DGJ41－42→DGJ1 41－42→2DQJ143－141→1DQJ3－4→SJ42－41→KF。B. 2DQJ 转极。KZ→DS（F）→FDJ1 41－43→DGJ41－42→DGJ1 41－42→2DQJ2－1→1DQJ42－41→SJ42－41→KF。③车组占用保护区段置定位。A. 1DQJ 励磁。KZ→DS（D）→FDGJ1 31－32→DBJ51－52→2DQJ143－141→1DQJ3－4→SJ42－41→KF。B. 2DQJ 转极。KZ→DS（D）→FDJ1 31－32→DBJ51－52→2DQJ3－4→1DQJ32－31→SJ42－41→KF。④车组占用保护区段置反位。A. 1DQJ 励磁。KZ→DS（F）→FDGJ1 41－43→FBJ51－52→2DQJ142－141→1DQJ3－4→SJ42－41→KF。B. 2DQJ 转极。KZ→DS（F）→FDJ141－42→FBJ51－52→2DQJ2－1→1DQJ42－41→SJ42－41→KF。⑤车组占用本道岔区段置定位。A. 1DQJ 励磁。KZ→DS（D）→FDGJ1 31－33→DGJ31－33→DBJ51－52→2DQJ143－141→1DQJ3－4→SJ42－41→KF。B. 2DQJ 转极。KZ→DS（D）→FDGJ1 31－33→DGJ31－32→DBJ51－52→2DQJ3－4→1DQJ32－31→SJ42－41→KF。⑥车组占用本道岔区段置反位。A. 1DQJ 励磁。KZ→DS（F）→FDGJ1 41－43→DGJ41－43→FBJ51－52→2DQJ142－141→1DQJ3－4→SJ42－41→KF。B. 2DQJ 转极。KZ→DS（F）→FDGJ1 41－43→DGJ41－43→FBJ51－52→2DQJ2－1→1DQJ42－41→SJ42－41→KF。⑦用反位手柄置定位。A. 1DQJ 励磁。KZ→DS（F）→FDGJ1 41－42（或 FDQJ1 41－43→DGJ41－43）→DBJ51－52→2DQJ143－141→1DQJ3－4→SJ42－41→KF。B. 2DQJ 转极。KZ→DS（F）→FDGJ1 41－42（或 FDQJ1 41－43→DGJ41－43）→DBJ51－52→2DQJ2－1→1DQJ42－41→SJ42－41→

KF。⑧用定位手柄置反位。A. 1DQJ 励磁。KZ→DS(D)→FDGJ1 31 -32(或 FDQJ1 31 -33→DGJ31 -33)→FBJ51 -52→2DQJ142 -141→1DQJ3 -4→SJ42 -41→KF。B. 2DQJ 转极。KZ→DS(D)→FDGJ1 31 -32(或 FDQJ1 31 -33→DGJ31 -33)→FBJ51 -52→2DQJ2 -1→1DQJ42 -41→SJ42 -41→KF。

(5)定位表示。BB3→R→移位接触器 04 -03→自动开闭器 14 -13 -34 -33→Z1 -2→自动开闭器 32 -31→SJ21 -22→2DQJ131 -132(自闭时 DBJ61 -62)→DBJ1 -4→BB4。

(6)反位表示。BB3→R→自动开闭器 44 -43→移位接触器 02 -01→自动开闭器 24 -23→Z2 -1→自动开闭器 22 -21 -31→SJ21 -22→2DQJ131 -132(自闭时 FBJ61 -62)→FBJ4 -1→BB4。

二、电空转辙控制电路

1. 电路结构

电空转辙控制电路由三部分组成:一是轨道区段电路,由 DGJ、DGJ1、FDGJ1 电路组成;二是转换控制电路,由道岔手柄、手柄自动位继电器(SZJ)、道岔操作继电器(DCJ)电路组成;三是道岔表示电路,由 DBJ、FBJ 电路组成。电路如图 5 -2 -6 所示。

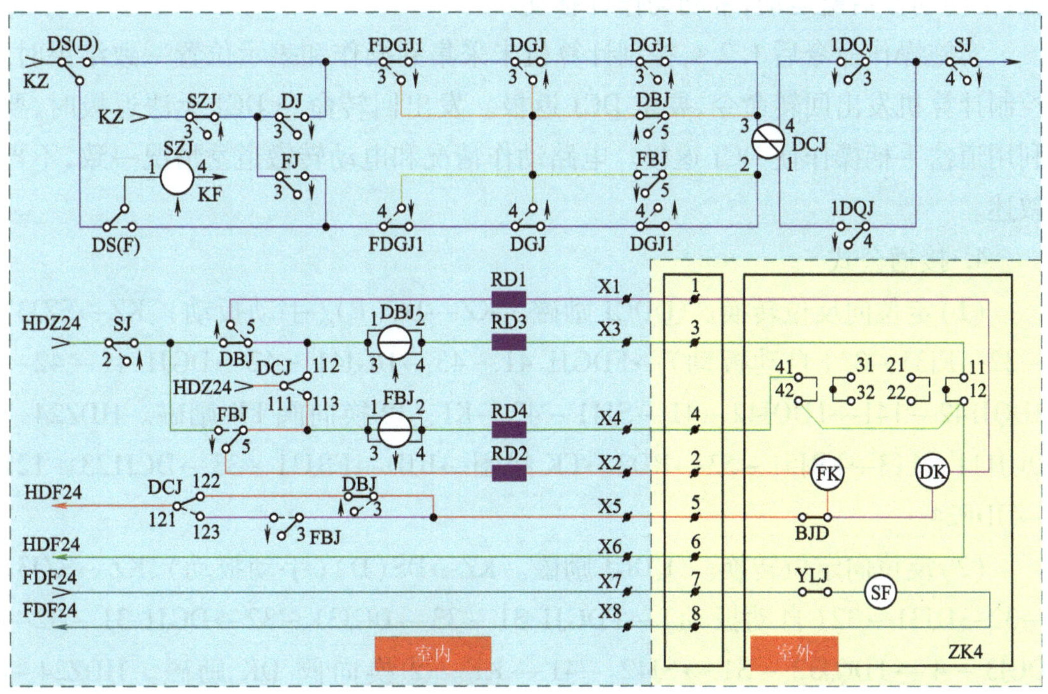

图 5 -2 -6　驼峰调车场电空转辙分路道岔控制电路

2. 电路分析

驼峰分路电空道岔电路和电动道岔电路基本相同，不同的是道岔操纵只设计了一级控制，即只设置了 DCJ 继电器，既记录操作手续，又决定转辙机是否动作，电路比较简单，不再叙述。

道岔转换完毕，要求快速接通道岔表示，道岔表示继电器线圈并联使用，减小了继电器的吸起时间，使道岔转换完毕，自动开闭器接点接通后，立即接通道岔表示，满足分路道岔快动要求。

3. 动作顺序

ZK4 转辙机内的电磁锁闭阀检测压缩空气压力，压缩空气压力符合要求，压力开关（YLK）接通电磁锁闭阀线圈（SF）电路，电磁锁闭阀励磁，将锁闭阀的锁闭杆置于“拉入”位置，锁闭杆从转辙机动作杆锁闭孔退出，转辙机动作杆处在电磁解锁状态，转辙机可以转换；压缩空气压力低于要求值，YLK 断开 SF 励磁电路，电磁锁闭阀失磁，锁闭阀的锁闭杆弹出，伸入到动作杆锁闭孔内，将转辙机动作杆限制在固定位，不允许动作杆动作。

操作道岔（控制计算机命令或者 DS 操作），无车占用轨道电路或占用轨道电路道岔未失去原表示时，DCJ 转极，接通换向阀转换目标位控制线圈（DK 或 FK）励磁电路，目标位控制线圈励磁，控制堵芯退出，压缩空气压入风缸转换位，推动动作活塞运动，带动动作杆移动。

实施操作命令后 1.2 s，控制计算机未采集到操作和表示位置一致结果时，控制计算机发出回转命令，要求 DCJ 返极。发出回转命令 DCJ 无法返极时，要利用道岔手柄操作使 DCJ 返极。电路动作情况和电动转辙道岔情况一致，不再叙述。

4. 接通公式

（1）定位向反位转换。①DCJ 励磁。KZ→DS（F）（手动扳动）、KZ→SZJ31－32→FJ31－32（自动扳动）→FDGJ1 41－43→DGJ41－42→DGJ1 41－42→2DQJ142－141→1DQJ42－41→SJ41－42→KF。②换向阀 FK 励磁。HDZ24→DCJ111－113→FBJ51－53→RD2→FK 线圈→BJD→FBJ31－33→DCJ123－121→HDF24。

（2）反位向定位转换。①DCJ 励磁。KZ→DS（D）（手动扳动）、KZ→SZJ31－32→DJ31－32（自动扳动）→FDGJ1 31－33→DGJ31－32→DGJ1 31－32→DCJ3－4→1DQJ32－31→SJ42－41→KF。②换向阀 DK 励磁。HDZ24→DCJ111－112→DBJ51－53→RD1→DK 线圈→BJD→DBJ31－33→DCJ122－121

→HDF24。

(3)定位表示。HDZ24→DCJ111－112→DBJ1、3－2、4→RD3→自动开闭器11－12→HDF24。

(4)反位表示。HDZ24→DCJ111－113→FBJ1、3－2、4→RD3→自动开闭器41－42－12→HDF24。

第三节　驼峰联锁道岔控制电路原理

一、电动转辙道岔控制电路

电动转辙道岔控制电路结构和车站联锁四线制道岔控制电路相同，电路结构、电路分析、接通公式不再叙述。电路如图5－3－1所示。

二、电空转辙道岔控制电路

电动转辙道岔控制电路结构和四线制分路道岔控制电路相同，电路结构、电路分析、接通公式不再叙述。电路如图5－3－2所示。

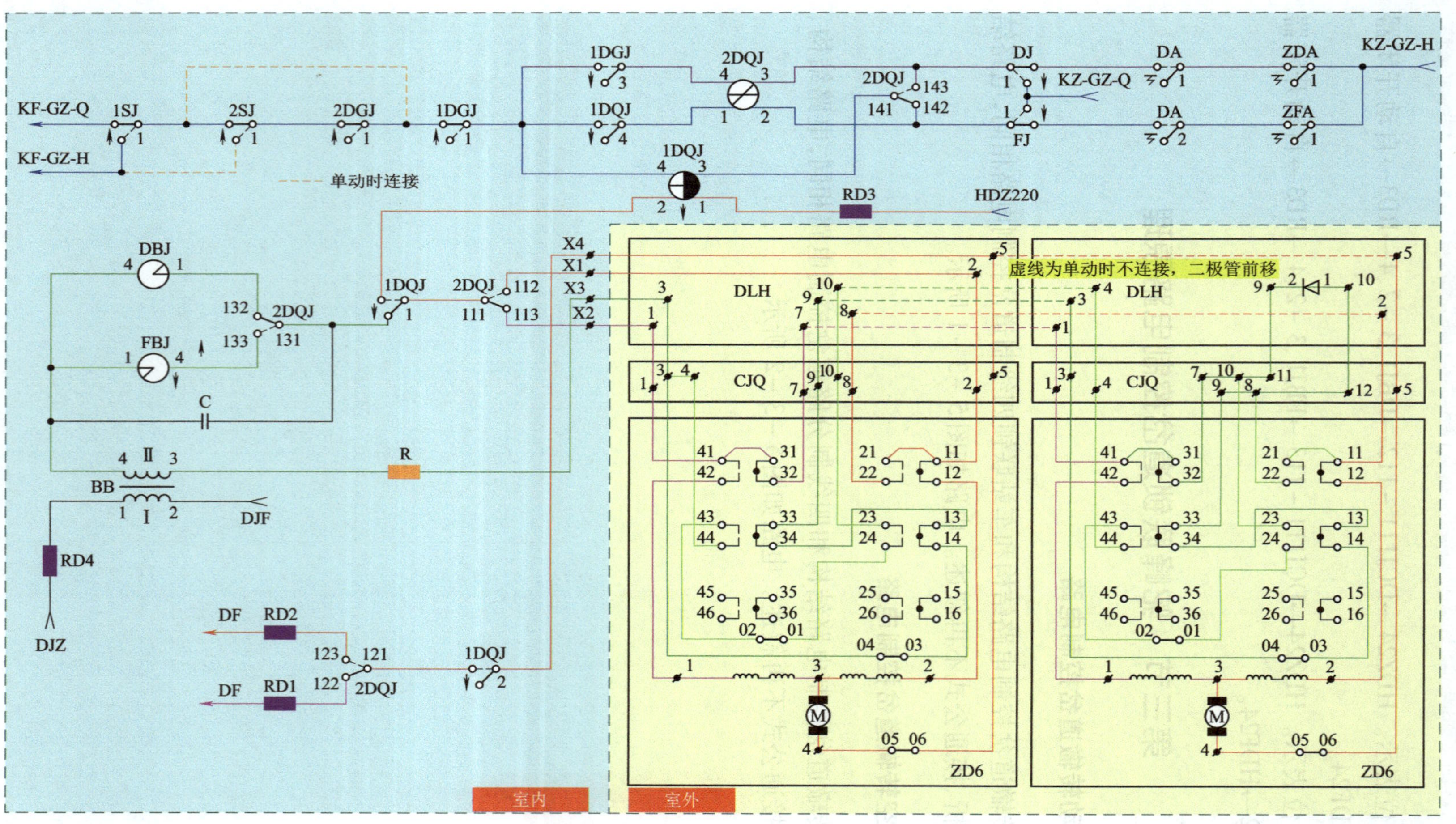

图5－3－1　驼峰调车场电动转辙联锁道岔控制电路

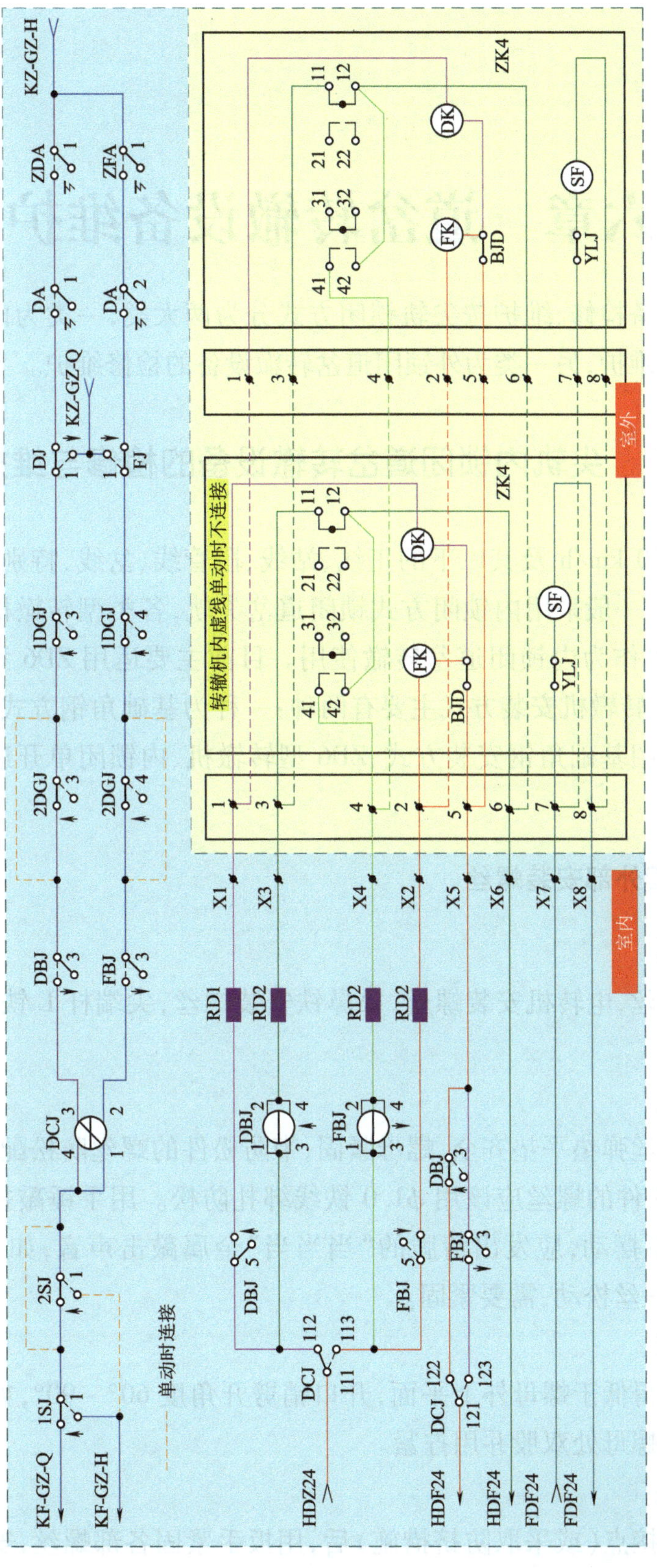

图 5－3－2　驼峰调车场电空转辙联锁道岔控制电路

第六章　道岔转辙设备维护

道岔转辙设备检修、维护按尖轨锁闭方式分为两大类，一类为内锁闭道岔转辙设备的检修维护，另一类为外锁闭道岔转辙设备的检修维护。

第一节　尖轨内锁闭道岔转辙设备的检修与维护

运行速度 120 km/h 及其以下的正线、站线、段管线、岔线、特别用途线、驼峰调车场的道岔，一般采用内锁闭方式锁闭道岔尖轨，各类型转辙机都具备内锁闭功能，都可以作为内锁闭道岔转辙使用。目前主要运用 ZD6 型、ZY4 型、ZYJ7 型等类型。转辙机安装方式主要有两种：一种为基础角钢方式，一种为托板方式。下面介绍基础角钢安装方式、ZD6 型转辙机、内锁闭单开道岔的检修维护方法。

一、检查紧固外部安装螺丝

1. 检查项目

角钢安装螺丝，电转机安装螺丝，象鼻铁安装螺丝，尖端杆 L 铁安装螺丝，丁字铁螺丝。

2. 检查方法

目视检查螺丝弹垫平垫齐全，螺母紧固，带防松件的螺丝防松配件齐全、开口销完整，无防松件的螺丝应该用 $\phi1.0$ 铁线绑扎防松。用手锤敲打螺母的侧平面，感觉螺母不摆动，应发出清脆的“当当当”金属敲击声音，如发出“扑扑扑”的声音则为螺丝松动，需要紧固。

3. 质量要求

螺栓顶面不得低于螺母外上平面，开口销劈开角度 60°～90°，如用铁线防松应在丝扣贴紧螺母处双股并用拧紧。

4. 检修方法

拉开遮断器接点（或采取防挤措施）后，用扳手紧固各部螺丝，安好防松配件，并将各部螺丝丝扣用钢丝刷和毛刷清扫、注油，做到基础安装螺丝紧固、清洁、油润。

二、检查道岔各部绝缘

1. 检查项目

角钢安装螺丝处绝缘 8 个，尖端杆 L 铁处绝缘 4 个，工务丁字铁处绝缘 4 个。

2. 检查方法

道岔内部设置大量安装绝缘是为了“隔开”尖轨连接件、辙叉心等部件，保证轨道电路不被道岔连接件短路，因而检查安装绝缘可以通过测量轨道电路电压，比较电压变化情况来判定安装绝缘的运用质量。内锁闭道岔利用连接杆将两条尖轨固定成框架结构，电转机与密贴调整杆、第一连接杆、表示杆、尖端杆成为“同一”导电体，测量密贴调整杆、第一连接杆、表示杆、尖端杆任何一点与钢轨轨面间电压，可以判定安装绝缘破损漏泄情况。由于轨道电路轨面电压比较小，为了提高测量的准确性，选用万用表 2.5 V 交流电压挡，测量轨面电压、测量密贴调整杆、第一连接杆、表示杆、尖端杆任意一点与两侧钢轨轨面间电压，比较测量结果。

3. 判定方法

密贴调整杆、第一连接杆、表示杆、尖端杆与钢轨轨面间电压值接近轨面电压，可以判定道岔另一侧各安装绝缘至少一处破损或绝缘性能不良，要进行逐个分解排查不良、更换。

三、电缆盒检查清扫

1. 检查项目

电缆盒稳固、电缆盒配线、蛇管状态。

2. 检查方法

目视检查。

3. 质量要求

(1)基础安设稳固、无裂纹、培土良好，无倾倒可能，基础倾斜不超过 10 mm。

(2)电缆盒安装平、正、稳、无裂纹，盘根完整，防尘、防水良好。电缆盒内配线整齐，绑扎良好，线环适当，端子螺丝坚固，垫圈齐全。如使用万可端子，各线插接牢固，线脖长度适当（留有1~2 mm余量）。二极管固定良好。

（3）蛇管安装牢固，无脱落。

4. 检修方法

用吹风鼓、毛刷清扫电缆盒内部，用管拧紧固螺丝。

四、转辙机防水、防尘检查

1. 检修项目

（1）锁具及遮断器检查。

（2）转辙机防水、防尘检查。

（3）转辙机内各部件基础螺丝紧固。

（4）转辙机各部件清扫，擦拭。

2. 检修方法

（1）目视检查锁具完整，固定螺丝紧固，暗锁开关灵活，锁闭可靠，弹簧作用良好，机盖开启、关闭灵活。遮断器转动灵活，插入手摇把时，遮断器接点可靠断开。

（2）目视检查机壳内盘根完整、饱满、平顺，与机壳的压痕均匀。

（3）用长套筒扳手对转辙机内各部件基础螺丝进行紧固。

（4）用白布和毛刷对各部件及机壳底部进行清扫及擦拭，使转辙机机壳底部、表示杆、动作杆等部件清洁无油污。

3. 质量要求

遮断器接点片压力均匀，与动接点接触良好，用接点压力测力计测量不小于4 N，动接点与静接点座间隙不小于3 mm，接触深度不小于4 mm，道岔加锁后动接点摆动量不大于3.5 mm。盘根对电机及遮断器墙板对手摇把和钥匙孔防水防尘作用良好。各部件基础螺丝紧固无松动。

五、自动开闭器及插接器检修

1. 检修项目

配线检查清扫，插接器检查清扫，自动开闭器检查清扫。

2. 检修方法

（1）用毛刷清扫各部配线和端子，清洁、无尘土，用管拧紧固螺丝。

（2）检查插接器座稳固，插头插接良好，插头、插座间紧固螺丝紧固良好，插头插座插接采取防松措施，防止插接器螺丝松动。

(3)用手摇把摇动电动机,带动动接点从静接点内退出至中间位,用白布轻搓动接点,直至接点发亮,无锈,无油污尘土。把白布缠在竹片上,擦拭静接点,直至接点发亮,无锈,无油污尘土。在擦拭时注意不能使静接点片发生形变而影响接点压力。

(4)用手摇把摇动道岔,分别观察两排动接点的弧面是否同时与两排静接点片接触。如果一排动接点同时先接触静接点的同一侧接点片,后接触静接点的另一侧接点片,则需要调整静接点胶木座。此时将道岔动接点摇到与需要调整的静接点内,松开固定胶木座螺丝,利用静接点的弹力自动摆正胶木座,调整静接点与动接点的齐度,将胶木座固定。如果为一个动接点与静接点片不同时接触,用扁口钳夹住静接点片根部,向里或向外调整(调整角度不可太大,防止折断接点片或使其失去弹力),直至两静接点片同时与动接点接触。

3. 质量要求

(1)配线整齐,不磨卡、无破皮,接线端子线环适当,垫圈、套管齐全,螺丝紧固。

(2)插接器焊点饱满,插接牢固、接触良好。

(3)静接点片压力均匀,与动接点接触良好,接点压力不小于4 N,动接点与静接点座间隙不小于3 mm,接触深度不小于4 mm,摆动量不大于3.5 mm。

六、电动机检修

1. 检修项目

电动机各部检查清扫,电动机换向器,炭刷及定子、转子测量。

2. 检修方法

(1)用手摇把缓慢摇动道岔,检查换向器与炭刷不磨卡,换向片间的绝缘不得高出换向片弧面,槽内无碳粉,用白布压在换向器上,慢摇电动机,擦拭清理,使其表面光滑、干净,呈铜紫红色。

(2)检查炭刷与握盒不卡阻,长度、接触面符合标准,炭刷握盒盖紧固良好。

(3)置万用表×1 电阻挡,两表笔分别接在电动机的3、4 端子上,用手摇把(或用手拨动换向器)缓慢摇动电动机,观察万用表表针应稳定在5 Ω 左右,若表针发生较大幅度回摆,说明转子绕组至换向片间的配线有断线或炭刷与换向片接触不良。将一支表笔接在电机的3 或4 端子上,另一表笔逐片接触换向片测量,进行再确定。分别测量相邻两换向片间电阻,确定转子绕组到换向片有断线时,更换电动机。

(4)置万用表直流250 V电压挡,操作转辙机转动中,在电机的1、4端子上(反位测量2、4端子),测量道岔动作电压。

3. 质量要求

炭刷与换向器接触面不少于炭刷面积的3/4,炭刷的长度不小于炭刷全长的3/5(炭刷全长15 mm)。道岔动作电压大于160 V。

七、减速器、摩擦联结器检修

1. 检修项目

减速器、摩擦联结器清扫、检查、测试及摩擦电流调整。

2. 检修方法

(1)目视检查减速器安装牢固,各部螺丝无松动,外壳无裂纹。用棉纱或白布清洁外部及摩擦带与内齿轮伸出部分,使其清洁无油污。转换道岔时检查减速器传动无杂音。

(2)测量工作电流。断开遮断器,置万用表直流250 V挡,用红、黑表笔分别接遮断器接点05、06端子,操纵道岔,读数,所得电流是道岔动作电流,向定位转为定位工作电流,向反位转为反位工作电流。

(3)测量摩擦电流。测量工作电流的方法连接万用表,在第一连接杆处尖轨与基本轨间夹入20 mm宽4 mm厚的铁板(如道岔4 mm锁闭则依次加厚铁板直到道岔不锁),单操道岔使道岔转换处在受阻状态,此时摩擦联结器处在摩擦状态,观察万用表的电流指数,向定位转时为定位摩擦电流,向反位转时为反位摩擦电流。

(4)调整摩擦电流。面对转辙机电动机,道岔尖轨从右侧向左侧转换时,旋转摩擦联结器右侧弹簧螺丝,道岔尖轨左侧向右侧转换时,旋转摩擦联结器左侧弹簧螺丝。顺时针旋转弹簧螺丝,摩擦电流增大,逆时针旋转弹簧螺丝,摩擦电流减小。

3. 质量要求

(1)正反向摩擦电流相差不应大于0.3 A。

(2)ZD6-A、D、F、G、H、K型转辙机单机使用时摩擦电流为2.3~2.9 A。

(3)ZD6-E型和ZD6-J型转辙机双机配套使用时,单机摩擦电流为2.0~2.5 A。

(4)道岔在正常转动时,摩擦联结器不空转;道岔转换终了时,电动机应稍有空转;道岔尖轨因故不能转换到位时,摩擦联结器应空转。

(5)在规定摩擦电流条件下,摩擦联结器弹簧有效圈的相邻圈最小间隙不小于1.5 mm;弹簧不得与夹板圆弧部分触碰。

八、道岔密贴力检查调整

1. 检修项目

试验道岔密贴,对道岔密贴过松或过紧进行调整。

2. 检修方法

(1)转换道岔,在第一连接杆处的尖轨与基本轨间夹入20 mm宽4 mm厚的铁板,道岔不应锁闭,如锁闭则为道岔密贴过松;在第一连接杆处的尖轨与基本轨间夹入20 mm宽2 mm厚的铁板,道岔应锁闭,如不锁闭则为道岔密贴太紧。

(2)当道岔密贴力不合适时,用手摇把摇开道岔,取下密贴调整杆调整螺丝防松卡上的开口销,拧松防松螺丝,退出防松卡,调密贴调整螺丝,顺时针为调紧密贴,逆时针为调松密贴。调整螺丝转动一圈约为3 mm,转动一个螺丝面约为0.5 mm。调整后上好防松件。

(3)密贴调整杆动作时,其空动距离应在5 mm以上。

(4)调整好的道岔,用手摇把摇动,锁闭时,在尖轨与基本轨宏观密贴后再摇三到四圈后道岔锁闭,锁闭时应比转换中稍感用力(有一定的锁闭力)。解锁时,手摇把摇二到三圈解锁,手摇把稍感用力但没有很大的回弹力,手摇把不自行返旋转,尖轨随着摇动转换不回弹。

3. 质量要求

(1)道岔第一牵引点中心线处尖轨与基本轨间有4 mm及以上水平间隙时,其他牵引点中心线处有6 mm及以上间隙时,不应锁闭道岔尖轨或接通道岔位置表示。

(2)尖轨尖端至第一牵引点范围内尖轨与基本轨间缝隙不应大于0.5 mm,其余部位不应大于1 mm。

(3)密贴调整杆螺纹部分的内外调整余量不应小于10 mm。

九、道岔缺口检查调整

1. 检修项目

对道岔的主、副缺口进行检查,对不合标准的缺口进行调整。

2. 检修方法

(1)目视检查道岔主口是否在标准范围内(ZD6型的主口在靠近钢轨的一

侧),如主口大则取下尖端杆调整螺丝防松件,用450 mm扳手松开内、外表示杆连接铁最外侧防松螺丝,顺时针拧调整螺丝(将杆向电机方向推),调整缺口至1~2 mm后拧紧外侧防松螺丝。如缺口小则逆时针拧调整螺丝(将表示杆向电机反方向推),调整缺口至1~2 mm后拧紧外侧防松螺丝。

(2)目视检查道岔副口是否在标准范围内(ZD6型的副口在远离钢轨的一侧),如副口大则拧下后表示杆的防尘袖套,松开前表示杆的两表示杆固定螺丝。用专用套筒或螺丝刀转动调整螺丝,将表示杆向电机方向推,调整缺口至1~2 mm后拧紧前表示杆的两表示杆固定螺丝,再上好防尘袖套。如缺口小则转动调整螺丝将表示杆向电机反方向推,调整缺口至1~2 mm。

3. 质量要求

(1)内锁闭道岔缺口标准,主机1.5 mm±0.5 mm,ZD6-J型机缺口间隙为尖轨、基本轨间的间隙与缺口之和,不应大于7 mm。

(2)缺口的调整口诀:先调密贴后调口,副口跟着主口走。

(3)表示杆的销孔旷量应不大于0.5 mm,表示杆螺纹部分的内外调整余量不应小于10 mm。

十、注　油

1. 检修项目

对机内外各部进行注油。

2. 检修方法

用油壶对电转机外动作杆袖套两个注油孔,表示杆袖套两个注油孔,速动片上两个注油孔,自动开闭器拐轴处及齿条块毡垫进行注油(建议夏季用机油,冬季用变压器油)。同时对有磨痕的滑床板(有自润滑涂层的滑床板除外)及道岔表示杆、尖端杆、动作杆销轴进行注油(建议用机油)。

3. 质量要求

各注油处按2月一次进行注油,减速器注油孔不建议注机油或变压器油,防止减速器内黄油被稀释。

第二节　外锁闭道岔转辙设备的检修与维护

外锁闭装置是将道岔的密贴尖轨与基本轨直接进行锁闭,当道岔尖轨由转辙机带动至密贴位置后,通过本身所依附的锁闭装置,把尖轨与基本轨(心轨与翼轨)固定在密贴状态,同时将斥离轨保持在标准开口位置的设备。外锁闭属于直接锁闭,道岔的锁闭是在转辙机外部进行的,所以称为外锁闭装置。目前国内使用的道岔外锁闭装置有两种,一种是锁铁尾部是燕尾形,称为燕尾型外锁闭装置;另一种是锁钩头部是钩形,称为钩型外锁闭装置。外锁闭道岔的两根尖轨之间没有连接杆,在道岔转换、锁闭过程中,两根尖轨的解锁、锁闭分时进行,又称为分动外锁闭道岔。

燕尾型外锁闭装置从结构受力上和安装调整方面,对道岔尖轨的拱腰、翻背、吊板和尖轨爬行等病害的适应能力差,卡阻现象时有发生,故障率较高,现在已经很少使用。钩锁的锁闭方式为垂直锁闭,锁闭更加可靠,锁闭后锁闭力通过锁闭铁、锁闭框直接传给基本轨,使锁闭铁和锁框基本不承受弯矩,且锁闭铁、锁框、锁闭杆、锁钩、尖轨连接铁材料全部为优质碳素结构钢锻造,并经适当热处理,具有良好的综合机械性能,机械强度更强,柔韧性更好。钩型外锁闭装置安装调整方便、对道岔的适应能力强,现在大量使用。下面介绍 ZYJ7 + SH6 + 钩型外锁闭装置得检修维护方法。

一、检查紧固外部螺丝

1. 检修项目

岔枕与弯板(托板)固定螺丝,锁框固定螺丝,转辙机基础螺丝,锁闭杆绝缘螺丝等道岔外部各部螺丝进行逐一检查、紧固。

2. 检修方法

目视检查螺丝弹垫、平垫齐全,用手锤敲打螺母的侧平面,感觉螺杆不摆动,发出清脆的“当当当”金属敲击声音,如发出“扑扑扑”的声音则为螺丝松动。紧固时拉开遮断器接点(或采取防挤措施)后,用扳手紧固各部螺丝,并将各部螺丝丝扣用钢丝刷和毛刷清扫、注油,做到基础安装螺丝紧固、清洁、油润。螺母紧固后,上好防松帽,开口销,同时注意以下几点。

(1)轴销螺丝既连接杆件又保证杆件之间游向旋转,所以轴销螺丝以及油缸固定螺丝紧固时不能用力过度,只要将弹簧垫圈压平即可,防止轴销失去作用而造成杆件卡阻或渗油。这些螺丝主要有:两个表示杆垂直向螺丝,两个油缸带帽固定螺丝,一个动作杆垂直向螺丝,一个锁闭杆连接铁带绝缘轴销螺丝。

(2)对于后改造的防脱板(将限位铁更换成锁钩两侧各增加两块防脱板)上的三条固定螺丝紧固时,需要保证在道岔解锁、转动、锁闭时,防脱板不对锁钩和锁闭杆造成卡阻。在道岔不动作时用手扳动防脱片能灵活转动,并且不与锁钩和锁闭杆别卡为宜。同时要注意，这种螺丝帽的开口销有可能与表示杆接触造成安装绝缘失效，必要时可调转螺杆方向。

（3）锁闭铁密贴调整螺丝，应在该位置锁钩锁闭后紧固，防止锁闭铁下垂卡阻锁钩锁闭。

3. 质量要求

螺栓紧固，丝扣部分不得低于螺母面，防松帽或防松配件及开口销齐全，开口销劈开角度60°~90°，无防松件应使用带有标记的防松螺丝，如用铁线防松应在丝扣贴紧螺母处双股并用拧紧。

二、检查、调整锁框位置

1. 检修项目

检查锁框位置，位置不良时进行调整，保证锁框不与长、短表示杆触碰，锁框内侧面不与锁闭杆磨卡。

2. 检查、调整方法

（1）靠近转辙机侧锁框。检查锁闭杆是否与转辙机动作杆顺应，在转换尖轨过程中，观察锁闭杆与锁框之间的磨卡情况，也可以用左右敲击锁钩、锁闭杆的方法，观察锁闭杆与锁框磨卡情况。若锁闭杆与转辙机动作杆不顺应，松开固定锁框U型螺丝、锁闭铁密贴调整螺丝（俗称轨墙螺丝），敲动锁框，观察锁闭杆与锁框间的摩擦情况，锁闭杆与锁框垂直面（左右双面）不磨卡。先紧固锁框U型螺丝，再紧固轨墙螺丝，防止锁框与基本轨有缝隙而摆动。

（2）远离转辙机侧锁框。将方尺（或支距尺）放在道岔直基本轨上，方尺的一侧对齐近转辙机侧锁框的侧边，后用方尺确定远转辙机侧的锁框位置，在基本轨上做好标记进行调整。或用目测方法，使动作杆和锁闭杆处在一条直线上。

3. 调整要求

（1）锁框调整后用手锤敲动道岔两侧锁框处的锁闭杆，锁闭杆应能随着手锤敲动在锁框内左右自由移动（分别检查道岔定位和反位状况）。

（2）目视检查锁框不与长、短表示杆磨卡、触碰，长短表示杆、锁框无磨卡痕迹。如果调整锁框到极限位置仍解决不了锁框与杆件的触碰、磨卡，则需要工电联合整治解决。

（3）锁闭杆定位螺丝（俗称导槽螺丝）的弹簧垫圈及铁垫片必须齐全，如果缺少弹簧垫圈或铁垫片，锁闭杆定位螺丝拧紧，会造成锁闭杆被定位螺丝夹死，给道岔转换带来很大的阻力，可能导致锁闭杆无法移动。

三、绝缘检查

1. 检修项目

对道岔锁闭杆绝缘，表示杆绝缘进行检查测试，不良的进行分解、更换。

2. 检修方法

(1)目视检查道岔各绝缘管、垫良好，无裂纹缺损，绝缘螺丝紧固，垫圈垫片及防松杆件齐全。检查长、短表示杆在定、反位都不与锁框接触。

(2)测量判定表示杆绝缘性能。先用万用表测量轨面电压，测量后保持挡位不变，一表笔接直基本轨，另一表笔与直尖轨相连接的表示杆丝扣上来回滑动测量，观察有无电压，没有电压说明绝缘装置良好。如果有电压说明此表示杆绝缘装置漏泄。然后用一表笔接曲基本轨，另一表笔与曲尖轨相连接的表示杆丝扣，测量另一表示杆绝缘是否漏泄。

(3)测量判定锁闭杆绝缘性能。先用万用表测量轨面电压，测量后保持挡位不变，分别测量两侧钢轨对锁闭杆中部绝缘铁夹板的电压，没有电压说明绝缘装置良好。如果锁闭杆中部绝缘铁夹板上对任一轨面有电压，说明锁闭杆安装绝缘漏泄。

(4)测量心轨绝缘性能。先用万用表测量轨面电压，测量后保持挡位不变，一表笔接基本轨，另一表笔跨过锁闭杆绝缘与动作连接杆连接测量，观察有无电压，没有电压说明绝缘装置良好，如果有电压说明此道岔表示杆或锁闭杆绝缘装置漏泄。

3. 质量要求

(1)漏泄电压超过轨面电压1/3时就应进行绝缘分解检查。

(2)尖轨位置的锁闭杆中部、锁闭杆与动作杆连接铁的横轴处、长短表示杆连接杆与连接铁(三角铁)销轴处、表示杆与长短表示杆连接杆连接铁处绝缘齐全、良好。

(3)可动心位置的锁闭杆与动作杆连接处、表示杆调整螺丝鸭嘴处绝缘齐全、良好。

四、电缆盒检查清扫

1. 检修项目

电缆盒基础及安装、电缆盒配线、蛇管状态。

2. 检修方法

目视检查电缆盒基础及安装是否合标，用吹风鼓、毛刷清扫电缆盒内部尘土，用螺丝刀、管拧紧固螺丝。

3. 质量要求

（1）基础安设稳固、无裂纹、培土良好无倾倒可能，基础倾斜不超过 10 mm。

（2）电缆盒安装平、正、稳、无裂纹，盘根完整，防尘、防水良好。电缆盒内配线整齐，绑扎良好，线环适当，端子螺丝（双母）紧固，垫圈齐全。万可端子上，各线插接牢固无混线可能，线脖长度适当（1～2 mm）。二极管固定良好。

（3）蛇管安装牢固，无脱落。

五、转辙机防水、防尘检查

1. 检修项目

锁具及遮断器检查、转辙机防水防尘检查、转辙机内各部件基础螺丝紧固、转辙机各部件清扫擦拭。

2. 检修方法

（1）目视检查锁具完整，固定螺丝紧固，锁闭可靠。遮断器转动灵活，插入手摇把时，安全接点可靠断开，切断道岔启动。

（2）机盖应开启、关闭灵活，观察机壳内盘根应完整、饱满、平顺，与机壳的压痕均匀。

（3）用长套筒扳手等工具对转辙机内各部件基础螺丝进行紧固。

（4）用白布和毛刷对各部件及机壳底部进行清扫及擦拭，使转辙机机壳底部、表示杆、动作杆等部件清洁无油污。

3. 质量要求

遮断器接点片压力均匀，与动接点接触良好，接点压力不少于 4 N，动接点与静接点座间隙不小于 3 mm，接触深度不小于 4 mm，道岔加锁后动接点摆动量不大于 3.5 mm。盘根对电机及遮断器墙板对手摇把孔起到良好的防水防尘作用。各部件基础螺丝进行紧固无松动。

六、自动开闭器及电动机接线端子检查、清扫、测试

1. 检修项目

配线检查清扫，自动开闭器检查清扫、电动机接线端子检查、清扫、测试。

2. 检修方法

(1)用毛刷清扫各部配线和端子,使其干净、无尘土,用螺丝刀、管拧紧固松动的螺丝。

(2)用手摇把摇动道岔,使动接点处在两排静接点中间,用白布轻轻搓动接点,直至接点发亮,无锈,无油腻尘土。用白布缠在竹片上,擦拭静接点,直至接点发亮,无锈,无油污尘土。在擦拭时注意不能使静接点片发生形变而影响接点压力。擦拭好一侧接点后,将道岔转换到另一位置,擦拭另一侧接点。

(3)用手摇把摇动道岔,分别观察两排动接点的弧面是否同时与两静接点片接触。如果一排动接点同时先接触静接点的同一侧接点片,后接触静接点的另一侧接点片,则需要调整静接点胶木座。此时将道岔动接点摇到与需要调整的静接点内,松开固定胶木座螺丝,利用静接点的弹力自动摆正胶木座,调整静接点与动接点的齐度,将胶木固定。如果一个动接点与静接点片不同时接触,用扁口钳夹住静接点片根部,向里或向外调整(调整角度不可太大,防止折断接点片或使其失去弹力),直至两静接点片同时与动接点接触。

(4)操作转辙机转动,用万用表500 V挡测量电机1、2间,2、3间及3、4间动作电压。

3. 质量要求

(1)配线整齐,不磨卡、无破皮,接线端子线环适当、垫圈、套管齐全,螺丝紧固。

(2)静接点片压力均匀,与动接点接触良好,接点压力不少于4 N,动接点与静接点座间隙不小于3 mm,接触深度不小于4 mm,摆动量不大于2 mm。

(3)电机动作电压大于或等于380 V。

七、液压油检查

1. 检修项目

检查油箱内油位,加注液压油。

2. 检修方法

(1)拧下油标尺,检查油箱液压油的油位是否在油标尺的上下限之间。

(2)如液压油超下限应先拧下油箱注油孔盖,装好注油器,加入液压油直到油量符合标准。

(3)如液压油超上限,则用注射器将油抽出,直到油量符合标准。

3. 质量要求

(1)液压油必须使用航空10号液压油,禁止使用其他油品。

(2)注油时必须使用注油器在注油孔注油,禁止使用其他方法注油,防止异物进入油箱造成油路堵塞。

八、道岔液压力测试、调整

1. 检修项目

检查调整溢流压力,检查工作压力。

2. 检修方法

(1)检查调整溢流压力。在空动油缸上方接油表处接好压力表,转换道岔尖轨,尖轨和基本轨之间夹入密贴检查铁板,当尖轨受阻静止,电动机空转、转辙机处在溢流状态时,观察压力表指数是否符合维护标准。如不符合标准,松开溢流阀防松倍母,调整溢流阀盖,顺时针旋转溢流阀盖,溢流压力升高,逆时针溢流压力降低。调整后将倍母紧固。

(2)检查工作压力。在空动油缸上方接油表处接好压力表,转换道岔尖轨,观察在道岔解锁、转换、锁闭过程中的压力表指针位置,最高值为道岔转换阻力最大点,也就是道岔转换过程所需的压力。

(3)松溢流阀倍母时,不得将阀盖或溢流阀一同带松,可用两把扳手配合,一把卡紧底母,一把松动上母。松开溢流阀,紧固时要注意不要带动阀盖或溢流阀,否则会使溢流压力升高。

3. 质量要求

(1)在检修作业时应先调整溢流压力,后调整密贴和缺口,因为溢流压力的大小会影响道岔锁闭力大小,先调整道岔密贴4 mm不锁闭,再调大溢流压力就可能造成道岔4 mm锁闭。

(2)ZYJ7型溢流压力小于14 MPa。

(3)ZYJ7型工作压力小于9 MPa,工作压力小于6 MPa时道岔状况最佳。

(4)工作压力是道岔在整个转换过程中转换阻力的反映,应该在检修前后分别检查,以便在检修前后掌握道岔状况。

九、检查调整道岔密贴力

1. 检修项目

检查道岔尖轨与基本轨密贴状况,测试、调整密贴力。

2. 检修方法

（1）在道岔静止密贴状态下，用塞尺检查道岔定（反）位密贴尖轨与基本轨各部的缝隙，尖轨尖端到第一牵引点间不大于0.5 mm（其余牵引点建议不大于1 mm）。

（2）转换道岔尖轨，在道岔第一牵引点锁闭杆上方尖轨与基本轨间夹入20 mm宽4 mm厚铁板试验，在其余牵引点锁闭杆上方尖轨与基本轨间夹入20 mm宽6 mm厚铁板试验，尖轨应不能锁闭。

（3）密贴力调整。松开锁闭铁固定螺丝，转换尖轨至斥离位置，在锁闭铁与锁框之间增加或减少调整片。

3. 质量要求

（1）密贴调整在满足4 mm（或6 mm）不锁闭，尖轨与基本轨间缝隙小于1 mm，能保证缺口不变化的情况下，道岔密贴调整越松越好，以利于尖轨锁闭。

（2）为了防止道岔调整太紧造成道岔不解锁，应在道岔第一牵引点检查1 mm锁闭，其余牵引点检查2 mm锁闭、解锁。

（3）列车速度大于120 km/h时，两牵引点间设置密贴检查器，检查有10 mm及以上间隙不锁闭；列车速度大于160 km/h时，应检查两牵引点间有5 mm及以上间隙不锁闭。

（4）尖轨第二牵引点的密贴有可能影响第一牵引点的密贴和缺口变化，可动心道岔表现得尤为明显，调整时应前后兼顾，协调一致。

十、检查调整缺口

1. 检修项目

检查各牵引点定反位表示缺口，调整不合标准表示缺口。

2. 检修方法

（1）将道岔转换到位，在转辙机自动开闭器下方，目视检查密贴尖轨对应的表示杆缺口是否在标准范围内（也可以使用塞尺检查），缺口大则取下防松件，用450 mm扳手松开表示杆最外侧防松螺丝，调整无扣袖套螺丝，使其带动表示杆移动（将表示杆向转辙机方向推拉），调整缺口至1.5～2.5 mm后拧紧外侧防松螺丝。调整好一个位置后，再调整另一个位置的表示缺口。

（2）无扣袖套螺丝无丝扣，调整时容易造成连接铁垂直螺栓与两侧的螺丝间遗留缝隙，所以在调整时，要使无丝扣的螺丝和跟母一起移动，随时观察、检查垂直螺栓与两侧的螺丝有没有遗留缝隙，遗留缝隙时，重新调整，否则在使用过程中，缺口将可能变化。

(3)缺口调整后往往由于紧固表示杆螺丝造成两表示杆成V型缝,使两表示杆的磨卡阻力增大,最大可能达到1 MPa以上阻力。应在调整以后用450 mm的活口扳手分别卡住长、短表示杆贴近带绝缘垂直螺丝的调整缺口大螺丝,顺(逆)时针旋转,检查机内两根方表示杆与水平垂直后,V型缝可消除,俗称"消缝"。

(4)调整缺口后应检查转辙机内缺口是否和转辙机外表示杆标记一致,如不一致可用ϕ2.0铁线卡在缺口内,拧表示杆螺丝使铁线在缺口内卡死,然后重新做标记。

3. 检修要求

(1)缺口的调整必须在密贴调整良好之后进行。

(2)锁闭柱与锁闭杆(外锁道岔第一牵引点)缺口2 mm±0.5 mm。

(3)检查柱与表示杆检查块(外锁道岔其他牵引点)缺口4 mm±1.5 mm。

(4)表示杆的销孔旷量应不大于0.5 mm,表示杆螺纹部分的内外调整余量不应小于10 mm。

十一、调整限位块位置

1. 检修项目

检查调整限位块位置。

2. 检修方法

道岔尖轨转换到位,在斥离尖轨侧锁闭杆上目视检查限位块与锁框的距离是否在标准范围内(1~3 mm)。如不在标准范围内则松开限位块固定螺丝,将限位块前后调整到标准距离,紧固限位块固定螺丝。

3. 质量要求

(1)限位块距锁框的距离为1~3 mm。

(2)限位块距锁框的距离+锁块与锁闭铁间的距离必须大于0,即限位块与锁框及机内锁块与锁闭铁间必须有一个的距离不为0,否则可能出现道岔尖轨转换卡阻。

(3)限位块距离太小或距离太大,无法调整的原因有尖轨与基本轨开程不合标准、锁块与锁闭铁间有缝隙、轨距或道岔框架不标准。

十二、对道岔各部进行注油

1. 检修项目

对道岔机内、机外需要润滑地点进行注油。

2. 检修方法

(1)打开机盖拉开遮断器,惯性轮与电动机轴间的注油处注 2 ~3 滴油,用手来回拨动惯性轮使油均匀铺渗到电动机轴上后,方可拉上遮断器转换道岔,防止油滴飞溅。

(2)联轴器注油方法是将润滑油滴在干净的布上,对需要润滑部位进行擦拭,防止道岔转动时油滴飞溅。

(3)用腻铲清除滑床板上的油腻等杂物后,对所有不空吊的滑床板进行注油。

(4)所有注油处注油前应对要注油地点进行清洁,润滑油应注入注油孔或需要润滑处,油量要适量。

3. 注油地点

(1)机内注油点

①检查柱与挤脱接点间、锁闭柱与接点间及其轴销处。

②锁块与锁闭铁间。

③锁块与推扳间。

④油缸与底壳间。

⑤滚轮与速动片与动作板间。

⑥动作杆与底壳间。

⑦动作杆与进、出口间(在注油孔注)。

⑧表示杆进出口处(在注油孔注)。

⑨惯性轮与电机轴间。

(2)机外注油地点

①滑床板。

②锁钩轴销、锁钩连接轴横向滑动良好。

③锁框及其滚轮处。

④锁钩钩头、锁闭杆定位螺丝槽。

⑤可动心轨的两可动轨间。

⑥可动心轨根部的扣件与可动心轨间。

第三节　标准化检修作业

标准化作业根据修程修制规定要求制定,各集团公司有所不同,大致分为日常养护和集中检修,下面列举部分道岔转辙设备标准化检修程序、作业准备、标准化检修。

一、ZD6系列电动转辙道岔日常养护作业

作业程序
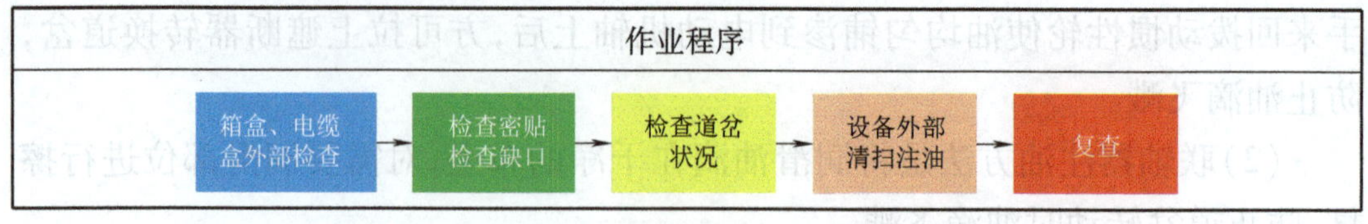

作业准备		
设备描述	ZD6系列电动转辙机主要部件有电动机、减速器、自动开闭器、主轴、动作杆、表示杆、移位接触器、底壳及机盖等 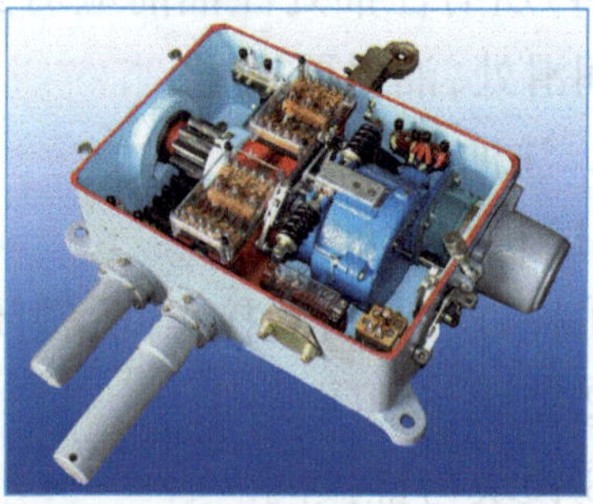	
作业项目	1. 箱盒、电缆盒外部检查； 2. 各部螺栓紧固、油润，地线端子连接牢固； 3. 转辙机外部各部位检查； 4. 道岔各部绝缘检查； 5. 道岔定反位状况检查； 6. 设备外部清扫、注油	
人员要求	室内设驻站联络员，室外设专职安全防护员，作业人员成组配合作业	
周期	集团公司自定，建议每周1次	
工具仪表	手锤、套筒（5 mm、6 mm）、活口扳手（250 mm、300 mm、450 mm）、梅花扳手（22/24 mm、27/30 mm）、卷尺（3 m）、一字螺丝刀（75 mm、150 mm、250 mm）、十字螺丝刀（75 mm、150 mm、250 mm）、尖嘴钳、斜口钳、克丝钳、长嘴钳、钢丝刷、扁油刷、万用表、通信电话、防护用小木墩、笤帚	
材料	各种型号装置绝缘、各种型号螺帽、各种型号开口销、棉纱、扎绑铁线（1.6 mm）、机械油、信号锁等	
安全操作事项	1. 严格遵守上道作业审批规章制度。 2. 室外作业人员作业前，必须明确安全避车地点，了解安全避车地点与作业区域的距离，确保下道避车安全。现场安全防护员接到驻站联络员的下道避车通知后，应立即通知作业人员停止作业，下道避车。 3. 作业人员下道避车同时，必须将作业机具、材料移出线路。两线间、道心内、砟肩及道床边坡上严禁放置机具、材料，防止工具、材料侵入限界。 4. 进行道岔清扫作业时，必须采取防挤措施	

续上表

标准化检修			
工作项目	工作内容	标准及要求	实物图解
一、箱盒电缆盒外部检查	1. 检查机盖、防护罩加锁固定良好，作用良好； 2. 检查各部螺栓紧固，开口销齐全、标准； 3. 检查电缆盒安装牢固、无倾斜	(1)箱盒无破损，硬化面整洁无杂物，蛇管安装良好	 蛇管无脱落，箱盒无破损，清理硬化面
		(2)各部螺栓油润、紧固	 螺丝油润、紧固
		(3)机盖、防护罩固定良好、无破损	 防尘罩作用良好
二、检查密贴缺口	1. 检查尖轨与基本轨密贴状况； 2. 检查缺口标记变化	(1)定反位密贴检查，尖轨尖端各牵引点小于1 mm	 检查尖轨密贴

续上表

工作项目	工作内容	标准及要求	实物图解
二、检查密贴缺口	1. 检查尖轨与基本轨密贴状况； 2. 检查缺口标记变化	(2)定反位缺口检查，缺口 1.5 mm ± 0.5 mm； (3)查明标记变化原因，有针对调整	 检查缺口标记变化
三、道岔状况检查	1. 检查尖轨、基本轨无肥边； 2. 检查尖轨爬行≤20 mm； 3. 检查尖轨无上翘，滑床板无吊板	1. 用1.5 mm塞尺检查顶铁间隙不达标时，协调工务部门联合整治； 2. 打磨钢轨肥边后必须对道岔进行夹异物试验； 3. 查看尖轨位置标记，核对尖轨爬行距离不超标； 4. 滑床板连续三块不空吊	  检查顶铁间隙 检查滑床板空吊情况
四、设备外部清扫注油	螺栓及丝扣清理、注油	设备表面、各活动部位、各杆件、螺丝丝扣刷涂机油	 螺丝紧固、油润、清洁

续上表

工作项目	工作内容	标准及要求	实物图解
四、设备外部清扫注油	滑床板清扫、注油	滑床板清洁、油润	
五、复查	1. 防护罩固定加锁； 2. 扳动试验，检查缺口标记； 3. 料具清点无遗漏，作业人员全部下道，室内防护员销记； 4. 作业全部结束，人员返回室内或撤出护网外，室内防护员离台		

二、ZD6 系列电动转辙道岔集中检修作业

作业程序
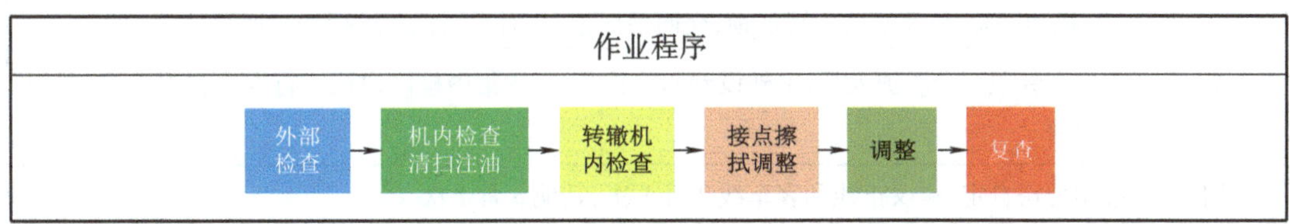

作业准备	
设备描述	ZD6 系列电动转辙机一般作为小号码道岔牵引使用，很少配合外锁闭装置牵引尖轨。转辙机安装一般采用角钢方式，个别采用托板方式。一般安装防护罩。尖轨结构为框架结构。表示连接杆、动作连接杆与尖端杆、第一连接杆连接
作业项目	1. 设备外部检查； 2. 道岔外部装置检查； 3. 安装装置检查，安装方正、平顺，可动部分在道岔转换过程中动作平稳、灵活，无别劲、卡阻现象；

续上表

作业准备	
作业项目	4. 转辙机内检查； 5. 擦拭动、静接点。检查动静接点安装牢固，接点片安装不歪斜，检查自动开闭器动接点在静接点片内的接触深度不少于4 mm，扳动动接点，其摆动量不大于3.5 mm；动接点与静接点座间隙不小于3 mm，接点接触压力不小于4.0 N；速动爪的滚轮在转动中应在启动片上滚动，落下后不得与启动片缺口底部相碰；速动片的轴向窜动，应保证速动爪滚轮与滑面的接触不小于2 mm；转辙机在转动中速动片不得提前转动； 6. 检查摩擦带与内齿轮伸出部分是否清洁无油污，调整弹簧各圈间隙不小于1.5 mm； 7. 挡栓不旷动，移位器顶杆与触头间隙为1.5 mm； 8. 动作杆在圆孔套内的旷量不大于1 mm； 9. 道岔密贴检查及调整； 10. 道岔缺口检查、调整； 11. 挤切销检查、更换(3 t正线两个月、侧线半年、5 t一年或各集团公司自定)； 12. 手摇道岔转换检查； 13. 杆件周围清扫、检查是否有裂痕，是否油润； 14. 电气特性Ⅰ级测试； 15. 道岔内外部清扫、注油； 16. 设备油饰、书写代号(年度)； 17. 扳动试验，机盖及防尘罩加锁，交回手摇把，并对手摇把箱进行加封加锁
人员要求	室内有专职配合防护人员，室外设专职防护员，设备集中检修建议实行专人包保检修，成组配合检修
周期	集团公司自定，建议正线和客车线2月1次，其他3月1次
工具仪表	手锤、套筒(5 mm、6 mm)、活口扳手(250 mm、300 mm、450 mm)、梅花扳手(22/24 mm、27/30 mm)、卷尺(3 m)、一字螺丝刀(75 mm、150 mm、250 mm)、十字螺丝刀(75 mm、150 mm、250 mm)、尖嘴钳、斜口钳、克丝钳、长嘴钳、钢丝刷、扁油刷、万用表、地阻仪、500 V兆欧表、通信电话、万可端子专用小号螺丝刀、笤帚
材料	油壶、机油、棉纱、铁线(1.6 mm)、各种安装螺栓、配线、螺帽
安全操作事项	1. 室内驻站联络员早进晚离、提前上岗，及时与作业人员及现场防护员试验检修专用电话。 2. 现场防护员应佩戴臂章，防护用具携带齐全，与室内驻站联络员、作业人员保持通话畅通。 3. 室内驻站联络员应准确掌握列车运行和调车作业情况，及时向现场防护员和作业人员通知列车、车列的运行动态。室内、外防护员不得擅离岗位，确因工作需要离开时，应告知作业人员，禁止在此期间上道作业。 4. 作业人员应按规定穿戴劳动防护用品，正确使用防护用具。禁止在线路上接打手机。在站内作业时要加强瞭望，注意列车运行。在线路上行走或作业时，应不断前后瞭望。在区间行走，应迎着列车运行方向走。禁止在邻线和两线中间躲避列车。 5. 作业人员接到室内、外防护员下道避车通知后，应立即停止作业，下道避车，并将作业机具、材料移出线路，不得侵限。两线间、道心内、砟肩及道床边坡上严禁放置机具、材料。 6. 道岔检修作业时，必须断开安全接点

续上表

标准化作业			
工作项目	工作内容	标准及要求	实物图解
一、确定检修重点	结合季节性变化和道岔转动次数、列车运行情况，确定检修作业重点	查看监测记录，查阅使用次数、动作电流曲线，确定检修重点	
二、道岔外部检查	1. 操作道岔转换，观察转换情况	联系室内对道岔进行扳动，观察道岔在转换过程中有无异状，转辙机声音是否正常	
	2. 外部螺丝紧固	对道岔安装装置螺丝等各外部螺丝进行紧固	
三、机内检查清扫注油	1. 检查转辙机密封	调整机盖高度达标，更换不良胶条，钥匙孔堵塞良好	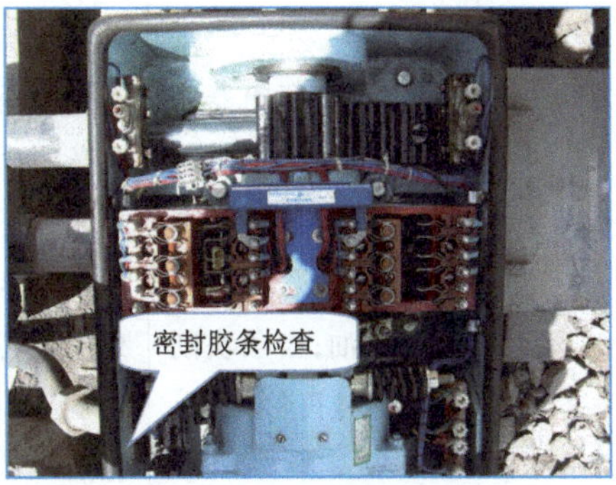

续上表

工作项目	工作内容	标准及要求	实物图解
三、机内检查清扫注油	2. 检查各部配线及端子，紧固各部螺丝	有防松标线的螺丝，通过目测方法检查，没有防松标线的螺丝要用工具进行紧固检查	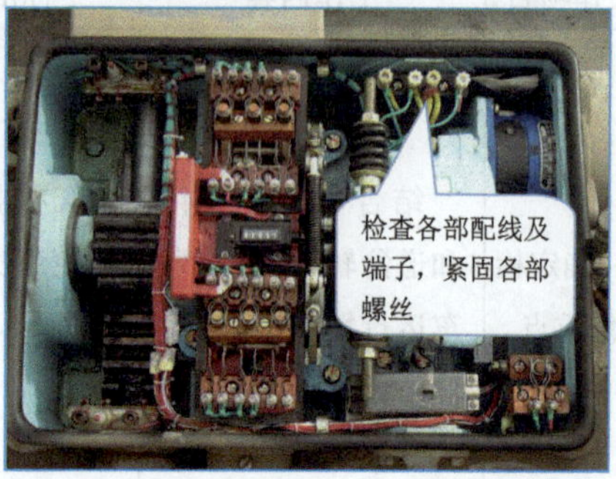
	3. 检查更换挤切销、试验移位接触器	更换到期挤切销，更换或检查完毕，联系室内对移位接触器进行通断试验	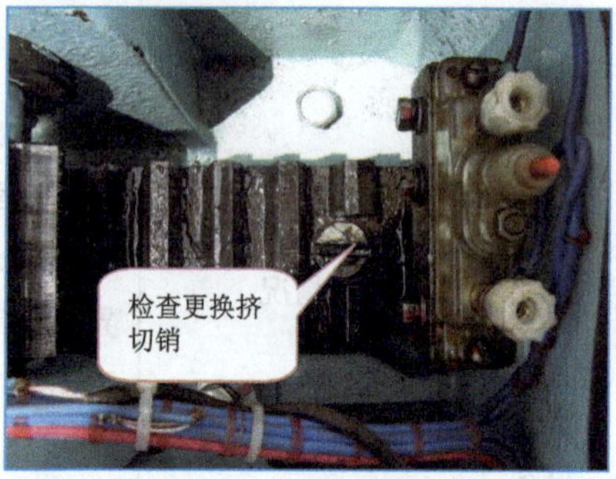
	4. 换向器接触检查，减速器检查，速动爪、滚轮检查	电动机转动时，观察换向器无过大火花，减速器无异常声响，速动爪滚轮动作灵活	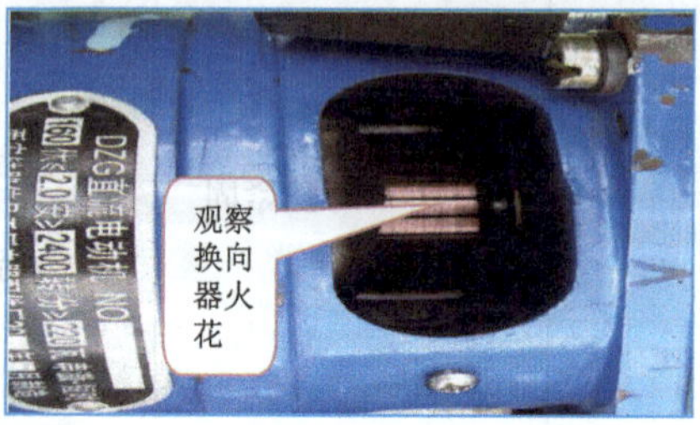
	5. 自动开闭器拐轴连接板、速动爪滚轮，齿条块削尖齿毡垫、动作杆、表示杆毡垫注油；齿条块削尖齿涂抹黄黏油	拐肘连接板、速动爪滚轮注钟表油。齿条块处毡垫、动作杆表示杆处毡垫注机油。齿条块的四处削尖齿，用小竹片均匀涂抹少量黄黏油	

续上表

<table>
<tr><th>工作项目</th><th>工作内容</th><th>标准及要求</th><th>实物图解</th></tr>
<tr><td rowspan="3">四、接点擦拭调整</td><td>1. 擦拭安全接点和自动开闭器接点，接点光滑清洁、无烧痕</td><td>使用竹片缠白布，擦拭接点，更换磨损严重的接点环</td><td>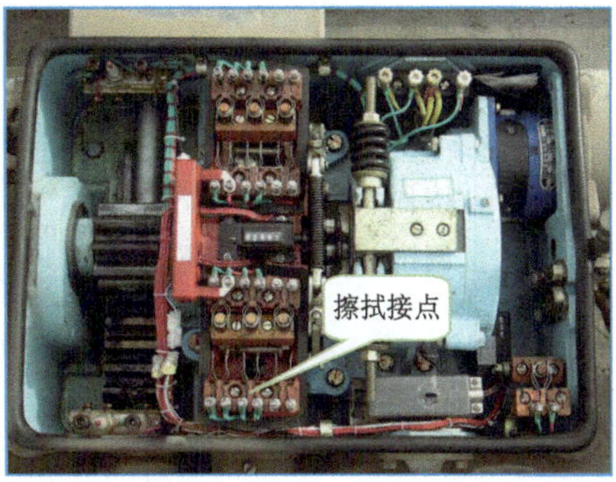
</td></tr>
<tr><td>2. 换向器擦拭及炭刷检查，换向器表面光滑干净、无碳化现象</td><td>用白布擦拭电机换向器，检查炭刷磨耗标记线是否漏出刷握盒，超限进行更换，炭刷盖紧固</td><td>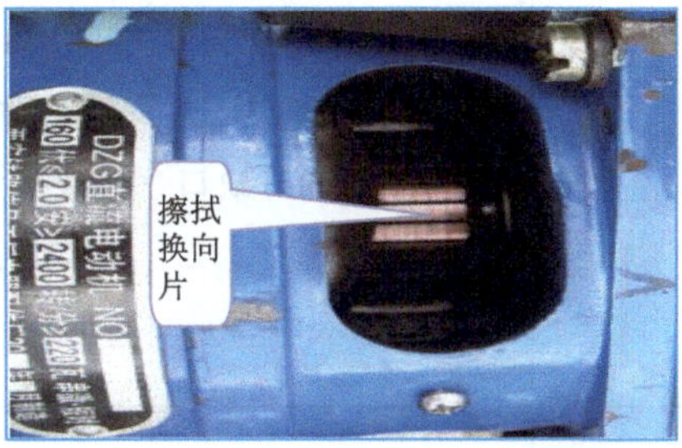
</td></tr>
<tr><td>3. 检查调整遮断器、自动开闭器接点</td><td>接触深度大于4 mm，动接点与静接点座间隙大于3 mm。动接点在静接点内摆动量小于3.5 mm。遮断器接点断开间隙大于2 mm</td><td>
</td></tr>
<tr><td>五、调整</td><td>1. 调整故障电流。故障电流达标，摩擦力调整适当。摩擦弹簧相邻圈最小间隙≥1.5 mm</td><td>尖轨与基本轨间夹4 mm铁板，测试调整转辙机摩擦电流；如果故障电流不标准，要通过旋转调整弹簧上的螺丝来增减故障电流</td><td>
</td></tr>
</table>

续上表

工作项目	工作内容	标准及要求	实物图解
五、调整	2. 调整道岔密贴。按照“先调伸出、后调拉入”的顺序调整	第一牵引点处尖轨与基本轨间有4 mm、第二牵引点处有6 mm及其以上间隙时，道岔不能锁闭和接通道岔表示	
	3. 调整表示缺口。按照“先调伸出，后调拉入”的顺序调整，并核对内外缺口一致	检查柱落入检查块缺口内，两侧间隙为1.5 mm ± 0.5 mm；J型表示杆检查块的检查缺口为单边检测，缺口间隙应小于7 mm	
六、检查电缆盒	检查道岔电缆盒	内部清洁、配线良好、图物相符，各部螺丝紧固，垫片、套管、辅助线环齐全	
七、复查	1. 填写检修卡；2. 防护罩固定加锁；3. 扳动试验，检查缺口；4. 料具清点无遗漏；5. 作业人员全部下道，室内防护员销记		

三、ZYJ7 电液转辙道岔日常养护作业

作业程序

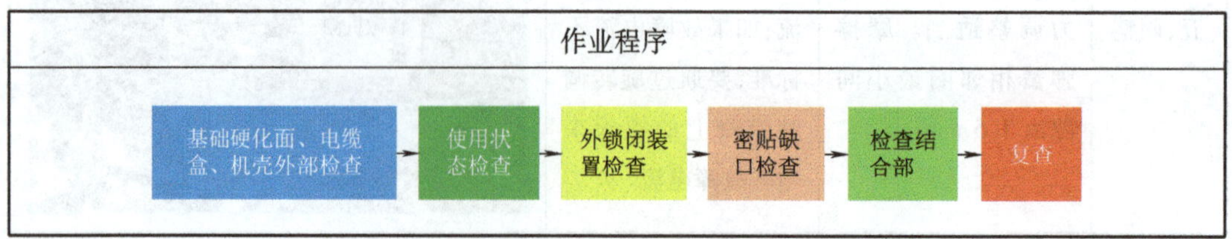

<table>
<tr><th colspan="3">作业准备</th></tr>
<tr><td>设备描述</td><td>ZYJ7 型电动液压转辙机主要由动力机构，转换锁闭机构，表示锁闭机构组成。ZYJ7 单点牵引时，表示机构改为带有挤脱装置表示机构</td><td></td></tr>
<tr><td>作业项目</td><td colspan="2">1. 访问车站值班员，了解运用情况；
2. 检查设备无外界干扰和异状，斥离轨和基本轨之间无异物，各部绝缘无破损；
3. 检查道岔安装装置与基本轨垂直，偏差不大于 20 mm；
4. 检查表示杆缺口标记有无变化；
5. 检查道岔密贴和肥边情况，尖轨爬行是否超标；
6. 检查加锁装置有无损伤；
7. 道岔密贴状态良好，尖轨、基本轨、翼轨的竖切部分无肥边；滑床板吊板是否影响道岔转换；
8. 检查尖轨爬行偏差不大于 20 mm；
9. 尖轨爬行不影响正常转换，心轨表示拉杆不碰钢轨，有 10 mm 以上的间隙；
10. 道床平整，列车过岔时，转换设备上、下起伏不大于 10 mm；
11. 固定尖轨、心轨第一、第二拉板的防松螺栓齐全、紧固、无松动；
12. 安装装置和外锁闭装置的紧固件、开口销、连接销、连接轴压板、表示杆和动作防松螺母，无脱落、不松动
13. 表示杆螺栓紧固、不松动；
14. 转辙机外锁闭装置（包括第二牵引点）动作杆、表示杆、密贴检查器表示杆，安装装置的各连接销、摩擦面应油润；
15. 检查外部油管连接良好、无渗透，油管无较大龟裂，检查防护管槽固定牢固；
16. 油管转角处弯曲半径不得小于 150 mm；
17. 检查箱盒有无破损、漏水；防尘罩安装良好；
18. 检查基础无破损，粉饰良好；
19. 基础面、设备外部清扫、注油</td></tr>
<tr><td>人员要求</td><td colspan="2">室内设驻站联络员，室外设专职安全防护员，检修人员成组配合检修</td></tr>
</table>

续上表

<table>
<tr><th colspan="4">作业准备</th></tr>
<tr><td>周期</td><td colspan="3">集团公司自定，建议每周一次</td></tr>
<tr><td>工具仪表</td><td colspan="3">手锤、套筒(4 mm、5 mm、6 mm)、活口扳手(200 mm、300 mm、450 mm)、管钳、4～6 mm 套筒、卷尺(3 m)、一字螺丝刀(75 mm、150 mm、250 mm)、十字螺丝刀(75 mm、150 mm、250 mm)、尖嘴钳、斜口钳、克丝钳、长嘴钳、1～2 mm 调整片、钢丝刷、扁油刷(金属部分进行绝缘包扎)、万用表、小电话(对讲机)润滑油壶、试验铁板、万可端子专用小号螺丝刀、机油、开口销、冲子、扁铲</td></tr>
<tr><td>材料</td><td colspan="3">开口销(各型号)、棉纱、铁线(1.6 mm)等</td></tr>
<tr><td>安全操作事项</td><td colspan="3">1. 严格遵守上道作业规章制度。
2. 室外作业人员作业前，必须明确安全避车地点的具体位置，了解安全避车地点与作业区域的距离。确保下道避车安全。现场安全防护员接到驻站联络员的下道避车通知后，应立即通知作业人员停止作业，下道避车。
3. 作业人员下道避车的同时，必须将作业机具、材料移出线路。两线间、道心内、砟肩及道床边坡上严禁放置机具、材料，防止工具、材料侵入限界。
4. 当列车经过时，必须执行“邻线来车、本线下道”制度</td></tr>
<tr><th colspan="4">标准化作业</th></tr>
<tr><th>工作项目</th><th>工作内容</th><th>标准及要求</th><th>实物图解</th></tr>
<tr><td>一、基础硬化面电缆盒机壳外部检查</td><td>1. 检查机盖、防护罩加锁固定，作用良好；
2. 检查各部螺栓紧固，开口销齐全劈开角度正确；
3. 检查各部绝缘无破损；
4. 检查各部销轴不旷动；
5. 检查油管接口无漏油渗油现象；
6. 检查引线管不脱落、不破损；
7. 检查电缆盒安装牢固</td><td>1. 机盖、防护罩固定良好无破损。
2. 螺丝紧固可以通过检查弹簧垫不错牙、接触面有锈、螺丝防松标记线对齐等快捷方式进行判定，开口销劈开角度达标。
3. 检查绝缘外观良好。
4. 销轴弹垫压平，游向动作灵活</td><td>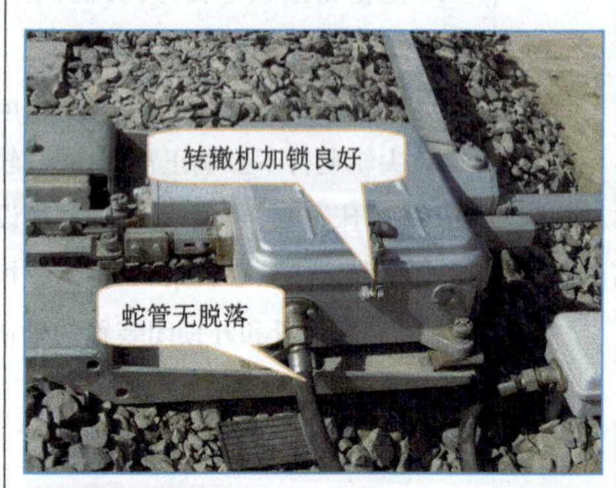
</td></tr>
</table>

续上表

工作项目	工作内容	标准及要求	实物图解
二、道岔状态检查	1. 检查设备无外界干扰和异状，斥离轨和基本轨之间无异物	1. 道岔基本轨和斥离轨间无影响转辙设备转换的杂物	
		2. 固定尖轨、心轨第一、第二拉板的防松螺栓齐全、紧固、无松动	
	2. 安装装置检查	1. 安装方正，托板距离石砟不少于30 mm，无裂纹，螺栓紧固，防松措施良好	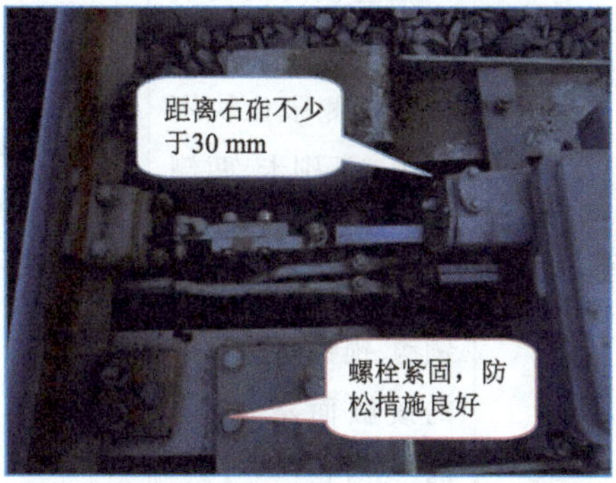
		2. 安装转辙机的两根轨枕之间的撑铁完好	

续上表

工作项目	工作内容	标准及要求	实物图解
二、道岔状态检查	2. 安装装置检查	3. 表示杆和动作防松螺母无脱落、不松动	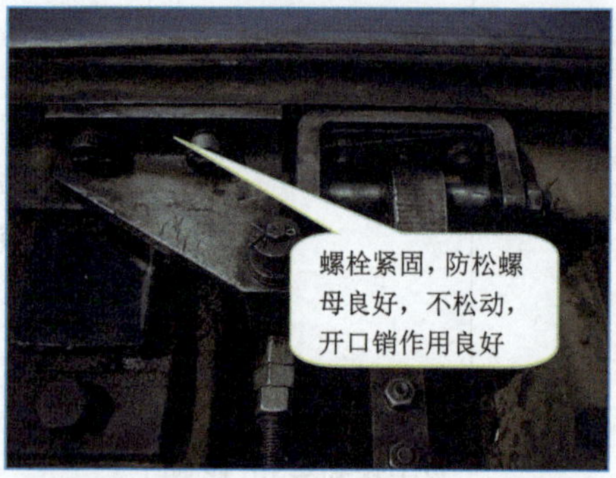
三、外锁闭装置检查	检查锁闭框安装孔螺栓居中，检查锁闭框两侧限位块不松脱、不别卡，两侧与锁闭框内侧间隙均匀；检查锁闭铁与锁钩、锁钩与锁闭杆的接触面清洁、油润、无沟痕	1. 各部螺栓紧固，防松措施良好，开口销齐全，开口销劈开角度在 60°～90°之间，锁钩基本居于横轴中间	
		2. 转辙机动作杆与锁闭杆在一条直线上，锁闭杆与锁框不别劲	
		3. 外锁闭装置的紧固件、开口销、连接销、连接轴压板、表示杆和动作防松螺母无脱落、不松动	

续上表

工作项目	工作内容	标准及要求	实物图解
三、外锁闭装置检查	检查锁闭框安装孔螺栓居中，检查锁闭框两侧限位块不松脱、不别卡，两侧与锁闭框内侧间隙均匀；检查锁闭铁与锁钩、锁钩与锁闭杆的接触面清洁、油润、无沟痕	4. 锁闭框两侧导向销应有效插入锁闭杆两侧导向槽内，不得脱落	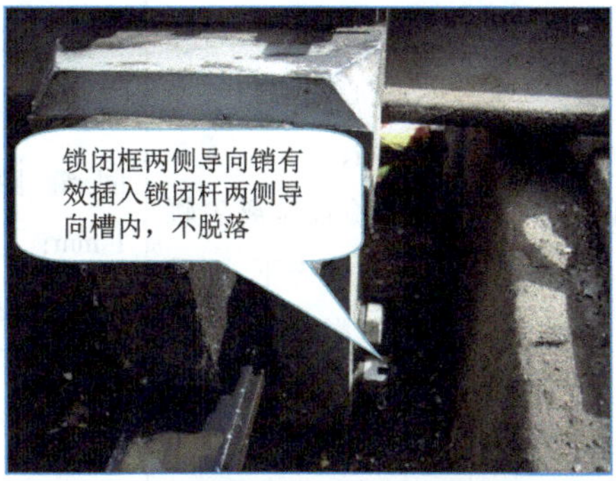
		5. 锁钩与锁闭杆接触面无砂石、杂物等	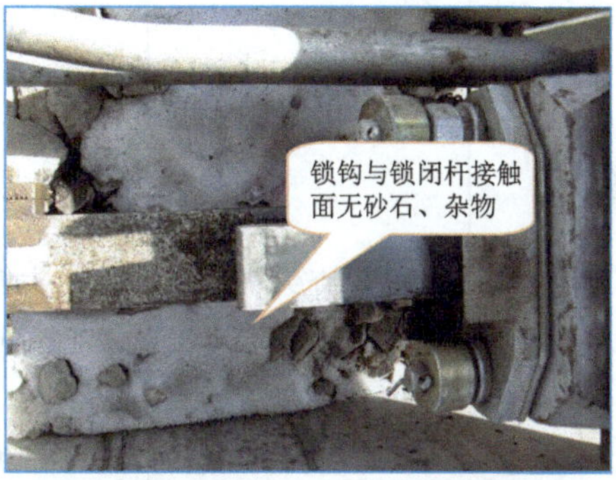
		6. 锁钩、锁钩连接轴、锁闭杆及锁闭铁应保持清洁、油润无锈蚀，锁钩与锁钩连接轴横向滑动良好	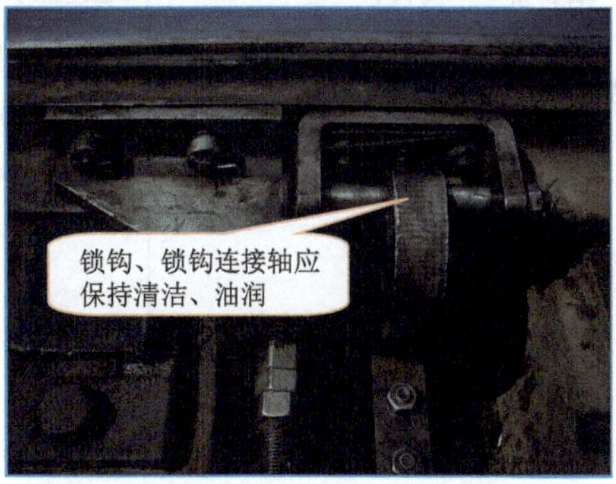
四、密贴缺口检查	1. 检查尖轨与基本轨、心轨与翼轨宏观密贴； 2. 检查斥离尖轨在自然状态下，不受防脱板影响； 3. 检查缺口标记变化	1. 尖轨与基本轨间缝隙不大于1 mm。 2. 标记变化要查找原因再调整	

续上表

工作项目	工作内容	标准及要求	实物图解
四、密贴缺口检查	1. 检查尖轨与基本轨、心轨与翼轨宏观密贴； 2. 检查斥离尖轨在自然状态下，不受防脱板影响； 3. 检查缺口标记变化	1. 尖轨与基本轨间缝隙不大于1 mm； 2. 标记变化要查找原因再调整	
五、检查结合部	1. 检查尖轨轨腰与顶铁间隙不大于2 mm； 2. 检查尖轨肥边、爬行； 3. 检查滑床板、尖轨防跳滚轮	1. 尖轨轨腰与顶铁间隙不大于2 mm； 2. 吊板不能连续超过三块； 3. 尖轨、基本轨无肥边，检查尖轨爬行小于20 mm	
六、复查	1. 防护罩固定加锁；2. 扳动试验，检查缺口；3. 料具清点无遗漏，作业人员全部下道，室内防护员销记；4. 作业全部结束，人员返回室内或撤出护网外，室内防护员离台		

四、ZYJ7 电液转辙道岔集中检修作业

作业程序

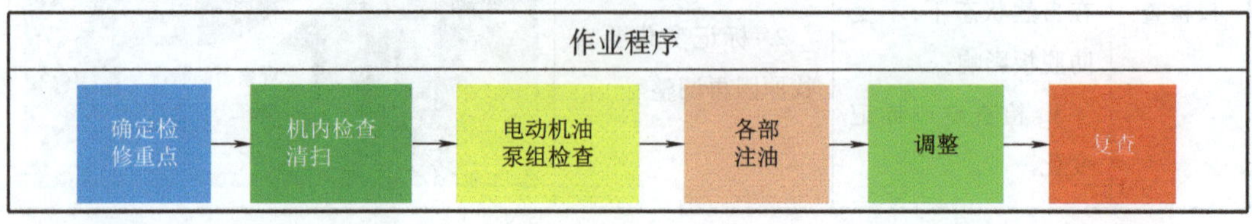

续上表

<table>
<tr><th colspan="3">作业准备</th></tr>
<tr><td>设备描述</td><td>一机一站 ZYJ7 型电动液压道岔由 ZYJ7 型电液转辙机主机和 SH6 转换锁闭器组成，主机与副机共用一套动力系统，两者之间靠油管连接传输动力</td><td></td></tr>
<tr><td>作业项目</td><td colspan="2">1. 外锁闭装置及转辙机安装装置应安装方正，平顺，可动部分在道岔转换过程中动作平稳、灵活，无别劲、卡阻现象；
2. 检查转辙机内部机件无松动、断裂、损坏，防尘良好、无漏水情况，各部螺丝紧固；
3. 检查速动爪和速动片间隙，动接点与静接点座间隙，动静接点片接触深度符合标准；
4. 试验观察整机动作有无异状；
5. 检查配线良好，核对标牌、图表齐全、准确；
6. 检查表示缺口符合标准，不良调整；
7. 检查转辙机、转换锁闭器电特性符合要求；
8. 机内零部件动作正常，清扫、注油；
9. 扳动试验，确认表示；
10. 基础面、设备外部清扫、注油；
11. 安装装置及各连接杆绝缘检查测试，不良分解检查、更换；
12. 电液转辙机检查油量及管路，油量应在上下刻度线范围内，油量不足时，应及时补充；
13. 检查擦拭接点片、接点环；
14. 检查启动片上滚轮在动作板上滚动灵活，落下后不与动作板相碰，与动作板斜面应有 0.5 mm 以上的间隙；当滚轮在动作板上滚动时，启动片尖端离开速动片上平面的间隙应在 0.8 mm ±0.5 mm 范围内；
15. 测量斥离轨开口符合相关技术标准；
16. 检查钢轨无爬行；
17. 检查外锁闭设备两侧的锁闭量符合标准，要求定反位锁闭量一致，偏差不大于 2 mm；
18. 检查限位块，限位块间隙不大于 3 mm；
19. 扳动试验 4 mm 不锁闭，确认道岔表示；
20. Ⅰ级测试；
21. 箱盒、安装装置油饰，书写代号（年度）；
22. 联锁试验（年度）；
23. 配合Ⅱ级测试（年度）</td></tr>
</table>

续上表

<table>
<tr><th colspan="4">作业准备</th></tr>
<tr><td>人员要求</td><td colspan="3">室内设驻站联络员，室外设现场防护员，集中检修建议专人包保，成组配合检修</td></tr>
<tr><td>周期</td><td colspan="3">集团公司自定，建议每2月一次</td></tr>
<tr><td>工具仪表</td><td colspan="3">手锤、套筒（4 mm、5 mm、6 mm）、活口扳手（200 mm、300 mm、450 mm）、管钳、4～6 mm 套筒、卷尺（3 m）、一字螺丝刀（75 mm、150 mm、250 mm）、十字螺丝刀（75 mm、150 mm、250 mm）、尖嘴钳、斜口钳、克丝钳、长嘴钳、1～2 mm 调整片、钢丝刷、扁油刷（金属部分进行绝缘包扎）、万用表、小电话（对讲机）润滑油壶、试验铁板、万可端子专用小号螺丝刀、机油、开口销、冲子、扁铲、油压表、YH－10 号航空液压油、专用注油器</td></tr>
<tr><td>材料</td><td colspan="3">润滑油壶、机油、开口销、棉纱、铁线（1.6 mm）、各种安装螺栓、配线螺帽</td></tr>
<tr><td>安全操作事项</td><td colspan="3">1. 室内驻站联络员应提前上岗，及时与作业人员及现场防护员进行通话试验。
2. 现场防护员携带防护用具，与室内驻站联络员、作业人员保持通话畅通。
3. 室内驻站联络员应准确掌握列车运行和调车作业运行状况，及时向现场防护员和作业人员通知列车、车列运行动态。室内、外防护员不得擅离岗位，确因故需要离开时，应告知作业人员，禁止在此期间上道作业。
4. 作业人员应按规定穿戴劳动防护用品，正确使用防护用具。禁止在线路上接打手机。在站内作业时要加强瞭望，注意列车运行。在线路上行走或作业时，应不断前后瞭望。禁止在邻线和两线中间躲避列车。
5. 作业人员接到室内、外防护员下道避车通知后，应立即停止作业，下道避车，并将作业机具、材料移出线路，不得侵限。两线间、道心内、砟肩及道床边坡上严禁放置机具、材料。
6. 检修时，必须断开安全接点</td></tr>
<tr><th colspan="4">标准化作业</th></tr>
<tr><th>工作项目</th><th>工作内容</th><th>标准及要求</th><th>实物图解</th></tr>
<tr><td>一、确定检修重点</td><td>结合季节性变化和道岔转动次数、列车运行情况，确定检修作业重点</td><td>查看监测记录，查阅使用次数、动作电流曲线，确定检修重点</td><td></td></tr>
</table>

续上表

工作项目	工作内容	标准及要求	实物图解
二、机内检查清扫	1. 检查转辙机密封； 2. 检查各部配线及端子，紧固各部螺丝，机内清扫、擦拭	1. 调整机盖高度达标，更换不良胶条，摇把孔封堵良好。 2. 有防松标线的螺丝，通过目测方法检查，没有防松标线的螺丝，用专用扳手紧固，用长嘴钳夹住棉布进行机内擦拭、清扫	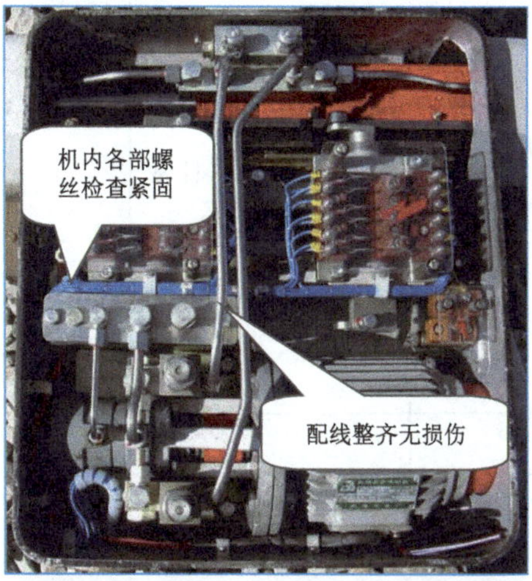
三、电机油泵组检查	1. 检查油路接口螺丝密封； 2. 检查油缸油量； 3. 电动机转动无异声、惰性轮作用良好； 4. 检查油缸防窜动标记无位移	1. 油缸底部无油渍，油量在标尺标线内。 2. 油缸转换过程观察油缸座与油缸套白色标记线对齐	
四、机内各部注油	1. 惰性轮注油孔进行注油； 2. 推板与锁块、锁块与锁闭铁、滚轮与动作板和速动片、油缸与机壳衬垫、检查柱注油； 3. 动作板上镶嵌的速动片注油	油量适当，油润均匀	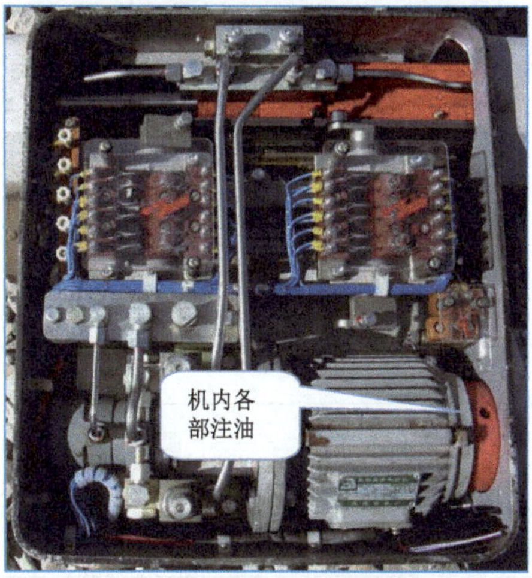

续上表

工作项目	工作内容	标准及要求	实物图解
五、转换锁闭装置检查	检查项目同日常检修		转换锁闭装置检查
六、调整	1. 调整溢流压力：溢流压力≤14 MPa； 2. 密贴、缺口调整同日常检修		调整溢流压力
七、接点擦拭调整	接点检查、擦拭同日常检修		自动开闭器检查
八、复查	1. 防护罩固定加锁；2. 扳动试验，检查缺口；3. 料具清点无遗漏，作业人员全部下道，室内防护员销记；4. 作业全部结束，人员返回室内或撤出护网外，室内防护员离台		

五、ZK4 电空转辙道岔日常养护作业

作业程序

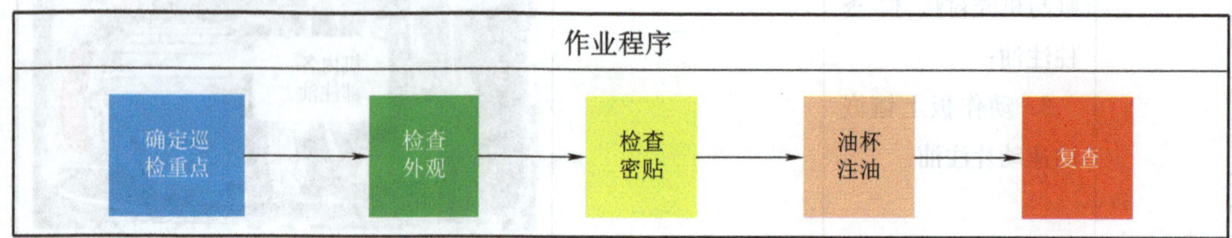

续上表

作业准备		
设备描述	ZK4 转辙机主要部件有气缸、自动开闭器、二位三通换向阀、电磁阀、油杯、压力表、二联件、电热电阻、遮断器、锁闭阀等	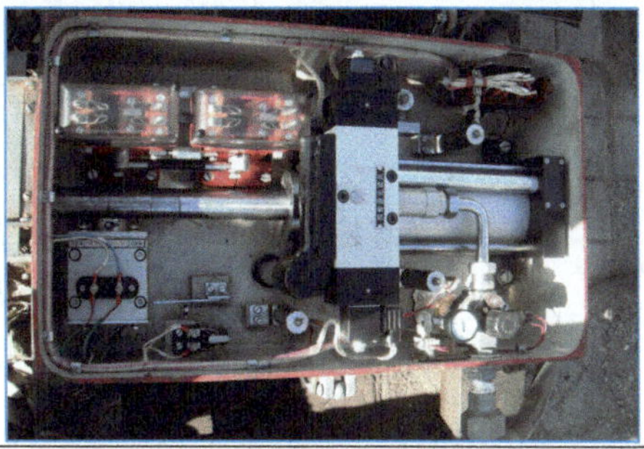
作业项目	1. 检查道岔密贴情况； 2. 检查各部螺栓是否松动，开口销、铁绑线齐全，作用良好； 3. 检查气动二联件工作是否正常，油杯注油、排污是否符合标准； 4. 动作试验，检查整机工作情况； 5. 安装装置检查，加锁检查	
人员要求	室内、外安全防护员，检修人员成组配合检修	
周期	集团公司自定，建议每日 1 次	
工具仪表	通信设备、MF14 万用表、钥匙、道岔调整扳手、梅花扳手、手锤、克丝钳、活口扳手、螺丝刀、腻刀、塞尺、200 mm 钢板尺、小镜子、7 mm 夹板、机油、抹布、开口销、风压表、高压油枪、扎绑线	
材料	各种型号安装装置绝缘、各种型号螺帽、各种型号开口销、棉纱、铁扎线（1.6 mm）、机械油、信号锁等	
安全操作事项	1. 严格遵守上道作业规章制度； 2. 进行道岔清扫作业时，必须采取防挤措施； 3. 驼峰作业必须严格执行“停轮修”制度； 4. 排动道岔时做好室内外联系配合	

标准化作业			
工作项目	工作内容及标准	作业方法	实物图解
一、确定巡检重点	根据计算机异常信息和动作次数统计，确定重点道岔及检查项点	重点对道岔不启动、道岔失表示、自动恢复和动作时间变化异常的进行克服	

续上表

工作项目	工作内容及标准	作业方法	实物图解
二、外观检查	1. 各部螺栓紧固； 2. 各部连接销、开口销检查； 3. 各部绝缘检查； 4. 引线管检查； 5. 扳动检查不漏风； 6. 检查电缆盒安装牢固无倾斜	1. 开口销劈开角度60°～90°。 2. 引线管平顺不留硬弯，风管与托板、角钢不磨卡、不脱落、不破损、不漏风	
三、检查密贴	1. 检查动作杆衬套防护螺丝紧固良好； 2. 扳动检查道岔定、反位宏观密贴，动作杆有一定密贴力，检查动作杆空动距离不小于5 mm	1. 开口销、弹簧垫、防松绑线良好。 2. 用扳手撬动尖轨检查密贴力，用钢板尺检查空动距离	
四、油杯注油	根据实际情况对油杯注油，油量不少于1/3，距顶面不少于10 mm，动作一次滴油不少于一滴	注油时逆时针转动减压阀手轮使风压表指针归零，通过注油孔注油，注油后调整油量调整杆，出油量达标	
五、复查	1. 转辙机固定加锁；2. 道岔扳动试验；3. 料具清点无遗漏，作业人员全部下道，室内防护员销记；4. 作业全部结束，人员返回室内，室内防护员离台		

六、ZK4电空转辙道岔集中检修作业

作业程序
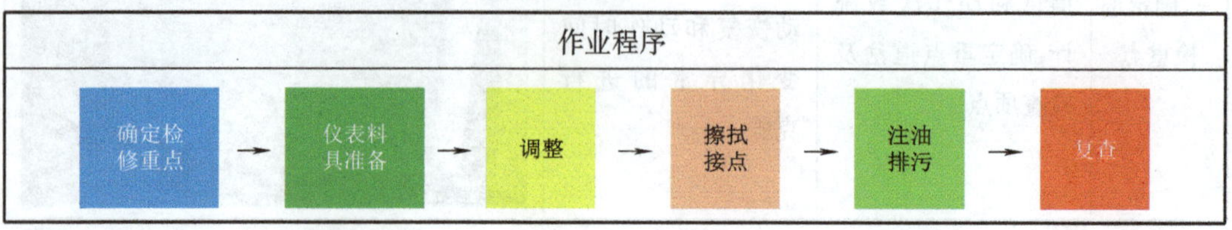

续上表

作业准备		
设备描述	ZK4 电空转辙机牵引峰下单开对称道岔,转辙机安装采用角钢方式,一般安装防护罩。尖轨结构为框架结构,动作连接杆与第一连接杆连接,不设表示连接杆	
作业项目	1. 检查外部机件,紧固螺栓,清扫、注油; 2. 开盖检查转辙机内部机件有无松动、断裂、损坏,机盖防尘是否良好; 3. 检查配线端子有无松动; 4. 检查遮断器接点接触是否良好,测试接点压力并按标准调整; 5. 检查气动二联件,调整注油量; 6. 检查活塞杆、表示杆无磨卡; 7. 检查锁闭阀锁闭可靠; 8. 检查调整解锁、锁闭值; 9. 检查压力表、压力表开关是否正常; 10. 动作试验整机无卡阻、无漏风现象; 11. Ⅰ级测试; 12. 箱盒油饰、书写代号(年度)	
人员要求	室内、外安全防护员,检修人员配合检修	
周期	集团公司自定,建议每月 1 次	
工具仪表	通信设备、MF14 万用表、钥匙、道岔调 整扳手、梅花扳手、手锤、克丝钳、活口扳手、螺丝刀、腻刀、塞尺、200 mm 钢板尺、小镜子、7 mm 铁板、机油、抹布、开口销、长嘴钳、钟表油、白布、针管、风压表、兆欧表、套筒扳手、内六角扳手、高压油枪	
安全操作事项	1. 严格遵守上道作业规章制度; 2. 进行道岔清扫作业时,必须采取防挤措施; 3. 驼峰作业必须严格执行“停轮修”制度; 4. 排动道岔时做好室内外联系配合	

续上表

标准化检修			
工作项目	工作内容及标准	作业方法	实物图解
一、确定检修重点	结合季节性变化和结合部问题确定检修作业重点	结合季节性变化对道岔进行适应性检修，根据工电联合整治记录协调工务解决结合部问题	
二、道岔调整	1. 调整道岔开程。开程标准 142 ~ 152 mm，定、反开程偏差不大于 2 mm。 2. 调整工作风压。先校正锁闭风压和解锁风压，然后调整工作风压。锁闭风压 <0. 25 MPa、解锁风压 >0. 32 MPa，工作风压日常调至 0. 55 MPa。 3. 调整道岔密贴。牵引点处有 7 mm 及以上间隙时，不得接通道岔表示	1. 开程不标准时，配合工务通过加减方钢调整片来解决	 测量开程，不合格时通过增减顶铁片调整
		2. 安装风压表，逆时针缓慢转动减压阀手轮校正锁闭风压。顺时针缓慢转动手轮校正解锁风压，不达标时更换压力开关。调整工作风压时，先调至标准值，然后通过按压原位置侧手柄来校正，无误后锁闭	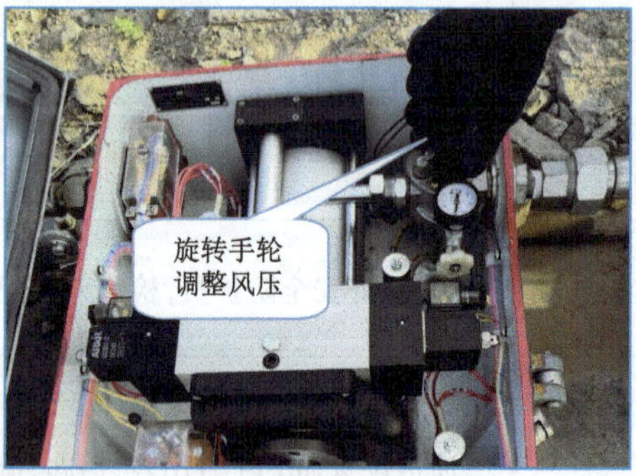 旋转手轮调整风压
		3. 道岔密贴调整要使动作杆指示线对准锁闭阀阀杆中心，如果开程标准，要采取挪移锁闭阀底座方式解决	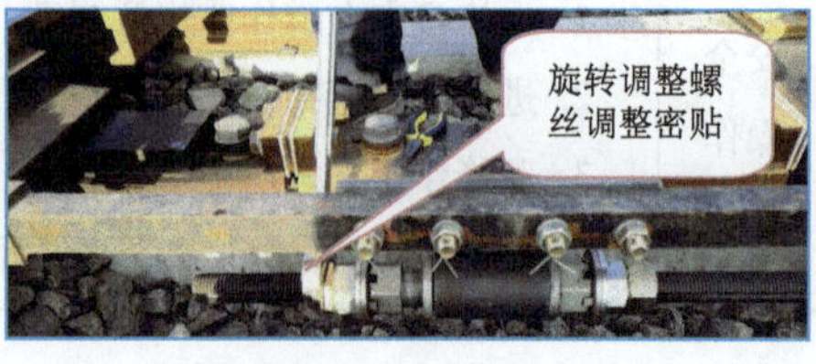 旋转调整螺丝调整密贴

续上表

工作项目	工作内容及标准	作业方法	实物图解
二、道岔调整	4. 调整道岔缺口。调整偏心销，滚轮转动灵活、保持钩间隙不小于 0.3 mm。 5. 调整遮断器、自动开闭器接点。遮断器接点断开间隙不小于 2 mm，非经人工恢复不得接通电路。接点接触深度不小于 4 mm	4. 滚轮和保持钩间隙要通过调整偏心销解决，不能满足调整要求，更换超限偏心销	
		5. 接点接触深度采取挪移自动开闭器底座和动静接点座解决，遮断器接触深度通过旋转可调拉杆方式解决	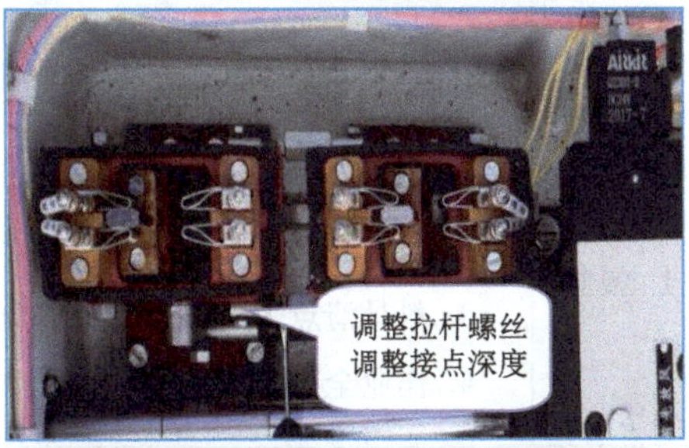
三、擦拭接点	擦拭安全接点和自动开闭器接点，动静接点光滑清洁	用白布轻搓接点，使动、静接点光亮无污渍	
四、注油及排污	1. 动作杆、表示杆毡垫注油。 2. 自动开闭器拐轴、滚轮注油。 3. 风缸前后腔及换向阀注油。 4. 对组合式气源处理元件进行排污	1. 在动作杆、表示杆注油孔处注机油。 2. 用针管对拐轴和滚轮注钟表油。 3. 每季度对风缸前后腔注油，注意保持油质清洁。 4. 打开底板拧开放水阀进行排污	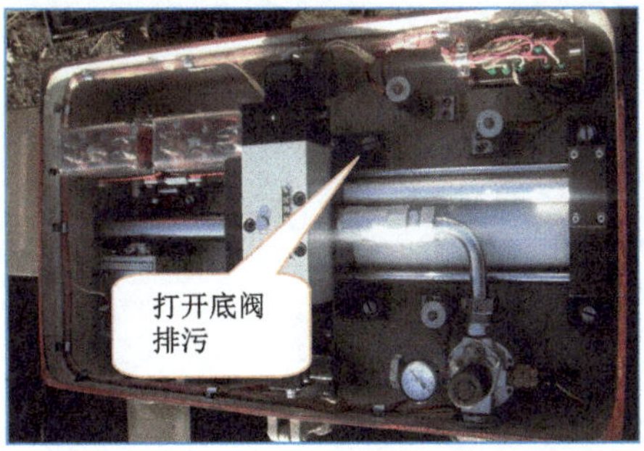
五、漏风检查及清扫	1. 机内各机件固定良好，不漏风； 2. 检查各部配线及端子，紧固各部螺丝； 3. 擦拭机内油渍； 4. 整治转辙机密封； 5. 冬季检查电热电阻作用良好； 6. 填写检修卡		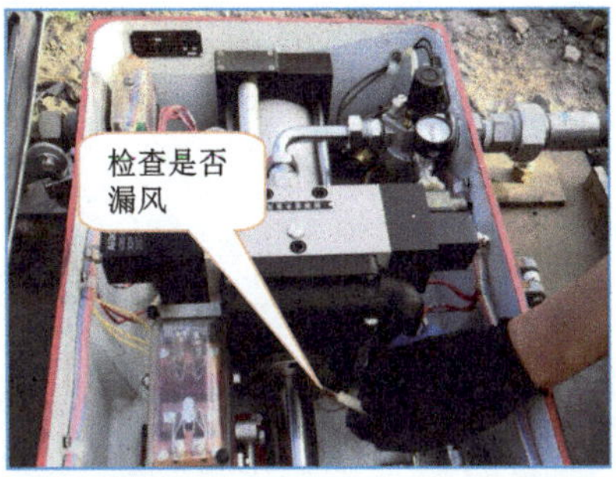

续上表

工作项目	工作内容及标准	作业方法	实物图解
六、测试	测试工作电压20～28 V	断开表示，在电缆盒端子测试工作电压	端子上测量工作电压
七、复查	1. 转辙机固定加锁； 2. 道岔扳动试验； 3. 料具清点无遗漏，作业人员全部下道，室内防护员销记； 4. 作业全部结束，人员返回室内，室内防护员离台		

第七章 道岔病害整治

道岔病害是道岔发生卡阻故障的根本原因，大力整治道岔病害对于压缩道岔故障具有十分重要的现实意义，在维修中要高度重视道岔病害整治工作，使工电部门共同认识到道岔病害的危害，采取强有力措施，共同协调配合，推进道岔病害整治工作，达到道岔应用质量常态优良，实现大力压缩故障目标。

道岔病害按照分管部门不同，归纳起来分为两大类：一类为道岔病害，主要表现为道岔几何尺寸不达标，道岔方向、框架不良等，这些问题主要由于工务部门维护不到位造成；一类为转辙设备病害，主要表现为调整不当，维修手段落后、维修观念陈旧、维修水平不高等，这些问题既是水平问题，也是管理问题。下面就这两种情况，叙述形成原因、整治方法。

第一节 道岔病害的表现形式及危害

一、道岔爬行

基本轨、尖轨、安装转辙机轨枕相对位置发生偏离称为道岔爬行。爬行引起的位移量超过允许数值，会导致转辙设备在转换尖轨时受阻或道岔在静态时失去位置表示。在维修中，要随时关注道岔的爬行，发现爬行量超标，要及时整治，保持基本轨、尖轨、轨枕相对位置的稳定。

1. 基本轨爬行

基本轨爬行有三种表现形式，一是一侧基本轨爬行，二是两侧基本轨向同方向爬行，三是两侧基本轨向相反方向爬行。爬行造成的危害对于角钢安装、托板安装道岔有所不同。

(1)角钢安装道岔。框架结构内锁闭角钢安装方式道岔，三种方式的基本轨爬行对道岔转辙的影响也不同。**第一种、第三种情形，**一侧基本轨爬行或两侧基本轨向相反方向爬行，会破坏转辙设备安装框架，使矩形框架变为菱形结构，会带动转辙机位移，使转辙机动作杆与动作连接杆、表示杆与表示连接杆不在一条直线上，严重时形成较大角度，使转辙机的牵引力分散，动作连接杆与象鼻铁别劲、表示连接杆与表示杆别劲，使尖轨转换受阻或失去表示；**第二种情形**，两侧基本轨向同方向爬行，使转辙机的位置偏离，表示杆、动作杆随转辙机位移和表示连接杆、动作连接杆成角度，同样会使转辙力分散，严重时会造成别卡无法转换道岔尖轨或道岔失去表示。

(2)托板安装道岔。分动结构外锁闭托盘安装方式道岔，三种方式的基本轨爬行对道岔转辙的影响与角钢安装方式相比更严重。由于锁框固定在基本轨上，所以基本轨爬行会带动锁框位移。锁框位移会造成锁框与锁闭杆别卡、锁框与表示杆别卡。**第一种情形**，一侧基本轨爬行，如果是远离转辙机侧的基本轨爬行，固定在该侧基本轨上的锁框带动锁闭杆有位移，也造成该侧锁闭杆与锁框磨卡，但由于是锁闭杆末端磨卡，所以对道岔的转辙影响不大。如果是靠近转辙机侧的基本轨爬行，固定在该侧基本轨上的锁框可能与锁闭杆发生严重别卡，造成转换受阻而无法转换道岔尖轨；或者向表示杆方向爬行导致锁框和表示连接杆触碰别卡。**第二种情形**，两侧基本轨向同方向爬行，向表示杆方向位移会使锁框和表示连接杆触碰、与锁闭杆别卡，严重时导致道岔尖轨无法转换；向表示杆背向位移，会使锁框和锁闭杆别卡、和表示杆连接角度加大而使道岔失去表示。**第三种情形**，两侧基本轨向相反方向爬行，带来的后果比一侧基本轨爬行更严重，同样会造成靠近转辙机侧锁框与锁闭杆别卡而导致道岔尖轨无法转换，或者触碰表示连接杆别卡。

2. 尖轨爬行

尖轨爬行也有三种表现形式，一是一侧尖轨爬行，二是两侧尖轨向同方向爬行，三是两侧尖轨向相反方向爬行。爬行造成的危害同样对于角钢安装、托板安装道岔有所不同。

(1)角钢安装方式。不管是尖轨一侧爬行，还是尖轨两侧爬行，由于表示连接杆与尖轨连接，尖轨的位移量会造成表示杆和表示不在一条直线上，连接成角度，非常严重时可能造成道岔失表示。一般的尖轨爬行对于角钢安装方式道岔来说，影响不明显。

(2)托板安装方式。尖轨爬行对于转辙机缺口的影响和角钢安装方式一样不明显，但对于托板安装方式来说，靠近转辙机侧尖轨向锁框方向位移会使表示连接杆与锁框触碰磨卡别劲而导致道岔尖轨无法转换。特别严重时，锁钩位移到极限和 U 型铁触碰。

3. 轨枕爬行

轨枕爬行有两种表现形式，一是向电动机方向爬行，一是向电动机背向方向爬行。

(1)角钢安装方式。动作连接杆、表示连接杆两侧轨枕爬行，可能导致轨枕与动作连接杆、表示连接杆磨卡。

(2)托板安装方式。由于转辙机安装在托板上，安装转辙机两条轨枕爬行，会造成转辙机爬行，带动动作连接杆、表示连接杆位移。向表示杆方向爬行，导致锁框与表示连接杆触碰、与锁闭杆磨卡，严重时导致转换尖轨受阻或道岔失表示；向表示杆背向爬行，会导致锁框与锁闭杆磨卡、表示杆和表示连接杆成角度，严重时尖轨转换不能完成、道岔失表示。

二、道岔不密贴

1. 尖轨尖端尖轨与基本轨不密贴

尖轨尖端不密贴，在列车过岔时，车轮撞击尖轨向外方位移，带动表示杆向转辙机方向移动，造成道岔缺口变化，严重时会使道岔失去表示。如果是夹入4 mm铁板道岔能锁闭，导致道岔锁闭强度不够，对于内锁闭道岔，由于尖轨和动作杆是死连接，车轮撞击尖轨使尖轨位移会造成动作杆或动作连接杆受力变形，长时间会导致挤切削折断而过岔时道岔失表示；对于外锁闭装置，尖轨外移带动锁钩外移，可能使锁钩凸台脱离锁闭杆凸台，道岔有解锁风险。

2. 尖轨削切末端尖轨与基本轨不密贴

尖轨削切末端不密贴，会造成两方面危害，一是使尖轨尖端的密贴力增加，导致道岔尖轨在转换时，尖轨尖端锁闭、解锁困难，类似于“跷跷板”；二是车轮撞击尖轨向外方位移，带动表示杆向转辙机方向移动，造成第二牵引点转辙机或转换锁闭器缺口变化，严重时使道岔失去表示。

3. 心尖轨与翼轨不密贴

心尖轨与翼轨不密贴的危害与尖轨削切末端不密贴的危害基本相同，同样造成转换困难或失表示。

三、调整不当

1. 内锁闭道岔空动距离不足

内锁闭道岔空动距离是指密贴调整螺丝边缘与象鼻铁外边缘之间的距离，空动距离要大于5 mm。空动距离是转辙机启动后动作杆一段时间内无载位移的距离，保证转辙机达到最大动能时带载，确保道岔尖轨顺利解锁。空动距离不足，可能使转辙机动能没有达到最大就开始牵引尖轨，可能造成尖轨不解锁。

2. 外锁闭道岔锁闭量不当

外锁闭道岔锁闭量是指道岔在锁闭状态下，锁闭杆凸台与锁钩底部重合的长度。第一牵引点锁闭量应大于 35 mm，其他牵引点锁闭量应大于 20 mm，道岔两个位置的锁闭量应均衡，偏差不大于 2 mm。外锁闭道岔锁闭量和内锁闭道岔空动距离的作用一样，也是保证转辙机达到最大动能时带载，同时也是保证限位块距离合标的前提。

3. 自动开闭器接点接触深度不当、压力不足

自动开闭器动接点打入静接点深度为 4 mm，静接点对动接点的压力为 4 N。自动开闭器动接点打入静接点的深度不足，会导致接点压力不足，列车过岔时接点受到震动而断表示。自动开闭器动接点打入静接点的深度过量，会导致动接点磕碰静接点座，随使用时间的增长会损坏动、静接点。动、静接点压力不足，会导致道岔失表示。

4. 防水、防尘不良

防水、防尘不良，导致转辙机内积水、集尘，寒冷季节随昼夜温差使自动开闭器接点挂霜，导致接点接触不良，会使其他金属件生锈。机内的集尘会影响部件动作的灵活性。

第二节　道岔病害整治

一、整治方案确立

1. 病害调查

电务维修人员要准确掌握道岔的框架结构、几何尺寸、应用变化，对道岔状况进行诊断，发现不良会同工务部门确定原因。在病害的调查方面，工务部门重点关注道岔结构是否稳定，而电务部门重点关注道岔的变化，所以在道岔病害的调查方面，电务部门更要积极主动，积极协调工务部门，取得工务部门的支持和帮助，是整治道岔病害成败的关键。

在协调工务部门调查病害原因时，利用排他法最有效，同时要从多个方面印证、判断病害原因，务求原因准确。在此基础上，会同工务部门制定整治方案。

2. 确立方案

确立方案要遵循节约简约原则。节约简约就是在整治时,尽量选取简单方法,以最小的人力、物力获得最大成效。例如,整治外锁闭道岔爬行,目的是使动作杆与锁闭杆、表示杆和表示连接杆顺应,锁闭杆与锁框不磨卡,无疑通过移动轨枕,即移动转辙机位置,使转辙机顺应道岔爬行最简单、便捷,同时也会获得工务部门的支持。能用调整的方法解决问题,就不要选取拉轨、换件方案,加大整治成本。

确立方案要周到细致。把整治方法、手段、安全措施、应急预案考虑全面,不要盲目,要同工务部门进行讨论、要同上级管理部门讨论、汇报,确保整治成功。

二、病害整治

1. 基本轨爬行整治

(1)形成原因。安装及更换道岔基本轨、引轨、导轨时,不得已引起两条基本轨位置发生改变。胶粘绝缘速冻钢轨接头时,由于轨缝不合胶接要求,拉轨造成基本轨爬行。一个方向长期运行长大重载列车,造成一侧基本轨、一侧尖轨向运行方向爬行。锁定不良,气温变化热胀冷缩造成爬行。

(2)标准要求。基本轨与转辙机动作杆相对位移量小于 20 mm。

(3)测量方法。

①角钢安装道岔。由于转辙机安装在基本轨上,基本轨爬行带动转辙机一起位移,所以用支距尺(方尺)在直基本轨一侧寻求基本参照点,测量两侧基本轨头到支距尺的距离,求差,和道岔初始数值比较,可以得出基本轨爬行量,如图 7-2-1 所示。

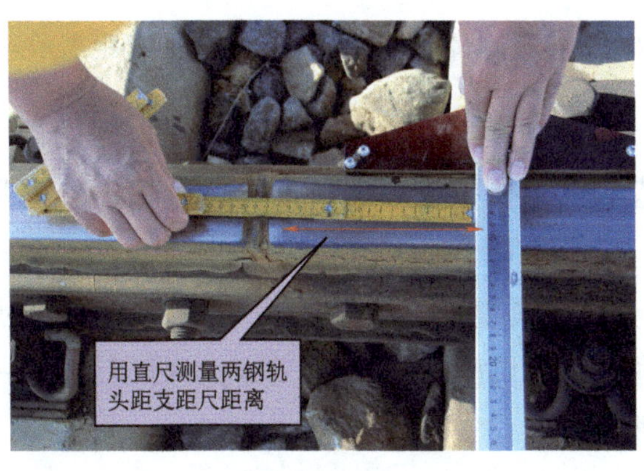

图 7-2-1 测量轨头至支距尺距离示意图

②托板安装方式。由于转辙机安装在轨枕上,所以要用支距尺寻求以转辙机动作杆位置为参照的测量点。转辙机动作杆、表示杆位置如图 7 - 2 - 2 所示。以转辙机动作杆位置为基准点,用支距尺在基本轨上寻求与转辙机横向边缘垂直的参照点,测量锁框 U 型铁安装孔中心到参照点的距离,就是基本轨的爬行量。如图 7 - 2 - 3 所示。

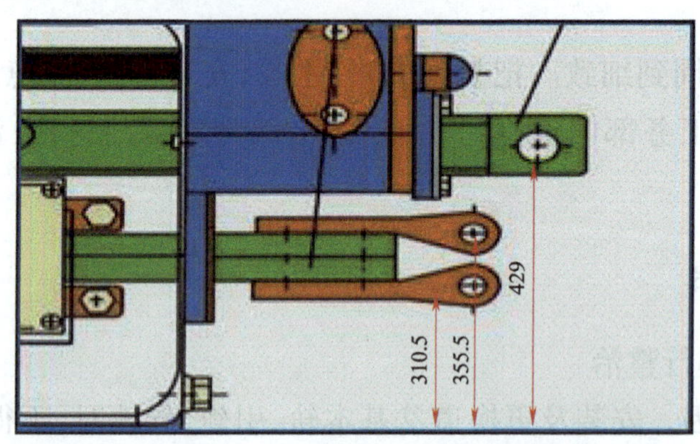

图 7 - 2 - 2　动作杆、表示杆绝对位置示意图(单位:mm)

图 7 - 2 - 3　测量 U 型铁孔中心到参照点距离示意图

(4)整治方法。基本轨爬行量超出标准时,应根据两条尖轨与两基本轨图定位置,确定哪条基本轨需要拉方正,并根据这条基本轨前后引轨状况确定整治方案。

①有轨缝利用。需要调整的基本轨前后引轨有轨缝的时候,可以用调整轨缝的方法,将基本轨的爬行调整到 20 mm 以内。可以调整一条基本轨,也可以两条基本轨配合调整。

②无轨缝利用。基本轨前后接头没有可以调整的轨缝,则需要换轨

解决。

2. 尖轨爬行整治

(1)形成原因。由于尖轨无扣件,在气温变化时热胀冷缩造成尖轨爬行,尤其大号码道岔爬行明显。长期一侧走行长大重载列车,造成一侧尖轨爬行。

(2)标准要求。两尖轨相对爬行量小于±20 mm。

(3)测量方法。相对爬行量测量,支距尺尺头放在直基本轨上,用直尺分别测量出直、曲尖轨头部与方尺(支距尺)的距离,其距离差即为两尖轨相对爬行量。如图7-2-4所示。

图7-2-4　尖轨爬行测量方法示意

(4)整治方法。当两尖轨相对爬行量超出标准时,应根据两表示杆位置确定移动尖轨位置。

①有轨缝利用。当需要拉动的尖轨有轨缝,可以考虑用调整轨缝的方法,将尖轨爬行调整到20 mm以内。

②无轨缝利用。当尖轨没有可以调整的轨缝,换轨解决。

3. 轨枕爬行整治

(1)形成原因。施工人员未按设计图铺设岔枕、机械化综合维修作业造成岔枕移位、岔枕缺少石砟,稳定性差,长期走行列车造成岔枕位移。

(2)标准要求。锁框两侧的轨枕中心距离应为650 mm±20 mm,有表示杆一侧的轨枕中心距锁框中心为350 mm±15 mm,另一侧为300 mm±15 mm。

(3)测量方法。用钢卷尺测量两岔枕同侧边之间距离或两螺丝中心之间的距离。用钢卷尺分别测量两岔枕螺丝中心与锁框中心之间的距离。

(4)整治方法。调整锁框解决,锁框调整量不能纠正时,移动轨枕。在移动轨枕时,防止将轨枕上连接弯铁的螺丝眼顶裂。

4. 尖轨基本轨不密贴整治

(1)形成原因。调整方面,维修人员维修意识不清,错误地认为尖轨密贴力越小,对于转辙机工作越有利,导致尖轨尖端不密贴。病害方面,尖轨与基本轨整体顺切不良,腰部抗劲;道岔轨距跳跃;基本轨方向不良;尖轨变形;基本轨产生肥边、支距过大等。

(2)标准要求。尖轨第一牵引点与基本轨、心轨第一牵引点与翼轨的间隙小于0.5 mm,其余部位间隙小于1 mm。

(3)测量方法。用塞尺进行各部位缝隙的测量,如图7-2-5所示。

图7-2-5　尖轨、基本轨间隙测量示意

(4)整治方法。道岔不密贴的整治须判断、查明造成原因,否则将会适得其反,事倍功半。无法判明原因时,可甩开转辙机,用撬棍撬动尖轨靠紧基本轨,观察自然密合情况,判明是道岔框架问题还是道岔方向问题,是基本轨问题还是尖轨问题,找准卡阻、抗劲原因,采取相应办法整治。

①增加密贴力。内锁闭道岔,旋转密贴调整螺丝,增加密贴力,用夹板试验密贴,4 mm不锁闭,2 mm锁闭。外锁闭道岔,增加调整片,增大密贴力,可以把扳手插入尖轨头部与基本轨轨墙间隙,扳动、观察尖轨向外摆动情况,然后用夹板试验。

②纠正道岔方向。用拨轨器将道岔方向不良的地方拨直,将道岔曲基本轨按框架尺寸用轨距块调整准确,用轨距杆固定轨距(尖轨尖端轨距杆里、外侧螺丝要紧固,其他位置轨距杆外侧螺丝紧固,滑床板与基本轨间间隙用衬铁垫实,防止基本轨在列车过岔时里外摆动而造成缺口变化)。

③纠正尖轨变形。甩开道岔连接杆件，用弯轨器整治变形尖轨，必要时更换尖轨消除尖轨反弹、弓腰、上翘等问题，切忌用增加密贴力的方法纠正尖轨不密贴病害。

④减小支距。测量顶铁与尖轨间隙大小，如图 7－2－6 所示，顶铁与尖轨抗劲，要撤除顶铁垫片，无法解决问题时，更换顶铁或切除顶铁缩短顶铁长度解决。

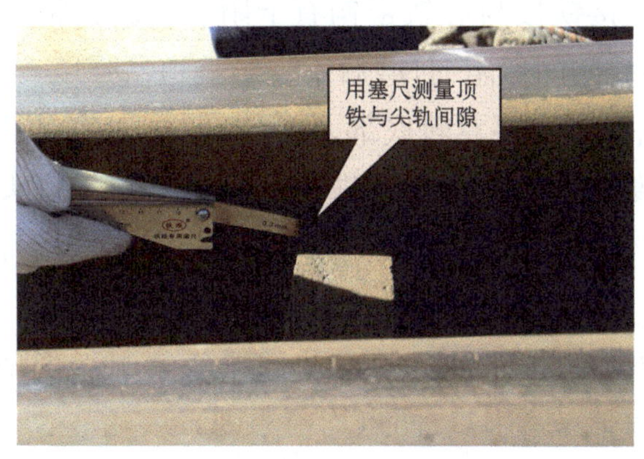

图 7－2－6　检查顶铁与尖轨间隙实物

5. 心尖轨与翼轨不密贴整治

（1）形成原因。锁闭框轨腰固定螺丝连接铁板与心轨锁钩磨卡，翼轨底部与锁钩磨卡，心尖轨第二牵引点密贴力调整小，翼轨框架不良，造成心尖轨与翼轨不密贴，如图 7－2－7 所示。

图 7－2－7　心尖轨与翼轨不密贴示意

（2）标准要求。心轨第一牵引点前与翼轨的间隙小于 0.5 mm，其余部位间隙小于 1 mm。

(3)测量方法。在心尖轨第一牵引点锁闭杆上方心轨与翼轨间夹入 20 mm 宽 4 mm 厚铁板试验,应不能锁闭,用塞尺进行各部位缝隙的测量。

(4)整治方法。翼轨框架整治难度大,如果能用调整方法解决心尖轨不密贴,则一般不宜调整翼轨框架。

①打磨锁框连接铁。观察锁闭框轨腰固定螺丝与连接铁板卡痕,连接铁板上卡痕明显,说明连接铁板与心轨锁钩有卡阻。打磨锁框连接铁,克服锁框轨腰固定螺丝与连接铁间的卡阻,打磨后不得影响道岔强度。

②打磨翼轨底部。观察翼轨底部,如果有明显卡痕,说明翼轨底部与锁钩磨卡,在不影响强度的情况下对翼轨进行打磨。锁框与轨头、锁钩与心轨如有余量,也可将定、反位锁闭框用相同厚度的铁片垫在轨底上部与锁框间,使锁钩离开磨卡位置。

③增加密贴力。增加调整片,增大心轨第二牵引点密贴力,心轨密贴要遵循先第二牵引点,后第一牵引点,两点均衡原则。

6. 尖轨上翘整治

(1)形成原因。尖轨根部低造成尖轨翘头;尖轨头部基本轨稳定不良造成基本轨下沉,尖轨相对基本轨翘头;尖轨垂直变形使尖轨翘头;滑床板不在同一水平面上,造成尖轨翘头。

(2)标准要求。内锁道岔,尖轨轨底与滑床台密靠,不得有连续空吊;外锁道岔,尖(心)轨轨底与滑床台间隙小于 1 mm。

(3)测量方法。用塞尺适宜厚度插入滑床板与尖轨之间,测量上翘距离,如图 7-2-8 所示。用吊线绳的方法测量基本轨的高低状况。

图 7-2-8　检查尖轨翘头示意

(4)整治方法。尖轨垂直变形整治难度大,必要时要更换尖轨,更换尖轨后,还要检查造成尖轨垂直变形原因,查看尖轨中部滑床板是否有空吊、尖轨跟端是否有抬高等问题。

①抬高尖轨。要求工务部门用捣固的方法将尖轨超高部位的轨枕抬高,捣固时分步进行,防止抬高过度造成尖轨升高过度而造成滑床板空吊,也可用加装垫板的方法垫高降低的部位。

②降低尖轨。一般选用撤除垫板或更换厚度较小的垫板降低超过部位解决,仍不能解决时,抬高、降低同时使用,以取得滑床板在同一水平面上。仍不能解决,建议机械化综合维修。

7. 内锁道岔空动距离不足整治

(1)形成原因。道岔开程增大。

(2)标准要求。密贴调整杆动作时,其空动距离应在 5 mm 以上。

(3)测量方法。用塞尺测量象铁与非密贴侧密贴调整螺丝间的距离。如图 7－2－9所示。

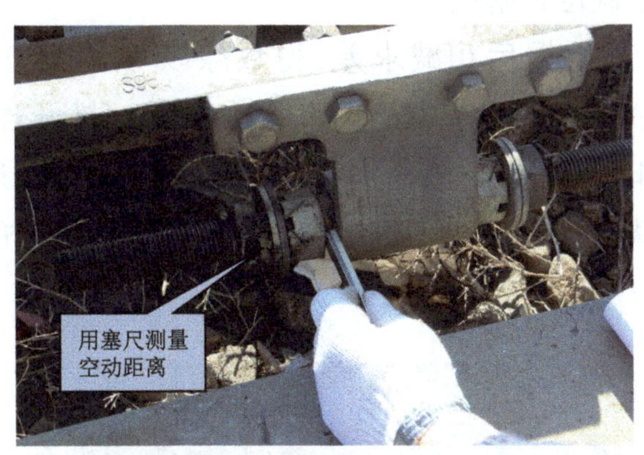

图 7－2－9　检查空动距离示意

(4)整治方法。将道岔摇到四开位置,取下尖端杆,松开丁字铁螺丝,在第一连接杆丁字铁与基本轨间增加绝缘垫片或铁垫片,调整尖端杆长度并固定尖端杆。

8. 外锁道岔尖轨与基本轨开程及锁闭量的整治

(1)形成原因。调整不当,道岔框架尺寸不合标。

(2)标准要求。道岔开程与标准值相差小于 3 mm,定、反位开程相差小于 3 mm;第一牵引点锁闭量大于 35 mm,其他牵引点锁闭量大于 20 mm,定、反位锁闭量应均衡,偏差不大于 2 mm。

（3）测量方法。在锁闭杆上方基本轨轨面下 16 mm 处测量第一牵引点尖轨与基本轨间距离；在基本轨顶面用直尺测量其他牵引点尖轨与基本轨间距离，如图 7－2－10 所示。

图 7－2－10　尖轨开程测量示意

（4）整治方法。开程不合标，要在尖轨 U 型铁与尖轨间加减垫片；开程不均衡，调整两片连接铁位置解决。

测量定反位开程数据后相减求差，得数除以 6，得到连接铁要移动的齿数。在锁闭杆连接铁作标记，如图 7－2－11 所示。松开连接铁螺丝及限位块固定螺丝，向开口大的一侧移动锁闭杆，到达移动齿数后，紧固连接铁螺丝，固定限位块。尖轨开程均衡，锁闭量随锁闭杆与锁钩相对位置改变可满足要求。

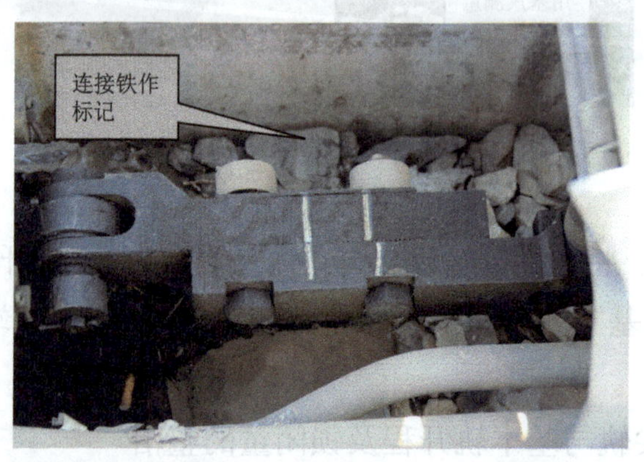

图 7－2－11　连接铁标记示意

9. 接点接触深度调整

（1）形成原因。动、静接点固定不良；接点片变形。

(2)标准要求。静接点片压力均匀,与动接点接触良好,压力不小于4 N,动接点与静接点座间隙不小于3 mm,接触深度不小于4 mm,摆动量不大于2 mm。

(3)测量方法。目测或用直尺测量动接点弧面进入静接点深度,用测力计测量接点压力。

(4)调整方法。松开接触深度调整杆防松螺丝,调整速动爪上的接触深度调整螺丝;用扁口钳夹静接点根部,左右摆动,调整接点压力。

第八章　故障案例

一、ZD6 电动转辙道岔故障案例

1. ××站 2/4 号道岔转换不到反位

(1)故障概况

2016 年 1 月 4 日 23:05，××站 2/4 号道岔定位转换不到反位，00:25 2/4 号道岔恢复正常使用。

(2)处理经过

2016 年 1 月 4 日 23:10，信号值班人员接到车站值班员通知，2/4 号道岔定位转换不到反位，电务值班人员 23:12 调阅集中监测记录，曲线显示为摩擦曲线，如图 8－1－1 所示，确认 2/4 号道岔定位向反位转换不锁闭。

由于当日下雪，夜间又刮风，电务值班人员认为尖轨挤雪造成，配合车站一同到达现场清理积雪，23:16 清雪完毕，道岔由定位向反位转换良好，设备恢复正常。尖轨挤雪现场如图 8－1－2 所示。

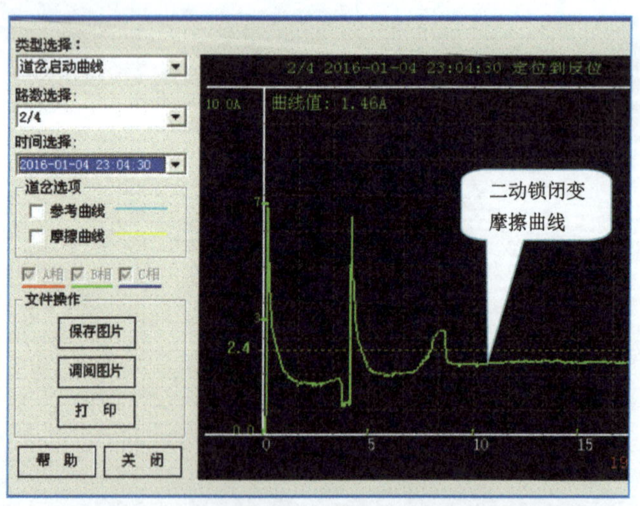

图 8－1－1　4 号道岔尖轨受阻摩擦电流曲线

(3)原因分析

××站刮大风,1 月 3 日该地区降雪,大风将积雪刮到线路上,导致 4 号道岔挤雪。

图 8-1-2 道岔基本轨、尖轨间挤雪现场

(4)采取措施

①下雪和刮风天气加强与车务部门沟通,积极清扫道岔积雪,确保设备正常运用。

②利用天窗时间,对道岔关键部位进行彻底清理积雪及杂物。

2. ××站 9/11 号道岔反位转定位无表示

(1)故障概况

2017 年 3 月 2 日 07:57,××站排列Ⅰ道通过进路时,9/11 号道岔由反位向定位转换,定位无表示,08:08 设备恢复正常。

(2)处理经过

2017 年 3 月 2 日 07:59,电务值班人员接车站值班员故障通知后,调阅集中监测 9 号道岔动作曲线,发现车站值班员多次操动 9/11 号后,道岔故障恢复,并发现挤岔曲线,如图 8-1-3 所示。

车间主任带领工班职工赶往车站后,对故障进行了认真分析、查找,发现 9 号道岔主机定位侧密贴力过大,造成道岔由反位向定位转换时无法正常锁闭,调整后正常。

(3)原因分析

春融天气回暖,昼夜温差大,道岔基本轨位移,导致道岔由反位向定位转换时无法正常锁闭,道岔定位无表示。

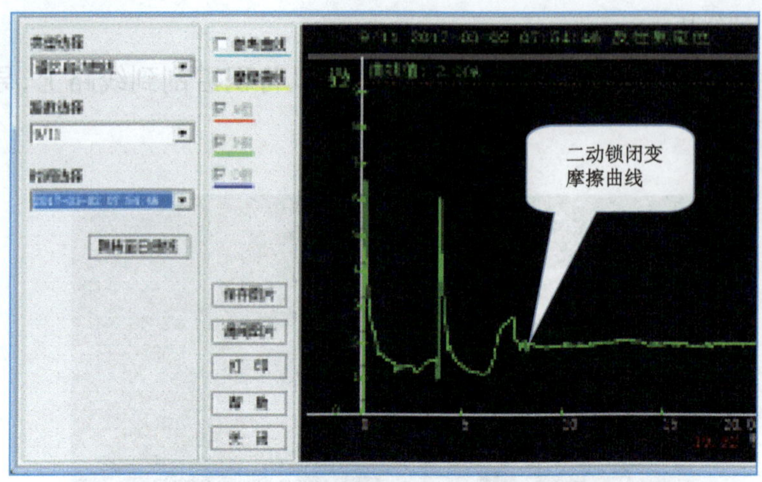

图8－1－3　9号道岔卡阻曲线

(4)存在问题

道岔季节性调整检查不到位,车间班组人员对春融解冻期间道岔几何尺寸变化重视不足,未能及时针对道岔进行设备季节性调整,导致故障发生。

(5)采取措施

①提高道岔检修质量,针对气温变化加强道岔季节性调整,重点检查道岔密贴,发现问题及时处理,确保设备常态优良。

②加强集中监测调阅,每日加密对各站道岔曲线调阅频率,发现曲线不良时及时处理,确保不留安全隐患。

③提高应急处置能力,压缩故障处理延时。

3. ××站2号道岔无表示

(1)故障概况

2016年9月8日17:34,××站2/4号道岔在没有转动的情况下定位失去表示。18:21,电务销记设备正常。

(2)处理经过

2016年9月8日17:34,车间值班干部、班组职工赶赴现场处理,发现故障已经恢复,没有找到原因,登记开通。

2016年9月9日,段技术干部、车间干部反复要点查找,发现2号道岔电缆盒内二极管电路板下部有一根电缆线头,如图8－1－4所示,分析原因为电缆线头短接二极管,导致2/4号道岔定位失去表示。

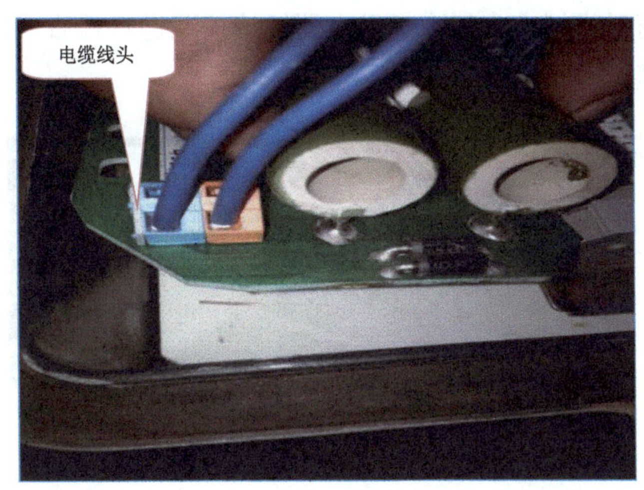

图 8-1-4 电缆盒内遗留电缆线头实物

(3)存在问题

①日常检修检查不细,对道岔二极管设备检查不到位,没有及时发现设备隐蔽部位安全隐患。

②车间干部对职工标准化作业监督检查不力,对道岔电缆盒内设备隐蔽部位检查指导不到位。

(4)采取措施

①认真开展道岔设备维修专项整治。

②加强应急故障处置能力的培训,提高故障处理能力。

4. ××站 28 号道岔定、反位无表示

(1)故障概况

2016 年 6 月 15 日 05:43,××站排列调车进路时,28 号道岔定反位失去表示。07:28 恢复正常。

(2)处理经过

处理人员查阅 28 号道岔表示曲线,如图 8-1-5 所示,故障前交流电压为 68 V、直流电压为 58 V,故障时交流电压为 111.50 V、直流电压为 58.44 V,分析判定继电器支路断路,检查 FBJ1-4、2DQJ131-133、1DQJ13 阻容盒等位置的焊点和配线发现 28 号道岔 2DQJ 继电器插接不良。

(3)采取措施

①提高设备设备检修质量,发现缺点及时克服。

②加强微机监测调阅,发现设备电气特性发生变化时及时利用天窗进行查找。

③利用天窗对机械室内组合架继电器插接情况进行检查，发现不良时及时紧固，消除安全隐患。

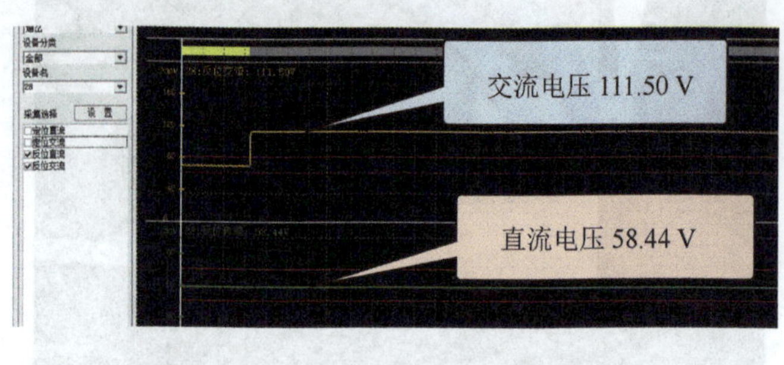

图 8－1－5　反位表示交、直流电压

二、ZYJ7 电液转辙道岔故障案例

1. ××站 42/44 号道岔向反位操作卡阻

（1）故障概况

2017 年 2 月 9 日 12：54，排列Ⅱ道接车进路时，42/44 号道岔由定位向反位排动，反位无表示。经车站、电务人员处理，13：30 设备恢复正常。

（2）处理经过

2017 年 2 月 9 日 12：54，信号工区电务值班人员接到通知，排列Ⅱ道接车进路时，42/44 号道岔由定位向反位排动，反位无表示，立即汇报车间值班干部及段调度，并赶往运转确认故障现象。车间干部调阅道岔动作曲线，发现 44 号道岔心轨呈卡阻形态，如图 8－1－6 所示。分析认为尖轨转换受阻，带领职工到达现场检查，发现 44 号道岔心轨反位尖轨与基本轨间第一块滑床板上挤有冰块，如图 8－1－7 所示，取出冰块后排动试验道岔正常。

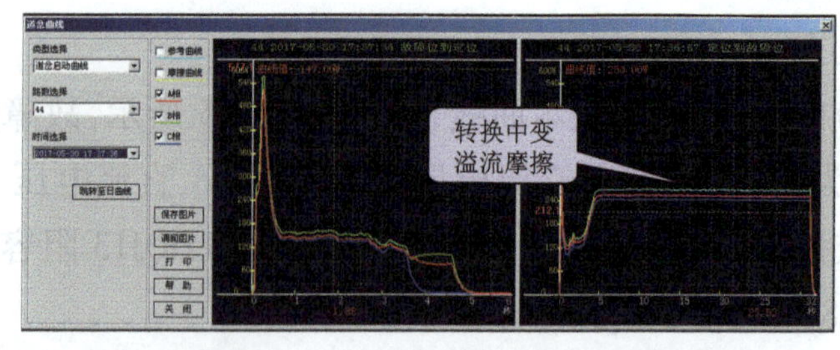

图 8－1－6　44 号道岔尖轨卡阻动作曲线

（3）采取措施

①恶劣天气后加强设备巡视检查，室内加强集中监测调阅，发现道岔曲线

不良及时处理。

②加强与车站值班员沟通,雪后提前排列进路,发现道岔转换不良时及时进行处理。

③加强应急处置,压缩故障处理延时。

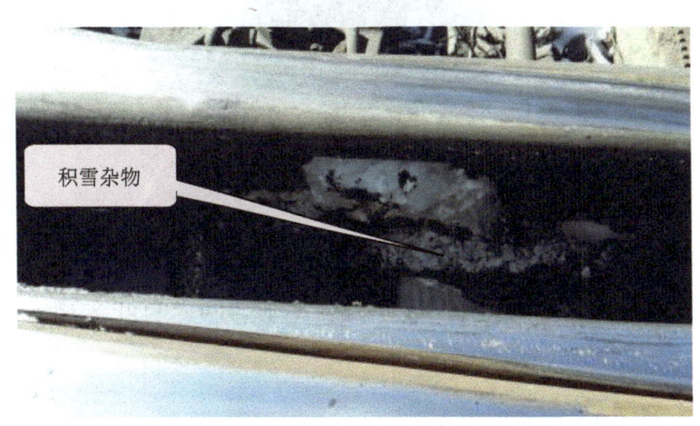

图 8-1-7 44 号道岔尖轨、基本轨间冰雪杂物实物

2. ××站 1 号道岔反位卡阻

(1)故障概况

2017 年 2 月 27 日 13:46,车站排列 3 道发车进路时,1 号道岔由定位向反位排动,反位无表示。经电务人员处理,14:04 设备恢复正常。

(2)处理经过

2017 年 2 月 27 日 13:47,信号工区值班人员车站值班员通知,排列 3 道发车进路时,1 号道岔由定位向反位排动,反位无表示。车间干部调阅发现 1 号道岔尖轨呈卡阻形态,如图 8-1-8 所示。

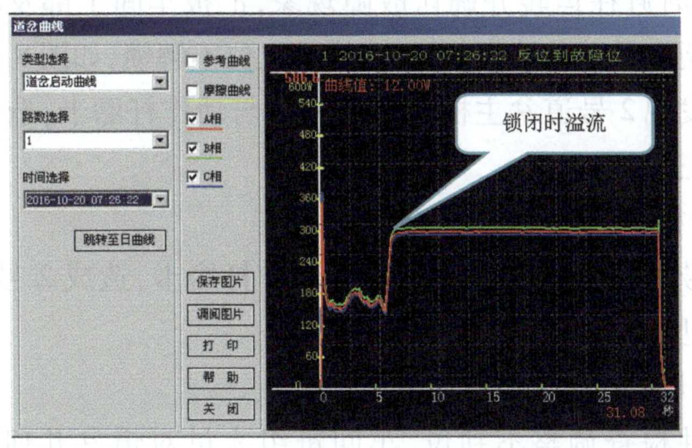

图 8-1-8 1 号道岔卡阻动作曲线

分析认为尖轨锁闭时卡阻,组织职工现场处理,发现尖轨与基本轨间夹石砟,如图 8-1-9 所示。

图 8-1-9　9 号道岔尖轨、基本轨间夹石砟实物

(3)采取措施

①加强集中监测调阅,发现道岔曲线异常时及时查找原因,积极组织人员克服。

②加强设备巡视、检修,发现道岔转换不良时及时处理,确保设备使用良好。

3. ××站 2 号道岔向反位转动无表示

(1)故障概况

2017 年 5 月 13 日 11:05,××站排列 4 道发车进路时,2/4 号道岔反位转动不到位。11:27 道岔设备恢复正常。

(2)处理经过

2017 年 5 月 13 日 11:06,信号值班人员接到车站值班员通知,2/4 号道岔反位无表示,及时赶往运转并确认故障现象,汇报车间干部及段调度。11:10 车间技术员调阅 2 号道岔动作曲线,曲线呈定位不解锁,如图 8-1-10 所示。

现场检查发现 2 号道岔主机定位侧锁框与动作杆磨卡,造成道岔不解锁,调整锁框恢复正常。

(3)原因分析

原因为 2 号道岔 A 机定位侧锁框和动作杆磨卡,造成 2 号道岔定位不解锁,不能转换到反位。

(4)存在问题

道岔季节性检查调整不到位,车间班组人员对道岔几何尺寸变化掌握不清。

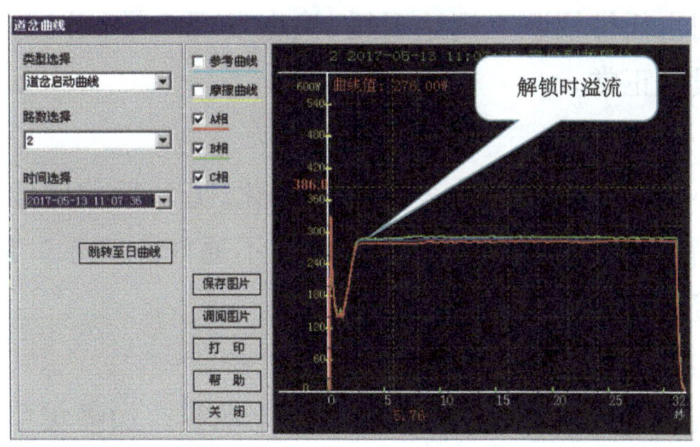

图 8－1－10　2 号道岔不解锁时动作曲线

(5)采取措施

①提高设备检修巡视质量,重点根据气温变化检查道岔转辙部位是否存在过紧及别卡现象,发现问题及时利用天窗处理。

②加强日常集中监测调阅,发现道岔曲线不良时及时处理。

③由车间干部组织工区人员对道岔进行平推检查,确保设备常态优良。

4. ××站 6 号道岔反位排动至定位道岔无表示

(1)故障概况

2016 年 1 月 12 日 09:57,××站 6 号道岔反位排动至定位道岔无表示。值班员多次操纵道岔,10:00 6 号道岔恢复正常使用,延时 3 分钟。

(2)处理经过

2015 年 1 月 12 日 09:58,车间值班干部接到车站车站值班员通知,6 号道岔挤岔报警,赶到运转确认故障现象并电话通知段调度。同时,车间干部通过调阅判断为 6 号道岔心机卡口,监测曲线如图 8－1－11 所示。

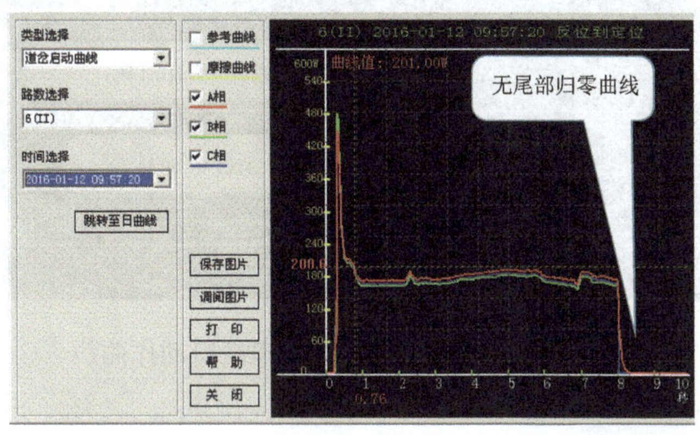

图 8－1－11　6 号道岔心机卡缺口动作曲线

10:20,车间主任带领职工到达现场,检查发现6号(Ⅱ)道岔缺口变小,进行调整后道岔设备正常。

(3)原因分析

6号(Ⅱ)心轨道岔主机定位表示缺口变化,道岔反位向定位转换,尖轨锁闭后,检查柱没有落入表示杆缺口内,接点接不通而无表示。后续又反复检查缺口变化原因,没有找到确切原因。

(4)采取措施

①尽快安装缺口监测设备,加强缺口变化观察。加强集中监测调阅,发现道岔曲线不正常,及时分析解决问题。

②加强日常设备检修,认真对道岔设备机械性能进行检查整治,发现问题及时分析处理。

5. ××站42号道岔定位无表示

(1)故障概况

2016年1月19日07:35,××站42号道岔转换到定位无表示。经排动后07:46定位表示恢复。

(2)处理经过

2016年1月19日07:35,台阁牧车站通知信号工区42号道岔无表示,信号人员接到通知后,赶到运转确认故障现象。电话通知段调度及车间值班干部。

07:46,信号值班人员联系车站排动42号道岔,排动后定位表示恢复,调阅发现42号道岔心机定位无表示,表示电压曲线如图8-1-12所示。车间干部带领职工现场检查,发现42号道岔心机主机转辙机内有结霜现象并进行清理。

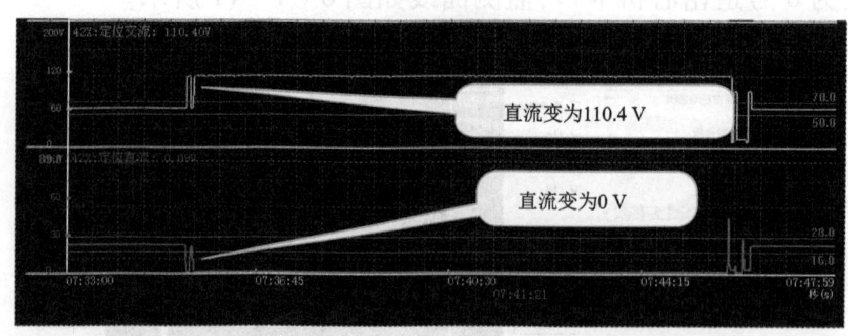

图8-1-12　6号道岔心机卡缺口动作曲线

(3)原因分析

分析监测曲线,交流电压变为110 V,说明表示继电器支路工作正常,直流电压变为0 V说明二极管支路开路，判定为自动开闭器接点不良。

(4)存在问题

发现直流电压变为0 V后，应该按故障处理程序，利用测量的办法确定故障点。车间干部、班组职工均没有按程序处理故障，凭经验、闯大运，逻辑推理简单。如果不是接点结霜，很可能查找不清原因，给故障重复发生埋下隐患。

(5)采取措施

①加强集中监测调阅，发现曲线异常，及时组织人员进行处理。

②加强设备的检修、巡视，提高设备质量，针对气温变化较大，合理制定巡视检查周期，把控设备关键部位，预防设备故障。

③加强业务培训学习，熟练掌握故障处理程序，提高干部职工分析问题、解决问题能力。

6. ××站8号道岔失去表示

(1)故障概况

2017年2月13日11:00，××站8号道岔在列车通过后失去定位表示，11:49设备恢复正常。

(2)处理经过

2017年2月13日11:01，信号工区值班人员接到车站值班员通知，车站6号道岔在列车经过时定位失去表示。赶到运转确认故障现象，车间值班干部调阅发现故障时6号道岔尖轨定位表示交流电压为110 V、定位直流电压为0 V，如图8－1－13所示。

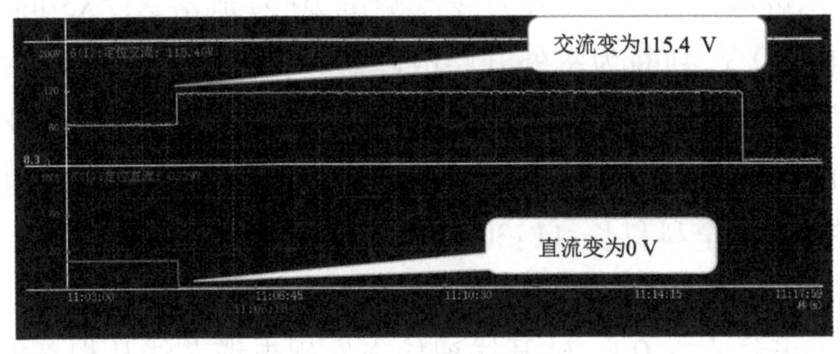

图8－1－13　8号道岔表示电压曲线

11:18，故障处理人员到达现场检查、发现8号道岔尖轨J3转辙机内部自动开闭器第二排动接点断开（第二排动接点处于第三、第四排静接点中间），导致道岔定位失去表示，排动道岔恢复正常。

2月14日11:35，要点更换8号道岔J3转辙机。2月15日，厂家技术人员到达修配所检查该转辙机,并到现场调查分析原因。

(3)原因分析

原因为三个牵引点电液道岔油路中液压油在天气气温回升受热膨胀产生压力在列车经过振动时释放,使油缸产生回向位移,导致转辙机内部发生滚轮解锁、接点断开,造成道岔定位失去表示。

(4)采取措施

①加强集中监测调阅,每日对各站道岔曲线进行认真调阅分析,发现问题及时处理。

②更换该批次转辙机,彻底消灭由于平衡阀工作不良导致的接点回退问题。

③加强日常设备检修,认真对道岔设备机械性能进行检查整治,发现问题及时进行分析处理。

7. ××站18/20号道岔失去表示

(1)事故概况

2017年6月3日09:37,××站18/20号道岔失去定位表示,11:38,经电务人员处理设备恢复正常,故障延时121分钟,构成铁路交通一般D21事故。

(2)处理经过

2017年6月3日09:38,电务值班人员接到车站值班员电话通知,18/20号道岔无表示,09:56电务值班人员赶到运转确认故障现象,通知车间值班干部。10:05登记停用18/20号道岔。调阅道岔表示电压曲线,发现交流电压变为113.2 V,直流电压变为0 V,如图8-1-14所示。到机械室察看发现20号道岔定、反位表示继电器均落下,从分线盘测试20号道岔X1/X3间交流电压为110 V、直流电压0 V,判断为室外开路故障。10:50到达现场,测试发现20号道岔电缆盒X1/X3交直流电压为0 V,继续在C-6方向盒中1、5号端子(20号道岔X1/X3)测量,交直流电压为0 V,判断为C-6至室内分线盘间电缆故障。电务段值班领导、安全科科长、11:30到达现场,使用电缆故障诊断仪从分线盘测试20号道岔X3电缆在778 m处断线,到室外从电缆接续盒测试20号道岔X3对室内方向断线点在0 m,破开线把检查发现电缆芯线从根部断线,重新制作线环,于11:33 20号道岔表示正常。

(3)存在问题

①检修设备不认真。工区集中检修巡视方向盒电缆芯线设备,未能及时发现电缆芯线特性不良的安全隐患。检修人员责任心不强、业务水平低,日常巡视检修不认真,方向盒电缆芯线检查流于形式。

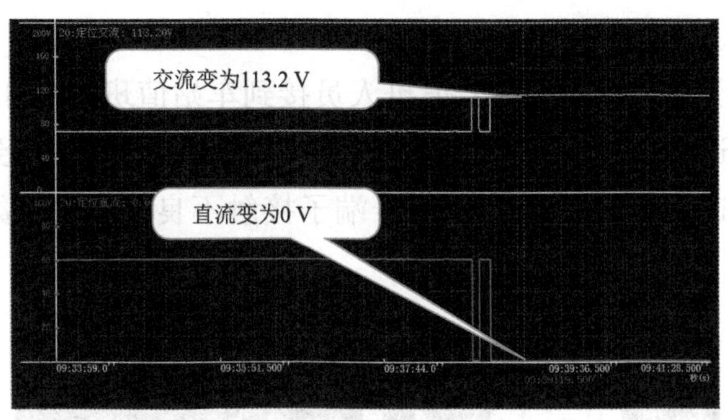

图8－1－14　20号表示电压曲线

②日常管理不到位。设备关键点卡控不住，落实重点工作存在差距，从问题的发生原因看，春检工作未做到全覆盖检查，落实重点工作不到位，安排不细，不能及时发现设备问题。

③安全管理不严。安全风险意识不强，车间对班组现场作业要求不高、标准不严，导致工区作业人员设备巡视检查不认真，设备维修质量不高。车间干部作用发挥不力。

④应急处置不力。应急培训不到位，处置能力不强，日常的培训过程中没有抓住重点，段教育科对车间、班组培训管理流于形式。

(4)采取措施

①深刻吸取事故教训。电务段将此次事故列为典型案例，传达到每名干部职工，杜绝此类问题发生。同时针对此次事故，举一反三，在电务段范围内立即排查电缆安全隐患，发现问题积极组织处理，确保设备运用安全。

②提高应急处置能力。各车间、班组每月利用天窗维修作业时间，开展一次职工现场培训，进行全员实际故障应急模拟演练，规范故障处理程序。加强车间应急安全管理，提高应急处理指挥能力，提升分析问题、解决问题能力，快速处理设备故障。

③加强应急组织指挥。段调度科在故障指挥中综合评估故障产生原因，遇到复杂问题要组织指挥专业科室、车间技术干部查找处理故障，要果断、快速安排应急人员、材料、机具、电台，为故障快速处理创造条件。

8. ××站10/12号道岔定位失去表示

(1)故障概况

2016年9月5日23:10，××站10/12号道岔定位失去表示，23:36经电务处理设备恢复正常。

(2)处理经过

2016 年 9 月 5 日 23:12,信号值班人员接到车站值班员通知,10/12 号道岔定位无表示,到运转确认故障现象。23:20 车间干部带领职工到达现场,检查设备发现 12 号道岔心机电缆盒内,1 号端子接触不良,重新插接后设备恢复正常,如图 8-1-15 所示。

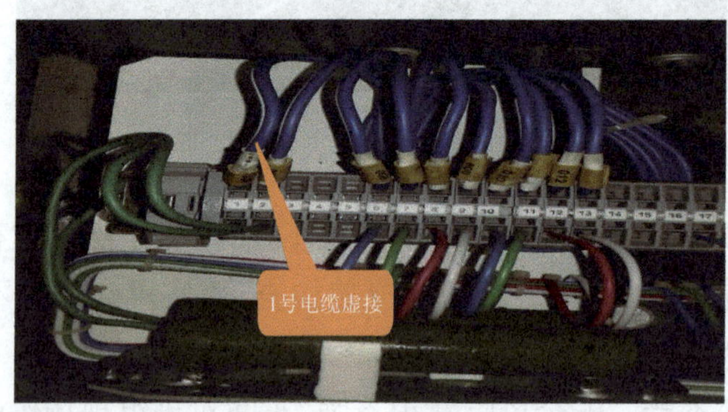

图 8-1-15　20 号表示电缆虚接实物

(3)存在问题

①设备检修巡视时,设备检查不到位,对道岔电缆盒内配线接触不良的隐患未能及时发现并处置,导致了设备故障的发生。

②车间没有及时安排电缆盒内部检查工作,检修工作顾此失彼。

(4)采取措施

①加强设备巡视检修,利用天窗重点检查道岔电缆盒内电缆插接情况,发现问题及时处理。

②加强微机监测调阅,发现设备电气特性发生变化时及时查找原因。

三、ZK4 电空转辙道岔故障案例

1. ××驼峰调车场 301 号道岔转换故障

(1)故障概况

301 号道岔由定位转到反位无表示,再转回定位,有定位表示。

(2)处理经过

经现场检查发现动接点转换时,无法从静接点内退出。调整静接点压力解决。

(3)故障原因

静接点压力过大,将动接点夹死造成道岔无表示(该转辙机为新出厂转辙机)。

(4)存在问题

安装转辙机时,没有认真检查接点压力,导致接点压力太大,班组、车间对大修工作安排不细致,简化作业程序。

(5)采取措施

加强标准化检修管理,严格作业纪律,保证职工按标作业,提高检修质量。

2. ××驼峰调车场峰上信号机关闭故障

(1)故障概况

机车上峰接近327号道岔时,D333上峰信号机关闭。

(2)处理经过

经调阅回放发现机车压入327号道岔根部时,瞬间道岔失去表示,造成信号机关闭。

(3)故障原因

接点压力不足,打入深度不够。

(4)存在问题

①日常检修部彻底,检修质量不高,检修作业漏项。

②职工业务能力差,没有真正掌握检修要领。

3. ××驼峰调车场317号道岔转换超时

(1)故障概况

317号道岔转动超时(规定0.6 s),转换速度慢,机内有漏风现象。

(2)处理经过

油杯内部杂质过多造成风路不畅,风压不足,道岔转换速度慢。

(3)处理结果

更换油杯后,道岔恢复正常。

4. ××驼峰调车场319号道岔挤岔报警

(1)故障概况

319号道岔转动时,道岔报警"挤岔"。

(2)故障原因

三联件风压表风压显示0.35 MPa左右,手动转动道岔转不到位,风压显示为零。

(3)处理经过

更换三联件后,开风试验,风压仍不足,判断风管路堵塞不畅,可能内部结霜(2017年2月,天气全年最寒冷时期)。风管路加热,排水排污。